HERMENÉUTICA

Prácticas generales y temas de actualidad

B&H ESPAÑOL

Hermenéutica: Prácticas generales y temas de actualidad

B&H Publishing Group
Brentwood TN, 37027

Diseño de portada: B&H Publishing Group.
Logo de la serie: Kristen Ingebretson

Clasificación decimal Dewey: 220.6
Clasifíquese: BIBLIA--CRÍTICA

ISBN: 978-1-0877-8502-8
Impreso en EE. UU.
1 2 3 4 5 * 28 27 26 25

ÍNDICE

Segunda parte: Metodos de interpretación en acción

INTRODUCCIÓN

Un representante de la división editorial en español de Lifeway observó que había varios buenos libros introductorios de hermenéutica disponibles en español. «Lo que hace falta», dijo, «es un libro de texto de nivel más intermedio que muestre cómo se aplican correctamente los principios hermenéuticos». Me preguntó si estaría dispuesto a reclutar autores y reunir un libro de este tipo. No pude rechazar la invitación.

Al seleccionar a los autores para este proyecto, busqué hombres de carácter piadoso y buen juicio que pudieran comunicar conceptos hermenéuticos de forma clara y convincente. Los ensayos de este libro se basan en la mejor erudición, pero también ofrecen una aplicación práctica al ministerio de la iglesia local. Encontrarás una sinfonía teológica de eruditos anglosajones y latinos, una hermosa demostración de la armonía y la edificación mutua de la iglesia multiétnica de Dios.

Si no tienes formación en interpretación bíblica, quizá deberías leer un texto introductorio sobre el tema antes de sumergirte en este libro. (Como texto introductorio a la hermenéutica, recomiendo *40 preguntas sobre cómo interpretar la Biblia* - 2ª edición [Editorial Portavoz, 2022]).

Ruego al Señor que utilice este libro para convertirte en un maestro más fiel de Su Palabra.

Doctor Robert L. Plummer
Profesor de Estudios Bíblicos Collin y Evelyn Aikman
The Southern Baptist Theological Seminary

Septiembre de 2024

PRIMERA PARTE

Hermenéutica, cuestiones generales y de actualidad

Capítulo 1

Desnudos y huyendo despavoridos (Marcos 14:51-52)

El estado actual de la hermenéutica bíblica[1]

por Robert L. Plummer

Introducción

Hay algunos ensayos que se escriben para matizar un tema de forma refinada. Hay otros que pretenden provocar. El presente ensayo es un poco más provocador, aunque espero no de manera ofensiva.

Hace más de una década, un teólogo evangélico de alto nivel me hizo superficialmente un comentario sobre el futuro de la erudición bíblica evangélica. Dijo: «En los próximos años, las batallas más importantes que se librarán entre los eruditos evangélicos serán en el campo de la

[1] Este capítulo consiste en una revisión de un discurso oral que pronuncié en la reunión anual del Evangelical Theological Seminary, el 17 de noviembre de 2010. Agradezco la ayuda de Benjamin Stubblefield en la investigación, a quien atribuyo la redacción y el contenido de algunas notas a pie de página.

hermenéutica».[2] En aquel momento, pensé que el pronóstico era un poco improbable, ya que la mayoría de los eruditos evangélicos parecían compartir enfoques muy similares sobre la interpretación bíblica. Sin embargo, con el paso del tiempo, he empezado a comprender que el augurio de mi colega era correcto.

No cabe duda de que el campo de la hermenéutica está floreciendo, si se mide por la cantidad de literatura producida. De diversas fuentes hermenéuticas brota una ingente cantidad de libros y artículos: el movimiento de la interpretación teológica de las Escrituras, la etnohermenéutica, la hermenéutica misional, el enfoque del proceso canónico de las Escrituras, la aplicación actual de la teoría de los actos del habla, la hermenéutica del movimiento redentor, etcétera. De hecho, a partir de conversaciones informales, me ha quedado claro que incluso a los colegas más experimentados en estudios bíblicos les resulta difícil mantenerse al día de las tendencias hermenéuticas actuales.

El objetivo principal de este ensayo es examinar y criticar varias tendencias interpretativas importantes. En lugar de hacerlo de forma abstracta, he pensado que sería útil basar nuestro debate en la interpretación de un texto bíblico concreto. A lo largo de este capítulo, examinaremos las formas en que la erudición hermenéutica actual ha interactuado con un *crux interpretum*, es decir, con un texto críticamente difícil de interpretar. ¿Qué podemos discernir acerca de estas tendencias interpretativas en sus formas de abordar el texto que hemos elegido? ¿Qué prometen estos métodos? Asimismo, ¿qué escollos revelan?

El texto que he elegido es Marcos 14:51-52, la conocida y desconcertante perícopa sobre un joven que huye desnudo al ser arrestado Jesús. No solo se trata de una historia intrigante, sino que me ha dado la oportunidad de elegir un título sensacionalista para mi ensayo, lo que seguramente ha aumentado el número de personas que leen este capítulo. Antes de seguir adelante, recordemos el pasaje en cuestión. Marcos 14:51-52 dice:

---

[2] Conversación privada con Robert Stein.

> Cierto joven seguía a Jesús, vestido solo con una sábana sobre su cuerpo desnudo; y lo prendieron; pero él, dejando la sábana, escapó desnudo. (NBLA)

Voy a centrarme en los enfoques evangélicos de la interpretación; pero antes quiero echar un vistazo fuera del campo evangélico, cuyas razones se harán evidentes en breve.

Enfoque interpretativo 1 - Un enfoque del texto basado en la respuesta del lector

Desde hace décadas, el enfoque lector-respuesta de los textos en general (y del texto bíblico en particular) ha sido ampliamente celebrado y acogido en el mundo académico.[3] En una reveladora explicación, John Ziesler señala que, en lugar de ver la literatura como una *ventana* abierta a una discusión previa, una hermenéutica de lector-respuesta aborda la literatura como un *espejo,* que se emplea de forma más fructífera para explorar y explicar los propios intereses.[4]

---

[3] Dos ejemplos claros de la hermenéutica de lector-respuesta son Stan Fish, *Is There a Text in This Class? The Authority of Interpretative Communities* (Cambridge; Harvard University Press, 1980) y P. D. Hanson, «The Responsibility of the Biblical Theology to the Community of Faith», *Theology Today* 37 (1980), 39-50.

[4] Stein cita el artículo de Ziesler, «Historical Criticism and a Rational Faith», *Expository Times 105 (1994)*, 273 [270-74], en su propio artículo, «The Benefits of an Author-Oriented Approach to Hermeneutics», *Journal of the Evangelical Theological Society* 44 (2001), 452 [451-66]. He aquí las palabras de Ziesler tal como aparecen en Stein: «Para decirlo crudamente, está la cuestión de si el texto, cualquier texto, es una ventana o un espejo. ¿Facilita [el texto] de algún modo nuestra propia iluminación [como en el enfoque lector-respuesta] o nos da acceso a otro mundo [como en el enfoque orientado al autor]? [...] Es mucho más fructífero aceptar su naturaleza de espejo y concentrarse en cómo los leemos. "Los textos son un lenguaje a través del cual generamos significado"».

Un ejemplo de esta hermenéutica de lector-respuesta se encuentra en la forma en que algunos eruditos abordan nuestro texto elegido. Observamos, por ejemplo, que eruditos como Morton Smith afirman que Marcos 14:51-52 evidencia el comportamiento homosexual en el Nuevo Testamento.[5] Aunque rechazamos con razón una lectura activista prohomosexual de las Escrituras, yo diría que el mismo método interpretativo, es decir, un enfoque de lector-respuesta que no respeta la intención del autor inspirado, se encuentra en muchos otros métodos hermenéuticos actuales populares entre los evangélicos.

Muchos enfoques interpretativos, que reciben diversos nombres, no son más que versiones reempaquetadas del lector-respuesta. Adaptando una analogía que escuché de un colega, el actual alimento hermenéutico puede compararse con el menú de Taco Bell. Parece que Taco Bell siempre anuncia algún plato nuevo: la gordita, la chalupa, el sándwich de pan sin levadura. Sin embargo, los platos supuestamente nuevos son todos esencialmente lo mismo: una tortilla dura o blanda con alguna combinación de carne, queso, frijoles, lechuga, etc. Nosotros, como evangélicos, debemos afrontar la verdad de que en gran parte de nuestra interpretación actual de la Biblia, aunque reempaquetada y apilada de forma ligeramente diferente, son los intereses del intérprete (a diferencia del autor inspirado) los que dirigen la interpretación.

---

[5] Morton Smith, *Clement of Alexandria and a Secret Gospel* (Cambridge: Harvard University Press, 1973). Stephen C. Carlson, *The Gospel Hoax: Morton Smith's Invention of Secret Mark* (Waco, TX: Baylor University Press, 2006), pone en duda la legitimidad del manuscrito de Smith a partir del cual propone la posibilidad de actividad homosexual. Para los estudiosos que simpatizan con Smith, véase Marcella Althaus-Reid, «Mark», en *The Queer Bible Commentary*, editado por Deryn Guest, Robert E. Goss, Mona West y Thomas Bohache (Londres: SCM Press, 2006), 517-25. Althaus-Reid afirma rotundamente este supuesto interpretativo: «La lectura de Cristo no debe convertirse en una tarea concluyente. La revelación no es compatible con la cerrazón que produce la lectura autorizada (y autoritaria) de la Escritura» (518).

Enfoque interpretativo 2 - Predicación popular evangélica, enseñanza y literatura devocional

Es muy desalentador ver cuánta enseñanza y escritos evangélicos populares están tan poco relacionados con el texto bíblico. Como bromeó una vez el famoso erudito griego A.T. Robertson: «Si algunos sermones tuvieran viruela, el texto nunca se contagiaría».[6] Hace poco leí en una popular revista de homilética un análisis bien escrito y conmovedor de Marcos 14:51-52. El autor describe hábilmente un relato sentimental sobre un niño de diez años, el valiente «pequeño Marcos», que casualmente acompañaba a los discípulos en el momento del arresto de Jesús. Afirma: «[Este pasaje] solo pudo ser un deseo generoso [de Pedro] de rendir un homenaje lleno de nostalgia al chiquillo (ahora su fiel ayudante) que en ese momento memorable en Getsemaní había demostrado ser más valiente que todos los adultos».[7] Sin duda, esta exposición sería bien recibida por muchas personas sentadas en las bancas de la iglesia; sin embargo, existe la problemática cuestión de... los hechos. Por enumerar algunos:

1. A pesar de la tradición de casi doscientos años de sugerir que Marcos 14:51-52 es una autorreferencia velada,[8] la tradición

---

[6] Al parecer, Robertson citaba a su suegro, John Broadus, en esta valoración. Everett Gill, *A. T. Robertson: A Biography*. Nueva York: Macmillan, 1943, 180.

[7] John E. Walsh, «The Two Linen Cloths», *Homiletic and Pastoral Review* (1996), 65 [63-66].

[8] Abraham Kuruvilla «The Naked Runaway and the Enrobed Reporter of Mark 14 and 16: What Is the Author Doing with What He Is Saying?», *Journal of the Evangelical Theological Society* 54 (2011), 528 n. 7, sugiere que Hermann Olshausen, *Biblical Commentary on the New Testament* (Nueva York: Sheldon and Co., 1859), 46, consagró esta tradición en Occidente. Ernest Best, *Mark: The Gospel as Story* (Edimburgo: T&T Clark, 1983), 26, señala de forma similar que la opinión se hizo popular «en la segunda mitad del siglo XIX», aunque tuvo precursores. Por supuesto, no se trata de negar la posibilidad de una identificación marcana antes del siglo XIX. Existen, en efecto, diversas posturas respecto a la identidad del *neanískos*. Ambrosio, Crisóstomo y Beda sugirieron que era el discípulo Juan; es factible, aunque improbable, que se refirieran a Juan *Marcos* el evangelista, y no al apóstol Juan. Epifanio (c. 320–403) parece

de la iglesia primitiva es unánime al afirmar que Marcos no fue seguidor de Jesús en Su ministerio terrenal.[9] Si, de hecho, Marcos hubiera estado presente en el arresto de Jesús, es casi inimaginable que este hecho no hubiera sido mencionado por los padres de la Iglesia, especialmente en su persistente deseo de relacionar los Evangelios con testigos oculares.[10]

2. La interpretación homilética también tropieza con el rango semántico de la palabra *neanískos*, traducida «joven» en la NVI

---

implicar a Santiago, el hermano del Señor, en *Panarion de Efifanio de Salamina* (vol. 2: Libros II y III [Secciones 47-80, De Fide]; ed. F. Williams; Leiden: Br. F. Williams; Leiden: Brill 1994), 640, tal como fue entendido posteriormente y promulgado por Teofilacto (c. 1100; *Explanation of the Holy Gospel according to Mark* 14:50-54). Zahn (vol. II, *Introduction*, 447), sin embargo, argumenta que Teofilacto leyó mal a Epifanio, confundiendo su mera intención de asociar a Santiago, el hermano del Señor, que siempre vestía una prenda de lino, y el *neanískos*, que de forma similar vestía una prenda de lino. Zahn, entiende que Epifanio afirma que el joven era Juan el discípulo, o como (posiblemente) con Ambrosio, Crisóstomo y Beda, Juan Marcos. Rupert Allen, «Mark 14, 51-52 and Coptic Hagiography», *Biblica* 89 (2008), 267-68, señala un manuscrito del siglo XIII que contiene una nota a pie de página en árabe que identifica al *neanískos* tanto como Marcos el evangelista, como Santiago, hijo de José. Estas posibilidades son interesantes, pero muy engañosas. Además, ninguna observación aquí es suficiente para disminuir la coherencia de la iglesia primitiva respecto a la condición de Marcos como discípulo posterior a la resurrección. Véase también T. Zahn, *Introduction to the New Testament*, vol. II (Mineápolis, Klock & Klock, reimpresión de 1977), 505 n. 6, como se señala en Ernest Best, *Mark: The Gospel as Story* (Edimburgo: T&T Clark, 1983), 26.

[9] Eusebio (*H.E.* 3.39.15) recoge el relato de Papías sobre la negación del anciano del discipulado de Marcos durante el ministerio terrenal de Jesús. Véase Robert H. Stein, *Mark*, BECNT (Grand Rapids: Baker, 2008), 2-4, para leer comentarios similares que aparecen en los escritos del Prólogo antimarcionita (c. 150–180), Justino Mártir (c. 150), Ireneo (c. 170), Clemente de Alejandría (c. 180), Orígenes (c. 200), Tertuliano (c. 200), Eusebio (c. 324) y Jerónimo (c. 400).

[10] Así pues, si Ambrosio, Epifanio, Crisóstomo o Beda querían relacionar a Marcos con el *neanískos*, es notablemente extraño que se refirieran vagamente a él como Juan, sobre todo porque el sobrescrito del Evangelio no emplea en ningún manuscrito antiguo el doble nombre, Juan Marcos.

y en casi todas las demás traducciones modernas al inglés y al español. Uno casi puede oír a un pastor decir: «La palabra griega aquí es *neanískos*, y lo que significa literalmente es "mozo", así que estamos hablando de un niño de 10 años». Por supuesto, eso plantea la cuestión de cómo innumerables comités de traducción repletos de expertos en la lengua griega pasaron todos por alto esta cuestión básica y tradujeron erróneamente la palabra «joven». El manual léxico de Louw & Nida nos recuerda que un *neanískos* es «un joven que ha sobrepasado la edad de la pubertad, pero normalmente antes del matrimonio»; difícilmente un niño de 10 años.[11]

3. ¿La huida y el estado de desnudez del joven de Marcos 14 se presentan como una manifestación de valentía, como afirma nuestro intérprete homilético? ¿O no es más probable, dado el contexto cultural y literario, que Marcos nos ofrezca en este pasaje una instantánea de fracaso y vergüenza absolutos? (Discutiremos esto con más detalle a continuación).

El mayor crimen de nuestros seminarios y escuelas bíblicas es que seguimos produciendo maestros de escuela dominical y pastores que deciden *lo que* creen que la gente necesita oír antes de permitir que el texto dicte el mensaje. Me viene a la memoria la historia de un famoso profesor alemán que pronunció una brillante conferencia apoyando su idiosincrático punto de vista, a lo que un estudiante respondió: «¡Pero, respetado profesor, los hechos son otros!». A lo que el profesor respondió: «¡Peor para los hechos!».

Demasiados maestros y predicadores evangélicos de la Biblia, si se enfrentan al verdadero significado de un texto, parecen estar diciendo a través de su continua enseñanza descuidada: «Si el texto bíblico no apoya

---

[11] Louw & Nida 9.32 (*Greek-English Lexicon of the New Testament Based on Semantic Domains*, Vol. 1 [Nueva York: UBS, 1988], 108.). Ningún uso de la palabra en el NT (Mt. 19:20,22; Lc. 7:14; Hch. 2:17; 5:10; 23:18,22; 1 Jn. 2:13-14) apoya la visión del *neanískos* como un muchacho joven e inmaduro.

el mensaje que tengo que compartir hoy, ¡mucho peor para el texto!». En el fondo, ¿es este enfoque interpretativo realmente diferente de la hermenéutica lector-respuesta utilizada para promover una agenda homosexual? La única diferencia que veo es que los predicadores y profesores evangélicos se ven limitados en sus interpretaciones por los contornos de una supuesta ortodoxia evangélica y una evaluación subjetiva de lo que sus oyentes percibirán como «dentro de los límites». Con el tiempo, a medida que se erosiona esa supuesta ortodoxia y se cuestionan esos límites, quién sabe qué interpretaciones extrañas, dañinas e incluso heréticas surgirán de los púlpitos y libros evangélicos. El fracaso en los púlpitos evangélicos es prueba del fracaso en la academia evangélica, a menos que el propósito de los eruditos sea simplemente instalarse en puestos de titularidad y escribir diversos tratados para impresionarse unos a otros.

Pasemos ahora a algunas tendencias hermenéuticas de corte más académico:

Enfoque interpretativo 3 -Teología bíblica

No hace mucho, volvía a casa en coche y me fijé en un estudiante de doctorado que deambulaba por el campus de nuestro seminario con aspecto algo aturdido. Detuve el coche y le pregunté en qué estaba pensando. Me dijo que intentaba averiguar qué quería decir su profesor con el término «teología bíblica». Confieso que simpatizo con este pobre chico.

La teología bíblica está de moda en algunos rincones de la subcultura académica evangélica. Hay montones de libros que emplean las palabras «teología bíblica» en su título o subtítulo y aún más que esparcen generosamente el término por todo el texto. ¿Qué es, en realidad, la teología bíblica? Propongo que la gente utiliza el término «teología bíblica» de diversas maneras.[12] Permíteme trazar un mapa (en un sentido amplio y no técnico) del espectro semántico del término «teología bíblica»:

[12] D. A. Carson, *New Dictionary of Biblical Theology* (Downers Grove, IL: InterVarsity, 2000), «Systematic Theology and Biblical Theology», 90 (89-104)

1. **La teología bíblica se distingue de la teología antibíblica.** Algunos eruditos, posiblemente tratando de aprovecharse de un *shibolet* teológico, describen su trabajo como teología bíblica. Sin embargo, en esencia, lo único que afirman es que sus escritos se ajustan a las Escrituras, en lugar de ser antibíblicos o no bíblicos. Esto no tiene nada de malo. Ciertamente queremos que la gente sea bíblica y haga su teología de una manera bíblica. Este uso, sin embargo, es confuso a la luz de más de 200 años de uso académico del término «teología bíblica» en un sentido más técnico… Lo que nos lleva a…
2. **Teología bíblica diferenciada de la teología sistemática.** Este es el uso más clásico del término, que se remonta al discurso trascendental de J. P. Gabler en 1787.[13] Según esta interpretación de la teología bíblica, los estudiosos del Antiguo y del Nuevo Testamento deberían tratar de escuchar toda la fuerza de los puntos de vista de determinados autores bíblicos antes de sistematizar esas voces.[14] Aunque la sistematización

---

expresa un sentimiento similar respecto a la incursión de los usos del término: «Cada uno hace lo que le parece bien y lo llama teología bíblica». Una buena historia y tipología de la teología bíblica se encuentra en los dos artículos de Charles Scobie, «The Challenge of Biblical Theology», *Tyndale Bulletin* 42 (1991), 31-61 y «The Structure of Biblical Theology», *Tyndale Bulletin* 42 (1991), 163-94.

[13] La traducción inglesa del discurso de Gabler está disponible en J. Sandys-Wunsch y L. Eldredge, «J. P. Gabler and the Distinction between Biblical and Dogmatic Theology: Translation, Commentary and Discussion of His Originality», *Scottish Journal of Theology* 33 (1980) 133-58. El discurso de Gabler «captó el creciente estado de ánimo» de la teología posterior del siglo XVIII para capturar una estructura unívoca de la Escritura y popularizó las distinciones, como señala D. A. Carson en «Current Issues in Biblical Theology: A New Testament Perspective», *Bulletin for Biblical Research* 5 (1995), 18-20.

[14] Las obras escolásticas formativas que encajan en esta definición incluyen Johann Ch. K. Hoffmann, *Biblishe Theologie des Neuen Testaments* (Nordlingen: Beck, 1886); Geerhardus Vos, *Biblical Theology: Old and New Testaments* (Grand Rapids: Eerdmans, 1948); Oscar Cullman, *Salvation and History.* O, más recientemente, la serie *Overtures to Biblical Theology* de Fortress Press; P. Stuhlmacher, «The Law as a Topic of Biblical Theology», en *Reconciliation,*

es necesaria (por lo que el tercer uso no es malo en sí mismo, siempre que se haga prestando atención al texto), si el texto bíblico no se revisa con regularidad, los puntos más delicados de los autores bíblicos quedan rápidamente relegados y olvidados. Se pasa por encima de material diverso sin espigar con regularidad en los campos providencialmente *desordenados* de la revelación especial.[15]

3. **La teología bíblica como nueva teología sistemática.** Lo que resulta especialmente irónico de este tercer uso del término «teología bíblica» es que contradice directamente el uso más técnico del término seguido durante gran parte de los dos últimos siglos. Según este «nuevo» enfoque teológico bíblico, la tarea de la teología bíblica consiste en saltar de *cada* texto al metarrelato, es decir, a la historia global de las Escrituras.[16] Dependiendo del erudito, esto puede significar saltar al tema del «reino» o al tema

---

Law, and Righteousness (Philadelphia; Fortress, 1986), 110-133; G.E. Ladd, *A Theology of the New Testament*, 2.ª ed. (Grand Rapids: Eerdmans, 1993); Donald Guthrie, *New Testament Theology* (Leicester; Intervarsity, 1981); Elmer Martens, «Embracing the Law: A Biblical-Theological Perspective», *BBR* 2 (1992), 1-28; James Hamilton Jr., *God's Glory in Salvation through Judgment: A Biblical Theology* (Wheaton, IL: Crossway, 2010); Meredith Kline, *The Structure of Biblical Authority* (Grand Rapids: Eerdmans, 1972); Peter Gentry y Steve Wellum, *Kingdom through Covenant: A Biblical-Theological Understanding of the Covenants* (Wheaton, IL; Crossway, 2012); Gregory K. Beale, *A New Testament Biblical Theology: The Unfolding of the Old Testament in the New* (Grand Rapids: Baker, 2011).

[15] O como dice Scobie («The Challenge of Bibilcal Theology», 50): «La teología bíblica intenta abarcar el mensaje de la Biblia y llegar a una coherencia inteligible del conjunto a pesar de la gran diversidad de las partes».

[16] D. A. Carson advierte: «Inevitablemente, la exégesis controla en gran medida la teología bíblica, aunque no todos los detalles se recojan en la teología; por otra parte, la teología bíblica, en la medida en que se construye, influye inevitablemente en la exégesis, quizá más de lo que comúnmente se reconoce. Sin embargo, este círculo no es vicioso, siempre que el exégeta y el teólogo bíblico compartan la visión común de intentar explicar el texto» (*New Dictionary of Biblical Theology*, 91).

del «templo» o a cualquiera de las diversas construcciones.[17] Vaughn Roberts,[18] por ejemplo, rastrea el tema del reino a lo largo de la Biblia:

Génesis 1-2: El modelo del reino
Génesis 3: El reino arruinado
Génesis 12:1-3: El reino prometido
Génesis 12—2 Crónicas: El reino parcial
Esdras—Malaquías: El reino profetizado
Los Evangelios: El reino actual
Hechos—Apocalipsis: El reino proclamado
La segunda venida de Jesús: El reino perfeccionado[19]

Aunque el reino de Dios es un tema recurrente en la literatura neotestamentaria, cabe preguntarse si Vaughan Roberts acierta al presentarlo

---

[17] Ejemplos que retratan, en ocasiones, este tipo de sistematización incluyen (el no tan «nuevo») Graeme Goldsworthy, *According to Plan: The Unfolding Revelation of God in the Bible* (Leicester; InterVarsity, 1991). W. C. Kaiser, *Toward an Old Testament Theology* (Grand Rapids: Zondervan, 1978) y W. C. Kaiser, «The Center of Old Testament Theology: The promise», *Themelios* 10:1 (1974), 1-10; Graeme Goldsworthy. *Gospel and Kingdom: A Christian Interpretation of the Old Testament* (Exeter, Paternoster 1981).

[18] Vaughn Roberts se hace eco de la formulación de Graeme Goldsworthy («The Kingdom of God as Hermeneutic Grid», *Southern Baptist Journal of Theology* 12 [2008]: 4-15). Goldsworthy quiere evitar el escollo 1 (señalado más abajo), por lo que dice: «Rompemos el nexo real entre Jesús y la Biblia o bien concluyendo que las Escrituras no tratan de Cristo, o bien sosteniendo que las perspectivas sobre Cristo tanto en el Antiguo como en el Nuevo Testamento son tan diversas que carecen de unidad real. Pero, si llegamos a la conclusión de que es cierto que todas las Escrituras tratan de Cristo, entonces Él proporciona el marco hermenéutico para toda la Escritura. Esto exige una explicación de cómo podemos discernir el significado de Cristo como centro y clave interpretativa de toda la Biblia. Una vez que establezcamos la relación de Jesús con el omnipresente reino de Dios, podremos evaluar el papel del reino como cuadrícula hermenéutica de la Biblia» (6).

[19] Vaughan Roberts, *God's Big Picture: Tracing the Story-Line of the Bible* (Downers Grove, IL: InterVarsity, 2002), 22.

como el principio organizador de la Biblia. Aun admitiendo que el «reino» sea una noción predominante en el Nuevo Testamento, ¿es realmente el concepto unificador de cada pasaje de la Ley, los Profetas y los Escritos del Antiguo Testamento? La teología bíblica (en este tercer sentido) puede ser un correctivo útil para muchos profanos, e incluso eruditos, que se han acostumbrado a manejar trozos de las Escrituras sin tener en cuenta el conjunto. Sin embargo, también acechan numerosos escollos. Señalaré cuatro:

1. Al centrarse en un tema concreto o en una progresión de temas de la Escritura, puede perderse de vista la persona de Cristo como objetivo unificador de la Escritura.[20] Cristo se convierte en uno de los muchos bloques de construcción utilizados para explicar un tema dominante, difícilmente un lugar digno de Aquel que vino a cumplir la Ley y los Profetas.
2. ¿Has visto alguna vez un videoclip de uno de esos concursos clásicos de los años sesenta en los que intentan ver cuántas personas caben en un Volkswagen escarabajo? Entonces, también has visto una imagen metafórica de una realidad erudita. A veces se ridiculiza a los cristianos pentecostales por encontrar un demonio debajo de cada arbusto; a algunos *nuevos* teólogos bíblicos se les podría acusar de encontrar un reino o un templo debajo de cada versículo. Dios, en Su sabiduría providencial, ofrece numerosas categorías generales que enlazan Su revelación: antiguo pacto-nuevo pacto, ley-evangelio, promesa-cumplimiento, reino anticipado-reino inaugurado-reino consumado, etc. Lo que me preocupa de algunas formas de esta nueva teología bíblica es que toman una categoría general y la absolutizan. La belleza y la

[20] Robert W. Yarbrough, «The Practice and Promise of Biblical Theology: A Response to Hamilton and Goldsworthy», *Southern Baptist Journal of Theology* (2008), 84 [78-87] también detecta este peligro cuando critica la teología bíblica de Goldsworthy y Robinson al afirmar que la cruz tiende a recibir «poca atención».

diversidad de la revelación divina quedan aplastadas en un solo molde. Cada versículo debe encajar en el molde del reino, por ejemplo, o en el molde que sea.[21]

3. Cuando uno se centra constantemente en la «Gran Imagen» de las Escrituras, ocurre algo interesante. Algunas de las pequeñas imágenes desaparecen. Por ejemplo, ¿cómo puede Vaughn Roberts encajar nuestra perícopa (Mr. 14:51-52) en su esquema del reino? Ciertamente, no es digna de otro periodo histórico redentor. Y, como mera nota a pie de página del esquema existente que él enumera, la importancia del relato desaparece indudablemente. Textos como el que nos ocupa (Mr. 14:51-52) caen en el olvido en este tipo de planteamiento teológico bíblico, y aunque no sea intencionado, no augura nada bueno para un método interpretativo que pierde algunas de las bellas y enigmáticas porciones de la Escritura.[22] Personalmente, me sorprendió este hecho mientras leía *The Big Picture Story Bible* [La Biblia de la Gran Historia] a mi hija, que entonces tenía 4 años. Leí la historia de la destrucción de Jericó, repleta del resumen

---

[21] Robert W. Yarbrough, «The Practice and Promise of Biblical Theology: A Response to Hamilton and Goldsworthy», *Southern Baptist Journal of Theology* (2008), 83 [78-87] refuerza la advertencia acertadamente hacia la erudición, sugiriendo: «En muchos casos podemos ser capaces de acelerar el proceso de una comprensión sintética de las Escrituras proporcionando una visión de conjunto a la gente, ayudándoles a ver dónde encajan las piezas. Pero si la gente no lee la Escritura con avidez y la interioriza de forma coherente "desde abajo", podemos estar perjudicándola al crearle la impresión de que lo más importante es la síntesis que pretendemos enseñar "desde arriba". La teología bíblica nunca debe sustituir al duro trabajo de dominar, y ser dominado por, los detalles de los propios textos».

[22] Mark A. Seifrid, «Story-Lines of Scripture and Footsteps in the Sea», *Southern Baptist Journal of Theology* (2008), 88-106, ofrece una versión más amplia de esta advertencia, especialmente dirigida a «la búsqueda de una narrativa *unificada* y *exhaustiva* de la historia redentora» (89). La interpretación no debe privilegiar la metanarrativa sin prestar la debida atención a los contornos de los textos específicos.

constante «el pueblo de Dios, el lugar de Dios, el gobierno de Dios». Cuando terminé, mi hija preguntó con perspicacia: «¿Y la señora?». La historia de la destrucción de Jericó por Josué se había contado sin mencionar a Rahab y su papel decisivo en la liberación de Dios.

4. Cuando se puede predecir con exactitud la exposición que alguien hará de un texto antes de que esa persona vea realmente el texto, hay un problema. Algunos expositores de la nueva teología bíblica han sido comparados con magos que sacan conejos de una chistera, pero en lugar de un conejo, cada texto ofrece una imagen tipológica de Cristo.[23] De hecho, no nos sorprende encontrar a varios comentaristas anteriores de Marcos 14:51-52 anticipando esta omnipresente cristología tipológica de la nueva teología bíblica. J. Knox y A. Vanhoye, por ejemplo, comparan el hecho de que el joven abandone su vestido de lino con el hecho de que Cristo dejó atrás un lienzo doblado, y concluyen que el joven anónimo de Marcos es una figura tipológica (o proléptica) de Cristo resucitado.[24] Sin embargo, hay que señalar que

---

[23] Una queja interesante y similar de Carl Trueman: «Todos conocemos el viejo chiste del fundamentalista cristiano que, cuando le preguntaron qué era gris, peludo y vivía en un árbol, respondió que "seguro que suena como una ardilla, pero yo sé que la respuesta a cada pregunta es 'Jesús'". Uno de los problemas que tengo con una dieta incesante de sermones bíblicos teológicos de predicadores con menos talento (es decir, la mayoría de nosotros) es su aburrida mediocridad: contorsiones artificiosas de pasajes que se dedican a producir la respuesta "Jesús" cada semana. No importa cuál sea el texto; el sermón es siempre el mismo». «A Revolutionary Balancing Act», *The Theologian: The Internet Journal for Integrated Theology*, párrafos 14-15 (http://www.theologian.org.uk/doctrine/trueman-goldsworthy_trueman.html).

[24] Albert Vanhoye, «La fuite du jeune home nu (Mc 14, 51-52)», *Biblica* 52 (1971), 404. John Knox, «A Note on Mark 14:51-52», en *The Joy of Study: Papers on New Testament and Related Subjects Presented to Honor Frederick Clifton Grant* (ed. Sherman E. Johnson; Nueva York: Macmillan, 1951), 29 [27-30]. Véase también Robert H. Gundry, *Mark: A Commentary on New Testament* (Peabody, MA: Hendrickson, 2010), 209.

Marcos no menciona ningún lienzo doblado en el sepulcro.[25] Esa información debe ser importada del Evangelio de Juan, lo que en sí mismo anula la sugerencia de que Marcos pretendía que sus lectores vieran esta conexión.

Enfoque interpretativo 4 - Etnohermenéutica

En nuestra sociedad posmoderna, posoccidental, posconservadora, postodo, todo el mundo está dispuesto a admitir que sus perspectivas son subjetivas, incluso prejuiciosas. Como subproducto de esta corriente intelectual, todo el mundo está también dispuesto a escuchar voces de diferentes contextos con la esperanza de que se revelen sus puntos ciegos. Una manifestación de esta apertura es la creciente disciplina de la etnohermenéutica.[26] El campo es vasto y diverso. En un extremo del espectro, encontramos un enfoque muy tradicional de la interpretación bíblica, pero con ilustraciones extraídas regularmente de un contexto cultural no occidental. Ejemplos de este tipo de etnohermenéutica «suave» los encontramos en el *Africa Bible Commentary* [Comentario Bíblico Africano] de Zondervan, o en el texto introductorio a la hermenéutica de 2010, *A Guide to Interpreting Scripture* [Una guía para interpretar la Escritura], del ugandés Michael Kyomya.[27]

---

[25] Knox, «A Note on Mark 14:51-52», 29-30, intenta evitar esta objeción al sugerir que Marcos espera que sus lectores infieran esa información basándose en la importancia relativa del sudario en la literatura apócrifa. La especulación, sin embargo, hace poco por mitigar el problema de la comparación.

[26] Véase Larry W. Caldwell, «Third Horizon Ethnohermeneutics: Re-Evaluating New Testament Hermeneutical Methods for Intercultural Bible Interpreters Today», *Asian Journal of Theology* 1 (1987), 314-33 señala el «creciente alejamiento del típico modelo hermenéutico occidental», 314; ídem, «Towards the New Discipline of Ethnohermeneutics: Questioning the Relevancy of Western Hermeneutical Methods in the Asian Context», *Journal of Asian Mission* (1999), 21-43.

[27] Tokunboh Adeyemo (editor), *Africa Bible Commentary* (Grand Rapids; Zondervan, 2010); Michael Kyomya, *A Guide to Interpreting Scripture* (Grand Rapids: HippoBooks, 2010).

En el otro extremo del espectro de la etnohermenéutica se encuentran propuestas más radicales, que permiten que las normas étnicas se impongan en última instancia a las Escrituras o que interpretan las Escrituras con un enfoque de respuesta al lector, impulsado por alguna preocupación local.[28] Encontré un ejemplo de una forma relativamente dura de etnohermenéutica aplicada a Marcos 14:51-52 en un comentario titulado simplemente *Marcos*, que forma parte de la serie texts@contexts, publicada por Fortress Press.[29] En el capítulo 7, Teresa Okure, profesora de Nuevo Testamento y Hermenéutica de Género en el Catholic Institute of West Africa en Nigeria, aborda la cuestión de los derechos del niño, especialmente la explotación económica y sexual de los niños en el mundo en desarrollo. La profesora Okure se propone leer el Evangelio de Marcos a través de la lente de esta preocupación por los niños. Adopta provisionalmente la tesis de que Marcos 14:51-52 es una referencia al Juan Marcos de Hechos 12:12. A partir de esta afirmación, pasa rápidamente a sugerir que Marcos era también el hombre que llevaba un cántaro de agua en Marcos 14:13, y que la elección por parte de Jesús de este signo contracultural (es decir, un hombre, en lugar de una niña, llevando un cántaro de agua) indica la preocupación de Jesús por las mujeres y los

---

[28] Por ejemplo, R.S. Sugirtharajah, *Postcolonial Criticism and Biblical Interpretation* (Nueva York: Oxford, 2002); Archie C.C. Lee, «Cross-Textual Hermeneutics», en *Dictionary of Third World Theologies*, ed. Virginia Fabella y R. S. Sugirtharajah (Maryknoll, NY: Orbis, 2000); K. K. Yeo, «Culture and Intersubjectivity as Criteria of Negotiating the *Biblical Interpretation*», en Virginia Fabella y R. S. Sugirtharajah (Maryknoll, NY: Orbis, 2000); K. K. Yeo, «Culture and Intersubjectivity as Criteria for Negotiating Meanings in Cross-Cultural Interpretations», en *The Meanings We Choose: Hermeneutical Ethics, Indeterminacy and the Conflict of Interpretations*, ed. Charles H. Cosgrove. Charles H. Cosgrove (Nueva York: T&T Clark International, 2004). Véase la reciente tesis doctoral de William Patrick Brooks, «Critiquing Ethnohermeneutic Theories: A Call for an Author-Oriented Approach to Cross-Cultural Biblical Interpretation» (The Southern Baptist Theological Seminary, 2011).

[29] Nicole Wilkinson Duran, Teresa Okure y Daniel Patte, eds., *Mark* (Mineápolis: Fortress, 2011), en la serie texts@contexts.

niños.[30] Parece que la preocupación de la profesora Okure por los niños (por muy loable que sea) es lo que guía su interpretación, y no la intención del autor inspirado.

Al criticar la etnohermenéutica de la profesora Okure (que no es otra cosa que una interpretación de respuesta al lector ligeramente reempaquetada), no estoy negando el beneficio de dialogar con eruditos cristianos fuera del propio contexto. De hecho, la necesidad de una etnohermenéutica bien empleada se ve mejor señalando algunos puntos ciegos de los intérpretes occidentales. Por ejemplo, refiriéndose de nuevo a Marcos 14:51-52, numerosos comentaristas occidentales afirman que el material del vestido del joven (lino) demuestra que era rico.[31] De hecho, estos comentaristas occidentales ven el texto a través de la lente de su factura de tintorería más reciente. (El lino es un tejido elegante en la cultura occidental y suele considerarse también un tejido predominantemente femenino). Algunos recursos más cuidadosos señalan acertadamente que el lino era usado comúnmente tanto por hombres como por mujeres en la Palestina del siglo I y en las regiones circundantes, y que el «lino» se distinguía del «lino fino».[32] En otras palabras, sin más calificaciones,

---

[30] Teresa Okure, «Children in Mark: A Lens for Reading Mark's Gospel», en *Mark* (Mineápolis: Fortress, 2011), en texts@contexts series, ed. por Nicole Wilkinson Duran, Teresa Okure y Daniel Patte, 132-33.

[31] William L. Lane, *The Gospel According to Mark,* New International Commentary on the New Testament (Grand Rapids: Eerdmans, 1974), 527; James A. Brooks, *Mark*, New American Commentary (Nashville: Broadman, 1991), 238-39; Waster W. Wessel, *Mark*, Expositor's Bible Commentary (editado por Frank E. Gaebelein, Grand Rapids: Zondervan, 1984), 767; R. Alan Culpepper, *Mark* (Macon, GA: Smyth & Helwys, 2007), 513. Culpepper cita Jue. 14:12; Pr. 31:24; 1 Mac. 10:64 en apoyo de esa idea; C. E. B. Cranfield, *The Gospel according to Saint Mark* (Cambridge: Cambridge University Press, 1959), 439.

[32] John Lightfoot, *A Commentary on the New Testament from the Talmud and Hebraica: Matthew–1 Corinthians* (vol. 2); repr.1859; *Horae Hebraicae Et Talmudicae* (Grand Rapids: Baker, 1979), 458-59; James S. Jeffers, *The Greco-Roman World of the New Testament Era* (Downers Grove, IL: InterVarsity, 1999), 43.

la descripción de la vestimenta del joven como lino no nos dice nada sobre su riqueza o estatus social. Curiosamente, el autor de la sección sobre Marcos en el *Africa Bible Commentary* repite como un loro esta afirmación occidental y luego pasa a leer su propia cultura en el pasaje, sugiriendo que la riqueza del hombre (y los privilegios sociales concomitantes) lo envalentonaron para permanecer cerca de las autoridades hostiles cuando otros huyeron atemorizados.[33]

Los comentaristas occidentales parecen erróneamente intrigados por la descripción aparentemente extraña y posiblemente simbólica de la falta de ropa interior del hombre y el repentino cambio de estar vestido a estar completamente desnudo.[34] Sin embargo, un estudio de los escritos judíos y grecorromanos del periodo del Segundo Templo demuestra que ni la ropa del joven ni la forma repentina en que se la quitó eran inusuales.[35] Habiendo viajado bastante por Oriente Medio y visto a muchos hombres caminando sin nada más que sus *jillabas* (túnicas unisex holgadas), concluyo que los interlocutores no occidentales podrían haber aportado correctivos útiles a algunas de las sugerencias más extravagantes de los comentarios y artículos occidentales.

---

[33] Victor Babajide Cole, «Mark», *Africa Bible Commentary*, ed. por Tokunboh Adeyemo (Grand Rapids: Zondervan, 2010), 1223.

[34] Por ejemplo, William Placher, *Mark*, Belief (Louisville: Westminster John Knox, 2012), 216 lo toma como un signo de valentía (comp. Am. 2:16) y discipulado extraordinario. Los comentaristas relacionan Amós 2:16 o la historia de José para intentar dar cuenta de tal detalle. Véase Cranfield, *Gospel according to Mark*, 438; Gundry, *Mark*, 881-882; Klostermann, 162. J. M. Ross, « The Young Man Who Fled Naked», *Irish Biblical Studies* 13 (1991), 170-74, refuta directamente la probabilidad de cualquier alusión intertestamentaria. Otra interpretación muy popular es que se trata de una alegoría bautismal (Scroggs y Gruff, 452); Mann, *Mark*, 600-01. Además, existe un debate sobre la desnudez del joven. ¿Estaba completamente desnudo? ¿O iba cubierto con un «taparrabos»? El diálogo está bien recogido en Barbara Saunderson, «Gethsemane: The Missing Witness», *Biblica* 70 (1989), 224-33.

[35] Howard M. Jackson, «Why the Youth Shed His Cloak and Fled Naked: the Meaning and Purpose of Mark 14:51-52», *Journal of Biblical Literature* 116 (1997), 273-89.

Enfoque interpretativo 5 - La interpretación teológica de las Escrituras

En los últimos quince años, muchos estudiosos se han entusiasmado con la llamada Theological Interpretation of Scripture (Interpretación Teológica de la Escritura, en adelante, «TIS», por sus siglas en inglés). Han aparecido libros, diccionarios, artículos y ensayos que intentan definir y explicar la TIS. Como dijo un comentarista: «Todo el mundo habla de TIS, pero nadie la hace».[36] Por supuesto, con varias nuevas series de comentarios en preparación, como la serie *Brazos Theological Commentary*, esta situación está cambiando.

En resumen, la TIS engloba a diversos intérpretes cuya preocupación más comúnmente compartida es la creencia de que la árida y seca exégesis garmático-histórica realizada en y para la academia debe cambiar. La interpretación debe hacerse en y para las comunidades creyentes, los credos cristianos históricos pueden proporcionar parámetros para la exégesis, debe valorarse la exégesis de los padres de la Iglesia, debe explorarse la influencia más amplia de la Escritura a través de una historia receptiva y eficaz, etc.[37]

Un ejemplo de enfoque TIS del Evangelio de Marcos se encuentra en el libro de Brendan Byrne, *A Costly Freedom: A Theological Reading of Mark's Gospel* [Costosa libertad: Una lectura teológica del Evangelio de Marcos].[38] Byrne considera varios significados posibles para el pasaje del joven que huye desnudo y concluye:

---

[36] Jonathan Pennington, conversación privada.

[37] Para una mayor descripción y crítica de este floreciente movimiento interpretativo, véase mi visión general en Robert L. Plummer, *40 Preguntas sobre cómo interpretar la Biblia* (Grand Rapids: Kregel, 2010), 313-20. Otro recurso útil para entender la TIS es la obra de D. A. Carson, «Theological Interpretation of Scripture: Yes, but...», en *Theological Commentary: Evangelical Perspectives*, editado por R. Michael Allen (Londres: T&T Clark, 2011), 187-207.

[38] Brendan Byrne, *A Costly Freedom: A Theological Reading of Mark's Gospel* (Collegeville, MN: Liturgical Press, 2008), 228-29.

> Mi propia sugerencia sería que el joven es una figura simbólica que representa a los creyentes que han seguido a Jesús y han recibido sus vestiduras bautismales, pero que, cuando el discipulado ha significado el arresto y la amenaza de muerte, han abandonado su lealtad bautismal y se han convertido en desertores. Han huido «desnudos» en el sentido de perder toda la protección contra los poderes de las tinieblas que su bautismo y discipulado les proporcionaban. El aspecto y el comportamiento del joven advierten a los lectores posteriores del Evangelio que esta huida de la fe y de la comunión es algo que ellos también pueden compartir.

Evaluemos rápidamente la tesis de Byrne. ¿Escrita para la comunidad creyente? Sí. ¿Dentro de los límites de los antiguos credos? Sí. ¿En el patrón de la tradición exegética de los padres de la Iglesia? (Sí, algunos de los cuales también interpretan el texto alegóricamente, pero no con estos símbolos en particular). ¿De acuerdo con la intención del autor del Evangelio? No.

Así pues, tenemos una interpretación creativa, históricamente arraigada, con forma de credo y, de hecho, *teológica*, pero que Marcos no reconocería como acorde con su intención para el pasaje. La tesis de Byrne no está impulsada por la intención del autor inspirado, sino por el deseo del intérprete de encontrar un significado para la vida de la Iglesia. Es una intención admirable, pero que debe supeditarse a la autoridad del autor inspirado. Por citar la referencia de Juan Calvino a Marcos 14:51-52 (y mostrar que nuestra preocupación hermenéutica no es simplemente una contaminación posterior a la Ilustración): «El punto principal [al abordar este pasaje] es averiguar con qué propósito Marcos ha relatado esta memoria».[39]

---

[39] Juan Calvino, *Commentary on a Harmony of the Evangelists, Matthew, Mark, and Luke*, vol. 3, trad. por William Pringle (repr. Grand Rapids: Baker Book House, 1996), 250.

Comprendo la preocupación de que gran parte de la erudición bíblica reciente haya servido para crear más desinterés por la Biblia. Hace poco leí un comentario evangélico muy bueno sobre Marcos, pero mientras el autor se enfrentaba a los críticos de la tradición y de las fuentes desde varios ángulos, tuve la impresión de que era un hombre que intentaba predicar mientras le atacaba un enjambre de abejas. Los cristianos evangélicos, los estudiantes de seminario, los pastores y los eruditos ya no sienten la necesidad de emprender muchas de las defensas apologéticas e históricas que eran indispensables hace apenas diez o quince años. Sinceramente, es asombroso lo rápido que han cambiado los vientos académicos.

Por último, como reacción a las diversas tendencias esbozadas anteriormente, me gustaría sugerir que un enfoque más bien tradicional de la hermenéutica aplicada con cuidado sirve en realidad para dilucidar el pasaje de la forma más útil. Ya hemos ofrecido algunas correcciones basadas en el contexto literario e histórico de Marcos en las críticas anteriores, pero permítanme añadir rápidamente algunos puntos más y hacer un resumen provisional del significado del texto.

En Marcos 14, Jesús predijo repetidamente que los discípulos caerían y lo abandonarían, a pesar de sus protestas (14:18-19,27-31). De hecho, este abandono culminante de Jesús se inscribe en el motivo más amplio del Evangelio del fracaso y la incomprensión constantes de los discípulos (4:13; 7:18; 8:32-33; 9:32; 14:66-72).[40] De hecho, si el Evangelio de Marcos termina en 16:8, como coinciden la mayoría de los eruditos modernos,[41] toda la obra literaria termina en un punto de fracaso

---

[40] Como se señala en R. A. Guelich, «Mark, Gospel of», *Dictionary of Jesus and the Gospels* (Downers Grove, IL: IVP, 1992), 522 [512-24]. Véase también Robert C. Tannehill, «Disciples in Mark: the Function of a Narrative Role», *Journal of Religion* 57 (1977), 386-405.

[41] France, *The Gospel of Mark*, 670 nota 1. Collins, del mismo modo, señala (*Mark*, 806) que el apoyo mayoritario al final en 16:8 es un resultado de la edición crítica del Nuevo Testamento griego por Westcott y Hort y las disciplinas de la crítica textual y la paleografía.

humano. (Las mujeres tienen miedo y abandonan la tumba vacía para no decírselo a nadie, desobedeciendo directamente la orden del ángel). En Marcos 14:50, en cumplimiento directo de la predicción de Jesús, todos los discípulos huyen. A continuación, para centrarnos en un ejemplo concreto y llamativo de este abandono, Marcos relata que un seguidor de Jesús (probablemente no uno de los once apóstoles, ya que solo se le llama «cierto joven») huyó desnudo después de que las autoridades intentaran apresarlo, lo que le hizo perder su prenda exterior suelta.

Esto es lo que creo que podemos afirmar con bastante seguridad: el hombre que huye desnudo ilustra en un memorable episodio concreto el fracaso de los discípulos.[42] También podemos sugerir algunos matices más, aunque con más reservas.

Los eruditos observan con frecuencia en Marcos el patrón conocido como intercalaciones, según el cual Marcos envuelve una historia dentro de otra, a menudo con un significado enfático o a veces simbólico. El marchitamiento de la higuera (11:12-14,20-26), por ejemplo, intercala las declaraciones de Jesús acerca del juicio que se avecinaba sobre el templo y la nación judía (11:15-19), viendo la higuera aparentemente como una parábola representada del juicio. Del mismo modo, el amor desbordante de la mujer anónima que rompió el frasco de alabastro y ungió los pies de Jesús (Mr. 14:3-9) se intercala entre las intrigas pecaminosas de los líderes religiosos judíos (14:1-2) y la conspiración de Judas (14:10-11). En este caso de la unción de Jesús, esta disposición literaria sirve para contrastar aún más las reacciones marcadamente diferentes ante Su ministerio.

Es interesante que el relato del joven anónimo que huye desnudo se intercala entre la huida de «todos» los discípulos (14:50) y la triple negación de Pedro en el patio del sumo sacerdote (14:66-72). Marcos parece dar a entender que este episodio histórico (es decir, la huida del joven

---

[42] Así también Donahue y Harrington, *Mark*, Sacra Pagina, 417; Lane, *The Gospel According to Mark*, New International Commentary on the New Testament, 528; Stein, *Mark*, 674; Evans, *Mark*, Word Biblical Commentary, 429; France, *Mark*, 597; Collins, *Mark*, 694.

desnudo) da expresión visual a la desenmascarada deslealtad de los discípulos de Jesús narrada a ambos lados de la perícopa.[43] En apoyo de esta interpretación, observamos que la desnudez pública en un contexto judío se consideraba el epítome de la vergüenza y la derrota.[44] Aunque es probable que Marcos no tenga en mente Amós 2:16, este texto concreto ilustra bien ese concepto.[45] En este pasaje, una palabra profética que anuncia la próxima derrota total de Israel se resume con estas palabras: «Aun el más intrépido entre los valientes huirá desnudo aquel día» (NBLA). Otros numerosos textos del Antiguo Testamento ilustran esta interpretación cultural de la desnudez (Gn. 3:7-11; Job 22:6; Ez. 16:7-8; Os. 2:3). Aunque en el contexto grecorromano se podría pensar que la gente hacía alarde de su desnudez en el atletismo o el arte, el hecho de desnudarse involuntariamente en público también se consideraba un caso de gran vergüenza. Este sentimiento de vergüenza por la desnudez pública se encuentra también en los primeros escritos cristianos. Por ejemplo, en

---

[43] France, *Mark*, 19: «Los sándwiches de Marcos se crean [...] entrelazando acontecimientos contemporáneos de tal manera que uno ayuda a interpretar el otro». Continúa sugiriendo que el intercalado no siempre es «cuestión de un sándwich de tres partes», sino que puede ser de «visitas sucesivas» a escenas paralelas. El fracaso de los discípulos en paralelo al juicio de Jesús es exactamente este tipo de revisita de acontecimientos contemporáneos. Nótese también Harry Fleddermann, «The Flight of the Naked Young Man (Mark 14:51-52)», *Catholic Biblical Quarterly* 41 (1979), 415. Por el contrario, James R. Edwards, en «Markan Sandwiches: The Significance of Interpolations in Markan Narratives», en *The Composition of Mark's Gospel* (Leiden: Brill, 1999), 196-97, compilado por David Orton [193-215], no reconoce 14:51-52 como parte de un sándwich precisamente porque no se ajusta al criterio más estricto A-B-A.

[44] Howard M. Jackson, «Why the Youth Shed His Cloak and Fled Naked: The Meaning and Purpose of Mark 14:51-52», *Journal of Biblical Literature* 116 (1997), 277.

[45] Los puntos de contacto léxicos que llevan a algunos a establecer esa conexión son demasiado escasos y forzados. Contra, por ejemplo, Adela Yarbro Collins, «The Flight of the Naked Young Man Revisited», en *Il Verbo di Dio e vivo: Studi sul Nuovo Testamento in onore del Cardinale Albert Vanhoye, S.I.* (Roma: Pontificio Instituto Bíblico, 2007), (135) 123-37. Véase también su resumen de estudiosos que hacen esta conexión en *ibid.*, 126.

la *Vida de San Antonio*, de Atanasio, se cuenta la historia de dos monjes, Amón y Teodoro, que tenían que cruzar un río crecido. Como les daba vergüenza verse desnudos, se separaron una gran distancia el uno del otro. Incluso entonces, relata Atanasio [cito]: «Cuando Teodoro partió, volvió a sentir vergüenza incluso de verse desnudo».[46]

Así pues, el relato de Marcos sobre el joven narra un momento de gran vergüenza y fracaso: la huida desnuda en un momento de crisis, que al situarlo Marcos en medio de dos relatos del fracaso de los discípulos cumple una función literaria como imagen simbólica del fracaso consumado de los discípulos en el momento de la detención y el juicio de Jesús.

Conclusión

Había una vez un hombre llamado Sr. Intérprete. El Sr. Intérprete tenía el privilegio de encabezar cada año el desfile anual de Hermeneulandia. Para ello, se ponía las vestiduras reales que había heredado de sus antepasados: el manto del contexto literario, la capa de la precisión gramatical, los zapatos del conocimiento histórico, la corona de la sumisión devota. Este año, sin embargo, estaba cansado de estas ropas y había oído hablar de un nuevo tejido fino que seguramente impresionaría a los asistentes al desfile de Hermeneulandia. Llamó a los sastres que vendían estos nuevos productos y les pidió que le confeccionaran las prendas más regias jamás vistas para el desfile anual de Hermeneulandia. El día en que iba a ponerse las prendas, los sastres le advirtieron que solo las personas refinadas y cultas podrían apreciar realmente la belleza del tejido. Cuando miró y no vio nada, se sintió demasiado avergonzado para decir palabra. En lugar de eso, siguió el juego, comentando la belleza del tejido brocado y los exuberantes colores. A la gente del pueblo también le habían dicho que solo las personas refinadas podían ver la hermosa tela, pero que la gente común y tonta no vería nada de valor. Mientras el Sr. Intérprete

[46] *Nicene and Post-Nicene Fathers*, serie 2.ª, vol. 4, 212 (sección 60 de *Vita S. Antoni*).

encabezaba el desfile en un estado de total desnudez, nadie estaba dispuesto a decir lo obvio, y menos aun el Sr. Intérprete. Finalmente, sin embargo, un niño gritó: «¡Está completamente desnudo!». En ese momento, el Sr. Intérprete tuvo que tomar una decisión importante: seguir caminando como si no pasara nada, o salir corriendo hacia la calle lateral, desnudo y corriendo asustado.

Capítulo 2

La formación espiritual del intérprete bíblico

por Miguel Núñez

El libro en que aparece este ensayo se centra en la hermenéutica bíblica, que es una materia que requiere preparación académica y formación avanzada. Eso es evidente para todo estudiante serio de la Palabra de Dios. Sin embargo, ¿se ha preguntado alguna vez cómo se preparan espiritualmente los intérpretes para acercarse al texto? ¿Es la formación intelectual el único factor que contribuye a la comprensión del texto? ¿Podrían los movimientos ideológicos y las tendencias culturales más amplias influir en la forma en que los creyentes y los maestros de la Palabra entienden y predican la Palabra de Dios?

Necesitamos responder a estas preguntas porque, como se ha observado, «del mismo modo que los científicos pueden perder a Dios en el laboratorio, el predicador puede perder a Dios en la preparación del sermón».[1] Este es un pensamiento aterrador, pero es una realidad que ha ocurrido más de una vez en la vida de muchos predicadores. Un estudiante de la Biblia puede verse influenciado por la cosmovisión secular de la época en que vive. En consecuencia, me gustaría repasar algunas ideologías actuales que pueden influir en el enfoque hermenéutico de un estudiante.

Una visión del mundo centrada en el hombre

Vivimos en una generación centrada en el hombre, que en muchos casos se ha infiltrado en la Iglesia. Si un intérprete de la Biblia se ha visto afectado por este punto de vista, puede pasar por alto el énfasis teocéntrico de cada libro de la Biblia, en oposición a la mentalidad antropocéntrica de nuestros días. Nadie lo ha dicho mejor que Joseph Haroutunian (1904–1968), un teólogo presbiteriano del pasado reciente:

> Antes, la religión estaba centrada en Dios. Antes, todo lo que no conducía a la gloria de Dios era infinitamente malo; ahora lo que no conduce a la felicidad del hombre es malo, injusto e imposible de atribuir a la Deidad. Antes, el bien del hombre consistía en última instancia en glorificar a Dios; ahora la gloria de Dios consiste en el bien del hombre.[2]

La revelación de Dios en la creación y en Su Palabra es teocéntrica y no antropocéntrica, lo cual es crucial para interpretar y predicar la Biblia. Debido a esta visión antropocéntrica, muchos han suavizado los dichos de Jesús para evitar ofender a la audiencia. Este es solo un ejemplo entre cientos de otros. En el proceso, es probable que la interpretación del pasaje difiera de la intención original del autor. Esto puede explicar por

[1] Jerry Vines y Jim Shaddix, *Power in the Pulpit* (Chicago: Moody Press, 2017), 317.

[2] Como se cita en Erwin Lutzer, *Diez mentiras sobre Dios, y cómo es posible que ya lo hayan engañado* (Miami: Unilit, 2009), 8.

qué la predicación de hoy es con bastante frecuencia tímida a los oyentes. Los predicadores no logran ser un conducto fiel para la palabra convincente de Dios. Incluso podemos encontrar «fuego extraño» en el púlpito. Me refiero a enseñanzas heréticas debidas a una interpretación defectuosa de la Palabra de Dios.

El evangelio de la riqueza y la salud es el resultado de una interpretación de las Escrituras sacada de contexto. El evangelio de la prosperidad promueve la felicidad de la criatura como meta y la voluntad de Dios de bendecir a Sus seguidores, a cambio de sus diezmos y ofrendas. Pero el Dios del cielo y de la tierra es autosuficiente y no necesita nada. Es degradante sugerir lo contrario (Hch. 17:25). Este evangelio solo podría haberse expandido en medio de una sociedad egocéntrica, materialista y narcisista. Este evangelio de la prosperidad nunca habría triunfado en una generación más orientada a la comunidad. Cuidado con los falsos maestros que tergiversan el texto bíblico para adaptarlo a sus propios intereses. Sacan palabras de contexto y crean pretextos para manipular y engañar. Escribiendo sobre cómo los falsos maestros estaban distorsionando las cartas de Pablo, el apóstol Pedro advirtió a sus seguidores con estas palabras: «Hay algunas cosas difíciles de entender, **que los ignorantes e inestables tuercen, como también tuercen el resto de las Escrituras,** para su propia perdición» (2 P. 3:16, NBLA, énfasis añadido).

Al interpretar y predicar las Escrituras debemos seguir el orden correcto: leer, interpretar, explicar y aplicar. Un maestro de la Palabra antropocéntrico suele ir directamente a la aplicación para llevar bendiciones al oído del oyente, esté o no esa enseñanza en el texto. Por eso, la predicación actual no suele ser doctrinal, lo cual es esencial para construir una base sólida. Esto explica por qué el apóstol Pablo insistía una y otra vez en la importancia de la doctrina bíblica, como podemos ver en sus cartas pastorales: «Ten cuidado de ti mismo y de la doctrina» (1 Ti. 4:16a, RVR 1960). No pases por alto las palabras «Ten cuidado» en el versículo que acabamos de citar. Pablo insiste en la necesidad de tener cuidado con lo que se cree y con lo que se vive. Alguien se preguntará: ¿qué relación tiene eso con la hermenéutica? En todos los niveles. Construimos nuestras convicciones bíblicas según lo que entendemos de la Biblia. Y luego, vivimos de acuerdo con lo que creemos. Vemos un énfasis similar en la doctrina bíblica en los siguientes pasajes, 1 Timoteo 1:3,10; 2 Timoteo 4:3; Tito 1:9; 2:1 (NVI). Otras versiones traducen la palabra *doctrina* como «enseñanza», que es el significado de la palabra en griego.

Nuevas revelaciones

Es bastante común en algunos círculos compartir nuevas enseñanzas sin tener en cuenta que Dios ya ha completado la Biblia y cerrado el canon. Si aceptamos nuevas doctrinas, automáticamente estamos afirmando que la Biblia está incompleta y, por tanto, es insuficiente. Pero una Biblia incompleta sería una Biblia necesitada de corrección. Con esto, acabamos negando la inerrancia de la Palabra de Dios, que no es negociable.

Mientras que en Occidente, con su visión racionalista del mundo, la batalla ha girado en torno a la inerrancia de la Biblia, en el Sur, el principal tema de batalla han sido las nuevas revelaciones, doctrinales y no doctrinales. Esto es comprensible ya que la visión del mundo fuera de la mayor parte de Occidente es animista, donde la gente cree que tiene contacto con el mundo desconocido a través de diferentes «espíritus» que están constantemente trayendo nuevas revelaciones, o eso creen. En el Sur, cuando la gente se convierte al cristianismo, tarda mucho tiempo en quitarse esa influencia de encima, y muchos intentan «cristianizar» sus antiguas creencias. Quizá no sepan que las ideas animistas han influido mucho en un gran porcentaje del mundo evangélico del Sur. Muchos creyentes pentecostales han optado por seguir y enseñar una tradición cristiana oral que difiere de nuestro cristianismo histórico. Este último se desarrolló mediante un proceso de análisis razonado y acabó convirtiéndose en una tradición escrita.[3] Esta situación no ha hecho más que

[3] Virginia Garrard-Burnett y David Stoll, *Rethinking Protestantism in Latin America* (Filadelfia: Temple University Press, 1993), 11.

empeorar por la presencia generalizada hoy en día de supuestos profetas y apóstoles, a los que muchos creen y siguen.

En la era digital, los contenidos visuales se han impuesto a los impresos. Preferimos ver videos a leer textos y las guías rápidas de «cómo hacerlo» a las largas explicaciones. Como resultado, es esencial considerar cómo estas nuevas tendencias pueden afectar la experiencia de aprendizaje de un estudiante de la Biblia: una visión del mundo centrada en el hombre, una creencia en «nuevas revelaciones», creencias animistas en un hemisferio y pensamiento racionalista en el otro, un enfoque pragmático de la vida y un desdén por la doctrina entre algunos cristianos.

Una predicación moldeada por el espíritu de esta época carece de autoridad, poder e impacto transformador. Además, el predicador vacilaría a la hora de pedir un veredicto y rehuiría textos que podrían ofender potencialmente a algunos miembros de la audiencia, como vemos con frecuencia hoy en día.

Una visión personal de las enseñanzas de la Biblia

Recientemente, un conocido historiador contemporáneo llamado Carl Trueman escribió un libro sobre el ascenso y el triunfo del yo moderno, arrojando luz sobre cómo hemos acabado donde estamos hoy. Aunque no voy a discutir el contenido del libro de Trueman en este capítulo, debo decir que el título por sí solo dice mucho acerca de nuestra cultura. En la Iglesia contemporánea, a menudo somos testigos de un enfoque individualista a la hora de interpretar las Escrituras, lo que revela la influencia de nuestra cultura dentro de la Iglesia. Pertenecemos a una comunidad de fe de 2000 años de antigüedad con el legado de una cosmovisión basada en la Biblia a la que debemos someternos. El apóstol Pedro advirtió sobre esta forma personal errónea de interpretar las Escrituras:

> **Esto ha venido a confirmarnos la palabra** de los profetas, a la cual ustedes hacen bien en prestar atención como a una lámpara que brilla en un lugar oscuro, hasta que amanezca el día y salga

> el lucero de la mañana en sus corazones. Ante todo, tengan muy presente que ninguna profecía de la Escritura **surge de la interpretación particular de nadie.** Porque la profecía no ha tenido su origen en la voluntad humana, sino que **los profetas hablaron de parte de Dios, impulsados por el Espíritu Santo.** (2 P. 1:19-21, NVI, énfasis añadido)

Una vez más podemos ver que las ideas tienen consecuencias, y estas consecuencias traen nuevas ideas distorsionadas. Y así, la historia sigue empeorando al margen de Dios. Lo mismo ha sucedido en la historia de la hermenéutica bíblica.

Sus creencias sobre la Biblia influyen en su forma de interpretarla

El apóstol Pablo escribió la primera carta a los tesalonicenses, elogiándolos por su ejemplar fe cristiana:

> De tal manera que habéis sido ejemplo a todos los de Macedonia y de Acaya que han creído. Porque partiendo de vosotros ha sido divulgada la palabra del Señor, no solo en Macedonia y Acaya, sino que también en todo lugar vuestra fe en Dios se ha extendido, de modo que nosotros no tenemos necesidad de hablar nada. (1 Ts. 1:7-8, RVR 1960)

Esta iglesia era realmente extraordinaria. ¿Qué la distinguía de las demás? Curiosamente, Pablo nunca habló tan bien de ninguna de las otras iglesias con las que estuvo en contacto. Él da una respuesta a por qué esta congregación ha tenido tanto éxito en su camino espiritual:

> Por lo cual también nosotros sin cesar damos gracias a Dios, de que cuando recibisteis la palabra de Dios que oísteis de nosotros, **la recibisteis no como palabra de hombres, sino según es en verdad, la palabra de Dios, la cual actúa en vosotros los creyentes.** (1 Ts. 2:13, RVR 1960, énfasis añadido)

Si realmente crees que la Biblia fue inspirada por Dios en su totalidad, entonces harás tu mejor esfuerzo para someterte a ella. Creemos firmemente que cada palabra del texto original de la Biblia fue inspirada por el Espíritu Santo. Esta doctrina es lo que se conoce como inspiración verbal y plenaria. Si suponemos que Dios es la fuente de la verdad y que Su Espíritu fue el canal a través del cual se transmitió, es lógico concluir que el resultado de la inspiración divina sería una Palabra autorizada, infalible, libre de errores e incluso suficiente. Esta Palabra es suficiente para que conozcamos y adoremos a Dios, y para nuestra salvación y nuestra santificación a medida que pasamos de la redención a la glorificación.

Imagínese por un momento la actitud de un intérprete bíblico que estudia un libro que, en su opinión, contiene errores y una interpretación mitológica de la cosmología presentada en los tres primeros capítulos de la Biblia, como afirman algunos. Un intérprete de la Biblia se sentirá más inclinado a tergiversar significados específicos de diferentes pasajes de la Biblia en cuanto crea que la palabra recibida es falible. Pablo bendice a sus hermanos antes mencionados por la excelencia de su testimonio relacionado con la forma en que recibieron la Palabra «no como palabra de hombres, sino según es en verdad, la palabra de Dios». ¿Por qué debería alguien someterse, obedecer o incluso creer una palabra deficiente y no autorizada? Estoy haciendo hincapié en este punto porque la interpretación de la Palabra e incluso la predicación de esta se verán afectadas significativamente dependiendo de lo que el estudiante de la Palabra cree acerca de la revelación de Dios en las Escrituras. «Las doctrinas de la inspiración, la inerrancia, la suficiencia y la compleción del canon están unidas entre sí. Estas verdades representan un todo unificado. Si se elimina una de estas verdades fundacionales, todo el edificio sufre con ella».[4] Se puede confiar en la integridad de toda la Palabra de Dios. Es ese mensaje, así recibido, el que puede producir la convicción, la pasión, la esperanza

[4] Miguel Núñez, «Todo lo que les he mandado – La inerrancia y la gran comisión», en *El pastor y la inerrancia bíblica*, editado por John MacArthur (Wheaton: Crossway, 2016), 366.

y la certeza que deben caracterizar al estudiante de la Palabra. Es difícil imaginar que todo eso se transmita a través de una palabra corrompida.[5]

La Palabra de Dios procede de un autor divino, que es santo, poderoso, justo, con autoridad e incapaz de errar (2 Ti. 3:16; Sal. 19:7-10). Es esencial comprender estos conceptos porque, a lo largo de la historia de la Iglesia, la respuesta de una persona a estas realidades (es decir, la aceptación o el rechazo) la sitúa en uno de los dos bandos. Uno es ortodoxo y ha permanecido estable durante dos mil años, mientras que el otro es liberal y cambia de generación en generación. Sería presuntuoso por mi parte suponer que el lector de este libro está de acuerdo con todo lo que he expuesto hasta ahora sobre la exactitud y fiabilidad de la Biblia. Por eso considero crucial dedicar un capítulo entero a dilucidar el hecho de que interpretar correctamente la Palabra de Dios requiere mucho más que seguir una serie de pautas. Requiere una visión ortodoxa de las Escrituras y la iluminación del Espíritu Santo que inspiró la Biblia.

La teología detrás de la hermenéutica y la predicación

La forma en que interpretemos diferentes textos bíblicos repercutirá en nuestra predicación. Si Dios es santo, también lo es Su Palabra. En consecuencia, leer y predicar la Biblia es como pisar tierra santa, metafóricamente hablando. Lo ideal es que el predicador trabaje bajo la influencia del Espíritu para ser exégeta del texto y luego suba al púlpito bajo la misma influencia para proclamar lo que encontró en Su texto. Esto es crucial si se concibe la predicación como un encuentro con Dios mediado por el Espíritu al aplicar la Palabra de Dios a la mente y el corazón del predicador, y luego al auditorio. Si ese es el caso —y creo que lo es—, entonces debemos extremar la precaución al interpretar el texto, para no interferir en dicho encuentro. Ahora podemos entender mejor por qué Pablo instruyó a Timoteo cuando escribió: «Procura con diligencia presentarte a Dios aprobado, como obrero que no tiene de qué avergonzarse,

---

[5] Núñez, 361.

que **maneja con precisión** la palabra de verdad» (2 Ti. 2:15, NBLA, énfasis añadido). Manejar con precisión la Palabra de Dios requiere una formación adecuada y la obra del Espíritu Santo, que es el intérprete último del texto escrito. Como se afirma en 1 Corintios 2:10b-11 (RVR 1960): «Porque el Espíritu todo lo escudriña, aun lo profundo de Dios. Porque ¿quién de los hombres sabe las cosas del hombre, sino el espíritu del hombre que está en él? Así tampoco nadie conoció las cosas de Dios, sino el Espíritu de Dios».

La capacidad de comprender el texto bíblico con gran exactitud y la unción divina aportarán autoridad al predicador. Esto es precisamente lo que se dijo de la predicación de Cristo: «Y cuando terminó Jesús estas palabras, la gente se admiraba de su doctrina; porque les enseñaba como quien tiene autoridad, y no como los escribas» (Mt. 7:28-29). Cuando escuche a distintos predicadores, quizá note que algunos hablan con más autoridad que otros. Tal vez se pregunte cuál es la diferencia entre ellos. He aquí algunos factores que contribuyen a la autoridad de un predicador:

- un profundo conocimiento de las Escrituras;
- dependencia del Espíritu Santo;
- ser lleno del Espíritu Santo al dar el mensaje;
- un mensaje arraigado en la Palabra en vez de un discurso emocional; y
- vivir una vida santa y recta.

Las enseñanzas de Jesús dejaban asombradas a las multitudes por Su profundo conocimiento de las Escrituras y Su papel único como encarnación de la revelación de Dios. Tras ser lleno del Espíritu en el Jordán, Jesús regresó a Galilea con renovado vigor y poder, lo que hizo que se extendieran noticias Suyas por los alrededores. Era muy apreciado por todos y enseñaba en las sinagogas, y todos los que lo escuchaban reconocían que hablaba con autoridad y no como los escribas (Lc. 4:14-15).

En una sociedad tecnológicamente avanzada, muchos pueden llegar a la conclusión de que nuestra comprensión y predicación de la Palabra de Dios dependen principalmente del mundo académico. Si eso fuera cierto, sería difícil explicar cómo tantas personas, algunas educadas en instituciones ortodoxas, han abrazado la teología liberal hasta el final de sus vidas. No estoy en contra de la preparación académica de nadie. He dedicado una cantidad razonable de tiempo a prepararme en los campos de la medicina y la teología para mejorar mis conocimientos y capacidades. Pero creo que John Stott tenía mucha razón cuando afirmaba que en un mundo que no tiene interés en escuchar, «el secreto esencial no es dominar ciertas técnicas, sino ser dominado por ciertas convicciones».[6] Y yo añadiría que esas convicciones deben estar arraigadas en la Biblia mientras el Espíritu de Dios ilumina los ojos del corazón para creer y luego crecer en comprensión.

Al pensar en la teología que hay detrás de la hermenéutica, tengamos en cuenta que el Antiguo y el Nuevo Testamentos están centrados en Cristo. Con esto no quiero decir que Jesús se encuentre en cada versículo o texto de la Biblia. Por el contrario, todo lector de la Biblia debería preguntarse cuál es la relación entre este pasaje y la persona de Cristo. Si encontramos el «enfoque de la condición caída» en el pasaje, estamos en camino de encontrar la relación entre el pasaje y nuestro Redentor.

El papel del Espíritu Santo y la oración en la predicación correcta del texto bíblico

Anteriormente mencionamos que cada palabra de los documentos bíblicos originales fue inspirada sobrenaturalmente por el Espíritu Santo (Sal. 119:160). En consecuencia, tendría que ser sobrenaturalmente comprendida, tanto por el predicador como por el auditorio.[7] Eso es justo lo que el apóstol Pablo escribió a los corintios:

---

[6] John Stott, *La predicación, puente entre dos mundos* (Grand Rapids: Wm. B. Eerdmans Publishing Co.; edición actualizada, 2015), 23, edición Kindle.

[7] Véase John Piper, *La lectura sobrenatural de la Biblia: Ver y saborear la gloria de Dios en las Escrituras* (Wheaton: Crossway, 2017).

> Y nosotros hemos recibido, no el espíritu del mundo, sino **el Espíritu** que viene de Dios, **para que conozcamos** lo que Dios nos ha dado gratuitamente, de lo cual también hablamos, no con palabras enseñadas por sabiduría humana, **sino con las enseñadas por el Espíritu, combinando pensamientos espirituales con palabras espirituales.** Pero el hombre natural no acepta las cosas del Espíritu de Dios, porque para él son necedad; y no las puede entender, porque se **disciernen espiritualmente.** (1 Co. 2:12-14, LBLA, énfasis añadido)

Nótese el énfasis en las palabras «Espíritu», «entender», «enseñadas», «conozcamos» y «disciernen espiritualmente». Cada uno de esos conceptos está implicado en el ejercicio de la interpretación bíblica, como hemos visto. Recordemos las palabras de Cristo a Sus discípulos en el aposento alto, horas antes de Su partida: «Separados **de mí nada podéis hacer**» (Jn. 15:5, RVR 1960, énfasis añadido). Obviamente, la palabra «nada» incluye la lectura y la interpretación correcta de la Biblia, así como la predicación y la enseñanza. Aún más, cuando Pablo escribió a los efesios, les dijo específicamente que **había orado para que** Dios les concediera «espíritu de sabiduría y de revelación en el conocimiento de él, **alumbrando los ojos de vuestro entendimiento, para que sepáis** cuál es la esperanza a que él os ha llamado, y cuáles las riquezas de la gloria de su herencia en los santos» (Ef. 1:17-18, RVR 1960, énfasis añadido). Observe la conexión entre la oración, la iluminación y el conocimiento. Siempre han trabajado juntos. La oración conecta al predicador con el Espíritu, que ilumina la mente para comprender el texto, previamente inspirado por el mismo Espíritu, como puede verse en el libro de los Hechos.

Desde el principio, la oración precede a la proclamación de la Palabra. Cuando llegó el día de Pentecostés, los discípulos estaban reunidos en el aposento alto orando (Hch. 1:14 y 2:1). El Espíritu les fue dado en respuesta a la oración, como Cristo les había ordenado que hicieran (Lc. 11:13). Posteriormente, Pedro habló, y gracias a ello, tres mil personas nacieron de nuevo. Ese fue el sermón más poderoso jamás pronunciado por un predicador sin educación. Tenían poca educación, pero tenían poder de lo alto. En esencia, el sermón de Pedro fue el resultado de la exégesis del texto del profeta Joel con explicación y aplicación. Al final, pidió un veredicto y tres mil personas acudieron a la fe (Hch. 2:14-41).

En Hechos 6 leemos por primera vez que el apóstol delegó ciertas funciones para atender mejor a los necesitados, dado un conflicto que había surgido entre los judíos helenistas y los hebreos nativos. Sus viudas estaban siendo pasadas por alto en el servicio diario de alimentos. La competencia se resolvió seleccionando a siete hombres **llenos del Espíritu** para que se hicieran cargo de la tarea. Luego, los doce dijeron a la congregación: «Y nosotros persistiremos en la **oración y en el ministerio de la palabra**» (Hch. 6:4, RVR 1960). Pero el ministerio de la palabra exigiría el estudio y la interpretación del Antiguo y del Nuevo Testamento. Los apóstoles comprendieron que no podían separar el ministerio de la palabra (estudiar, interpretar, proclamar) de la oración y del ministerio del Espíritu Santo. Sería un error fatal.

En consecuencia, cuanto más llena del Espíritu esté una persona, mejor equipada estará para interactuar con un texto mediante los principios de la interpretación y, por tanto, mayor será la probabilidad de llegar a la comprensión adecuada del texto divinamente inspirado.

Una persona que estudia las Escrituras, pero no vive en consonancia con el Espíritu de Dios, puede tener dificultades para interpretar las Escrituras. Le faltaría la guía del Espíritu Santo, que nos fue dado para guiarnos a toda la verdad (Jn. 16:13). El Espíritu Santo tiene varias funciones que están relacionadas con nuestra comprensión de la verdad de Dios:

- la iluminación de nuestro entendimiento;
- la aplicación de la verdad al corazón (alumno y oyente);
- la inspiración de las palabras adecuadas para articular la verdad que se quiere transmitir;
- la profundización en el texto; y

- la enseñanza y el recuerdo de las verdades enseñadas por Jesús (Jn. 14:26).

El Espíritu Santo desempeña un papel crucial a la hora de dar a los predicadores el valor necesario para proclamar la Palabra de Dios sin temor, como se menciona en Hechos 4:31 y 1 Corintios 2:4. Sin embargo, es razonable suponer que el Espíritu proporcionaría tal valentía solo a aquellos que han entendido correctamente Su mensaje a través de la guía del mismo Espíritu. Los verdaderos creyentes, sin duda, apreciarían a un predicador que proclama con valentía una Palabra inerrante y que tiene una comprensión profunda del mensaje de Dios antes de entregarlo.

No hay poder, no hay audacia, no hay convicción de pecado ni conversión del alma aparte de la obra del Espíritu Santo. «Los sermones expositivos que se preparan, se pronuncian y se reciben en la carne no son más que ejercicios académicos».[8] Para honrar verdaderamente el texto bíblico debemos confiar en la guía del Espíritu Santo al predicar. La tercera Persona de la Trinidad faculta al predicador para hablar con autoridad y convicción, lo que puede llevar a otros a creer. Es importante recordar que cuando la Biblia habla, Dios habla.

Necesitamos una generación de predicadores plenamente convencidos de la necesidad de confiar en el Espíritu Santo para entender y predicar el texto, de modo que los corazones puedan ser convertidos, la Palabra obedecida y la gloria de Dios desplegada. Las personas pueden ser entrenadas en el arte de interpretar y predicar la Palabra, y pueden entregar un mensaje técnicamente perfecto; sin embargo, si el Espíritu del Señor no está sobre la persona, no será capaz de honrar apropiadamente la Palabra que hemos recibido de Dios. El apóstol Pablo da testimonio de lo que acabo de decir: «Porque nuestro evangelio no vino a ustedes solamente en palabras, sino también en poder y en el Espíritu Santo y con plena convicción» (1 Ts. 1:5, NBLA).

---

[8] Jerry Vines y Jim Shaddix, *Power in the Pulpit* (Chicago: Moody Press, 2017), 37.

El carácter del estudiante de la Palabra

El hombre que se prepara para ser expositor de la Palabra de Dios debe formarse en la presencia de Dios. Debemos amar a Dios y Su revelación no solo porque Él es digno de nuestro afecto, sino también porque es la única manera de que nos sintamos continuamente impulsados a estudiar la Palabra. También es cierto que el estudiante de la Palabra prepara el mensaje, pero es Dios quien prepara al estudiante para predicar lo que él ha estudiado previamente.

Desde Aristóteles se reconoce que la capacidad de persuadir al público depende de tres aspectos: *el lógos*, el *édsos* y el *pádsos* del comunicador. Analicemos primero el *édsos*, que se refiere al carácter moral del predicador. Cuando Pablo escribió a Timoteo sobre los requisitos para ser pastor (1 Ti. 3:1-7), asoció la vida moral de la persona con su capacidad para enseñar. La credibilidad de un mensaje suele estar vinculada a la credibilidad del mensajero. Es difícil creer que el Espíritu ayudaría a entender la Palabra a alguien que vive una vida inmoral. La única ayuda que tal persona puede obtener de la tercera Persona de la Trinidad es la convicción de pecado y la ayuda para cambiar sus caminos después de su arrepentimiento, que el mismo Espíritu trae sobre él. De alguna manera, el carácter del orador se percibe en su comunicación, aunque no siempre sea así. Puede ser difícil precisarlo, pero a medida que la gente escucha, muchos llegan a la conclusión de si creerán en el mensaje que han oído.

La transmisión de un mensaje pierde su poder cuando el orador carece de un carácter piadoso, lo que puede interferir en la interpretación del texto. El Espíritu Santo ayuda al creyente en su proceso de santificación y continúa llenándolo en respuesta a su sumisión y como bendición por su vida santa. Debemos practicar lo que predicamos. En el siglo XIX, el pastor presbiteriano Robert Murray M'Cheyne dijo una vez: «La mayor necesidad de mi pueblo es mi propia santidad». La realidad es que tratamos la Palabra de la misma manera que tratamos nuestros pecados. Si tratamos nuestros pecados con ligereza, haremos lo mismo cuando estudiemos la Palabra. Al examinar las palabras de advertencia de Pablo a su discípulo más joven, Timoteo, nos damos cuenta de la importancia de poseer un carácter justo y recto. Sin él, todo lo que hacemos, en última instancia, carece de sentido. Por lo tanto, prestemos mucha atención a estas palabras en 2 Timoteo 2:21: «Así que, si alguno se limpia de estas cosas [lo que es deshonroso], será instrumento para honra, **santificado, útil para el Dueño**, y dispuesto para toda buena obra» (RVR 1977).

Notese la relación entre «santificado» y «útil» en nuestro texto citado. Si quiere predicar la Palabra que estudia, debe vivir una vida recta (no perfecta). No es de extrañar que Pablo fuera un comunicador eficaz. Recuerde que quién es usted es más importante que lo que hace. La humildad es con frecuencia más importante que la oratoria. Por lo tanto, persiga un carácter piadoso.

El *lógos* (o palabra) está relacionado con lo bien que la persona entiende y comunica la Palabra de Dios cuando llega el momento de predicar. Pero esa comprensión resulta de aplicar las reglas de la hermenéutica para la explicación adecuada. El papel del Espíritu en este proceso ya se ha explicado anteriormente.

No olvide nunca que debe predicar la Palabra de Dios según la intención original del autor, que se dirigió a un público concreto en un momento determinado. Todo eso se hace mediante las reglas de interpretación, pero el Espíritu Santo lo guía. Entonces, y solo entonces, el predicador manejaría correctamente la Palabra de verdad. Ese sería el correcto *lógos.*

El último aspecto es el *pádsos* o pasión que implica la transmisión del texto. Se ha dicho que «la Biblia palpita de emoción».[9] Así pues, los lectores deben dejarse cautivar por esta pulsación y comunicar el texto con honestidad y fidelidad a su audiencia, transmitiendo al mismo tiempo la pasión con la que fue escrito. Es crucial ser fiel a uno mismo a la hora de predicar (no una copia de alguien), ser el «mejor usted» posible. Esto último ocurre cuando el Espíritu ilumina el entendimiento de la persona

---

[9] Jerry Vines y Adam B. Dooley, *Power in the Pulpit* (Chicago: Moody Press, 2018), pág. 27 de 209, versión Kindle.

y aplica la Palabra a su mente y a su corazón, ayudándolo a sentir todo el impacto del texto para su transformación. Observe en el siguiente pasaje cómo el apóstol Pablo habla de su ministerio de la Palabra de una manera en la que podemos ver los tres elementos de la retórica: «Pues nuestro evangelio no llegó a vosotros solamente en palabras (*lógos*), sino también en poder, en el Espíritu Santo y en plena certidumbre (*pádsos*), como bien sabéis qué clase de personas fuimos (*édsos)* entre vosotros por amor a vosotros» (1 Ts. 1:5, RVR 1977).

Una última reflexión

Espero haberlo convencido de que la hermenéutica es un campo complejo que va más allá de las simples reglas. Diversos factores pueden influir en nuestra interpretación de un texto. Por lo tanto, es crucial formar discípulos que posean un profundo conocimiento de las Escrituras, que estén llenos del Espíritu y que crean que la Biblia tiene plena autoridad en todos los ámbitos que abarca. Por último, necesitamos discípulos convencidos de que Dios inspiró completamente la Biblia (*Sola Scriptura* y *Tota Scriptura*). Por esa razón, la Biblia es el último tribunal de apelación cuando se trata de la fe y la práctica. Del mismo modo, los teólogos cristianos afirman desde hace mucho tiempo que la Biblia es su propio intérprete. Por último, no hay que olvidar nunca que somos criaturas caídas y falibles, que podemos dejarnos influir por las corrientes del día, que repercutirán en nuestra manera de entender la Biblia.

Capítulo 3

La influencia de los sistemas teológicos en la interpretación

por Benjamin L. Merkle

¿Es mejor acercarse al texto de la Biblia como una pizarra en blanco (con la mente totalmente abierta y sin ideas preconcebidas) o debemos acercarnos a la Biblia con un sistema teológico predeterminado? En otras palabras, cuando llegamos a comprender e interpretar un pasaje concreto, ¿debemos dejar que ese texto determine nuestra teología o debe ser nuestra teología la que determine el significado de ese pasaje? Si optamos por lo primero, corremos el riesgo de que un solo texto pueda socavar nuestras creencias. Si optamos por lo segundo, corremos el riesgo de forzar una interpretación particular de determinados textos, independientemente de que sea la mejor lectura del texto en el contexto.

La respuesta a las preguntas anteriores es que debemos mantener ambos enfoques en tensión. Imagínese sujetando dos extremos de una cuerda por encima de un gran fuego. Esta cuerda está en un sistema de poleas, de modo que debe sujetar firmemente con cada mano un extremo de la cuerda. Si soltara un extremo de la cuerda y sujetara con ambas manos el otro extremo de la cuerda, sin duda caería al fuego. Pero mientras se agarre con fuerza a ambos extremos, permanecerá a salvo por encima del fuego. Cuando nos acercamos a un texto, tenemos que dejar que ese texto conforme nuestra teología, y nuestra teología también debe ayudar a conformar el significado del texto.

Pero ¿qué es exactamente un sistema teológico? ¿Lo tiene todo el mundo? ¿Y cómo influye el sistema teológico de una persona en su interpretación de un texto? En este capítulo se abordarán estas cuestiones y también se analizarán las formas en que un sistema teológico puede ser útil en la interpretación, así como algunos de los peligros de un sistema teológico en la interpretación.

Sistemas teológicos

¿Qué es un sistema teológico?[1]

Un sistema teológico es un intento de sintetizar la información de las Escrituras en una estructura lógica y coherente. Cuando ofrecemos a alguien un resumen de la historia de la Biblia (la metanarrativa o panorama general de las Escrituras) o intentamos armonizar una doctrina con otra, estamos construyendo un sistema teológico. Responde a la pregunta: ¿cómo encaja toda la Biblia? En otras palabras, un sistema teológico se construye en un intento de comprender el mensaje global de la Biblia. Idealmente, nuestro sistema teológico será el resultado de una interpretación fiel de la Biblia. Pero a medida que nuestro sistema teológico se hace más completo y más estable, este sistema de creencias influirá entonces en nuestra forma de interpretar la Biblia. Por consiguiente, es necesario que comprendamos nuestro sistema teológico y seamos conscientes de cómo influye en nuestra interpretación de las Escrituras.

---

[1] Partes de este ensayo han sido adaptadas de mi libro *De la discontinuidad a la continuidad: Un estudio de la teología dispensacionalista y la teología del pacto* (Bellingham, WA: Editorial Tesoro Bíblico, 2020).

Aunque hay varias maneras de formular el propio sistema teológico, tales sistemas se discuten a menudo a la luz de dos amplias posiciones: el dispensacionalismo y la teología del pacto. Y, sin embargo, dentro de estas dos amplias posiciones hay una serie de posturas distintas que merecen su propia categoría. Como comenta John Feinberg: «Las posturas evangélicas pueden situarse en un continuo que va desde la creencia en la continuidad absoluta de las Escrituras hasta la creencia en la discontinuidad absoluta de las Escrituras».[2] Quizá la cuestión más importante relacionada con el sistema hermenéutico o teológico de cada uno sea la relación entre el Antiguo Testamento y el Nuevo Testamento. ¿Hay continuidad entre los pactos o hay discontinuidad? El dispensacionalismo está del lado de la discontinuidad y la teología del pacto está del lado de la continuidad. Dentro de cada uno de estos amplios sistemas, sin embargo, hay una variedad de sistemas que podrían ser mapeados en un espectro teológico. Para comprender cómo influye nuestro sistema teológico en nuestra hermenéutica, debemos tratar de comprender nuestro sistema. Y para entender bien nuestro sistema, es útil poder compararlo y contrastarlo con otros sistemas. Así pues, nuestro primer objetivo es explicar

Taxonomía de los sistemas teológicos

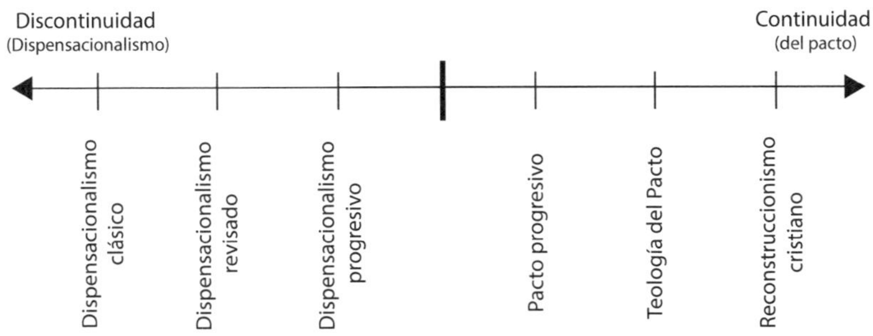

[2] John S. Feinberg, «Systems of Discontinuity», en *Continuity and Discontinuity: Perspectives on the Relationship Between the Old and New Testaments* (Wheaton: Crossway, 1987), 64.

brevemente los diversos sistemas teológicos en relación con la discontinuidad y la continuidad entre los testamentos (o pactos).

A medida que nos movemos a lo largo de este continuo que comienza con la discontinuidad y avanza hacia la continuidad, podemos trazar al menos seis sistemas teológicos diferentes.[3] Tres de las posiciones se sitúan en el lado de la discontinuidad (dispensacionalismo clásico, revisado y progresivo), y tres en el lado de la continuidad (pactualismo progresista, teología del pacto y reconstruccionismo cristiano). A continuación ofreceré una breve visión general de cada uno de estos seis sistemas teológicos, abordando las siguientes cuatro cuestiones: (1) ¿Cuál es la hermenéutica básica? (¿Sigue una interpretación estrictamente literal de la Biblia?). (2) ¿Cuál es la relación entre los pactos, especialmente el antiguo pacto (mosaico) y el nuevo pacto? (3) ¿Cuál es la relación entre Israel y la Iglesia? (¿Están completamente separados? ¿Son distintos pero están relacionados? ¿Son prácticamente lo mismo?). (4) ¿Cómo se entiende el reino de Dios? (¿Trajo Jesús el reino o simplemente lo ofreció? ¿Cómo se consumará el reino?).

Sistemas teológicos que enfatizan la discontinuidad (dispensacionalismo)

Dispensacionalismo clásico

Este tipo de dispensacionalismo (también llamado dispensacionalismo «tradicional»), surgió en el siglo XIX bajo la influencia de John Nelson Darby (1800–1882) en Inglaterra y se extendió a Estados Unidos a través de maestros como C. I. Scofield (1843–1921) y Lewis Sperry Chafer (1871–1952), fundador del Seminario Teológico de Dallas. El dispensacionalismo clásico interpreta la Biblia literalmente, aunque el sistema permite el simbolismo o la tipología cuando un pasaje se refiere a la Iglesia

[3] Por supuesto, podrían mencionarse más sistemas, pero estos seis representan a la mayoría de los evangélicos protestantes.

y no a Israel (por ejemplo, el arca es un tipo de Cristo; Gn. 6:14). En consecuencia, los textos de restauración del Antiguo Testamento (como los de Am. 9:11-15) dirigidos a la nación de Israel exigen un cumplimiento literal (Israel recibirá la tierra, tendrá cosechas abundantes, derrotará a sus enemigos, etc.). Dado que la Iglesia e Israel son distintos, los textos del Nuevo Testamento que citan profecías del Antiguo Testamento como cumplidas deben entenderse como cumplimientos parciales o aplicaciones, ya que solo Israel puede cumplir los textos sobre Israel. El cumplimiento final ocurrirá durante el milenio y se referirá a los judíos étnicos. En lugar de centrarse en los pactos bíblicos, los dispensacionalistas clásicos hacen hincapié en siete dispensaciones (inocencia, conciencia, gobierno humano, promesa, ley, gracia y reino) que incluyen un periodo en el que la humanidad es puesta a prueba para ver si obedece la revelación de Dios. A diferencia del pacto mosaico, los pactos abrahámico, davídico y nuevo son eternos e incondicionales (por lo tanto, las promesas hechas a Abraham y a David se cumplirán literalmente en Israel durante el milenio). Debido a que la era de la Iglesia es una dispensación distinta (un paréntesis o intercalación), tanto la ley del Antiguo Testamento como incluso gran parte de las enseñanzas de Jesús (como el Sermón de la Montaña) no se aplican directamente a la Iglesia de hoy.

Esencial a todas las variedades del dispensacionalismo es la creencia de que Israel y la Iglesia son distintos y tienen futuros distintos. Israel es el pueblo *terrenal* de Dios, mientras que la Iglesia es el pueblo *celestial* de Dios. La evidencia del plan de Dios para Israel se encuentra en Romanos 11:26, que enseña una futura conversión masiva del Israel étnico. Aunque en Su ministerio Jesús ofreció el reino mesiánico terrenal al pueblo de Israel, debido a que este lo rechazó, el reino nunca llegó, sino que fue pospuesto hasta el milenio. Por lo tanto, la era de la Iglesia actual es una ruptura imprevista del plan original de Dios. Pero después de la era de la Iglesia, Dios volverá una vez más Su atención a la nación de Israel y llevará a cabo las profecías incumplidas de restauración del Antiguo Testamento. Después de un periodo de siete años de intensa tribulación, Jesús regresará, establecerá Su reino en Israel, y reinará en el trono de David durante mil años. Después de este tiempo, Satanás será liberado de su prisión, pero en última instancia será derrotado por Cristo.

Dispensacionalismo revisado

Los dispensacionalistas revisados, como Charles Ryrie (1925–2016), John Walvoord (1910–2002) y Dwight Pentecost (1915–2014), sostienen creencias similares a las de los dispensacionalistas clásicos, con algunas diferencias notables. Por ejemplo, mientras que ambos están firmemente comprometidos con una hermenéutica literal, los dispensacionalistas revisados son más coherentes que los dispensacionalistas anteriores porque rara vez permiten la tipología y esencialmente rechazan las interpretaciones simbólicas de sus predecesores. Siguen dando prioridad al Antiguo Testamento sobre el Nuevo, insistiendo en que la Iglesia no puede cumplir las promesas dadas a Israel. Si el Nuevo Testamento reivindica el cumplimiento de un pasaje del Antiguo Testamento, debe entenderse solo como un cumplimiento parcial (como la referencia a Am. 9:11-15 citada en Hch. 15). Al igual que los dispensacionalistas anteriores, los dispensacionalistas revisados hacen hincapié en siete dispensaciones, todas las cuales implican una prueba, un fracaso y un juicio. La ley del Antiguo Testamento pertenece a una dispensación anterior y no es aplicable a los cristianos de hoy. Del mismo modo, el Sermón del Monte contiene toda la ley y ningún evangelio, aunque la Iglesia puede recoger principios de él. En cambio, se aplicará al pueblo judío durante la tribulación y el milenio.

Además, se mantiene una clara distinción entre Israel y la Iglesia. Israel es un pueblo étnico al que se le promete una bendición física, mientras que la Iglesia es un pueblo espiritual (el cuerpo de Cristo) en el que habita el Espíritu Santo. La era de la Iglesia (que es un paréntesis en el plan de Dios) comenzó en Pentecostés. Durante Su ministerio terrenal, Jesús ofreció el reino a Israel, pero ellos lo rechazaron y por eso fue pospuesto. La Iglesia será raptada secretamente al final de la era que será seguida por siete años de tribulación y culminará con el regreso de Cristo y la salvación de los judíos étnicos. Cristo reinará entonces en Jerusalén durante mil años. Hacia el final de los mil años, Satanás será liberado y dirigirá una rebelión solo para ser derrotado y arrojado al lago de fuego. Después de esto está la resurrección, el juicio final, y luego el estado eterno.

Dispensacionalismo progresivo

Aunque los dispensacionalistas progresistas (como Robert Saucy, Craig Blaising y Darrell Bock) abrazan una interpretación literal de la Biblia, también emplean un enfoque literario-teológico. Esta hermenéutica, llamada «complementaria» permite que el cumplimiento de un texto profético se desarrolle o amplíe, aunque el texto también conserve su significado original. En consecuencia, la tipología se afirma más fácilmente. Aunque las profecías de restauración originalmente dadas a Israel puedan relacionarse con la Iglesia, el cumplimiento final sigue aplicándose a Israel. En lugar de las siete dispensaciones que se encuentran en el dispensacionalismo tradicional, los dispensacionalistas progresistas afirman solo cuatro: (1) patriarcal, (2) mosaico (3) eclesial y (4) siónica.

Como para todos los dispensacionalistas, la Iglesia comienza en Pentecostés. Sin embargo, Israel y la Iglesia son vistos como el único pueblo de Dios. Aún reconocen que Israel recibirá bendiciones físicas únicas como una entidad nacional y política. Debido a que el plan de Dios en la historia es un plan unificado, la era de la Iglesia *no* es un paréntesis, ya que cada dispensación está orgánicamente relacionada con la anterior a medida que revelan progresivamente el reino de Dios. Jesús no se limitó a ofrecer el reino, sino que lo *trajo*, al menos en parte. En consecuencia, Jesús está actualmente sentado en el cielo habiendo inaugurado el reino escatológico. La restauración de Israel en la tierra queda confirmada por la pregunta de los discípulos a Jesús en Hechos 1:6 («Señor, ¿restaurarás en este tiempo el reino a Israel?»). Esta restauración ocurrirá después de que la Iglesia sea raptada, cuando Cristo reine sobre Israel durante mil años. Después de este tiempo, Satanás será liberado para dirigir una rebelión contra Cristo, pero será derrotado y juzgado.

Sistemas teológicos que hacen hincapié en la continuidad (del pacto)

Pacto progresivo

Con este punto de vista, pasamos al lado del espectro que hace hincapié en la continuidad. Los del pacto progresivo (como Peter Gentry y Stephen Wellum) interpretan la Biblia literalmente (es decir, según la intención del autor), pero también permiten una interpretación espiritual o tipológica, especialmente cuando la afirma un autor del Nuevo Testamento. Dado que la Biblia contiene una revelación progresiva, el Nuevo Testamento ofrece claridad cristológica a los pasajes del Antiguo Testamento ampliando (nunca contraviniendo) las implicaciones del significado original. Así, dan prioridad hermenéutica al Nuevo Testamento, ya que es la culminación de la revelación de Dios. Como tales, las profecías de restauración del Antiguo Testamento se cumplen en Cristo, el israelita perfecto. Afirman seis pactos bíblicos (adámico, noético, abrahámico, mosaico, davídico y el nuevo pacto) que forman la columna vertebral de la revelación bíblica y que todos se cumplen en Cristo. Dado que todas las Escrituras tienen autoridad, constituyen la norma de la ética cristiana. Sin embargo, rechazan la división tripartita de la ley (moral, civil y ceremonial) como medio para determinar qué leyes son vinculantes para los creyentes. En su lugar, ven la ley como un conjunto de pactos. Todas las leyes del Antiguo Testamento deben interpretarse a través de la lente del nuevo pacto y su cumplimiento en Cristo.

Aunque Israel y la Iglesia representan al único pueblo de Dios, no son completamente idénticos. Es decir, la Iglesia no sustituye ni se equipara al Israel étnico. En cambio, Jesús cumple las promesas dadas a Israel y la Iglesia solo recibe indirectamente las promesas a Israel a través de su unión con Cristo. Aunque algunos del pacto progresivo afirman una futura conversión masiva del Israel étnico (Ro. 11:26), todos rechazan la noción de que la restauración de Israel incluya cualidades físicas como la tierra y el templo. Jesús inauguró el reino durante Su primera venida y mediante Su muerte, resurrección y ascensión al trono de Su Padre, y reina ahora como Rey. El reino se consumará en la segunda venida de Jesús, cuando derrote a todos Sus enemigos (incluida la muerte). Afirman varios puntos de vista milenialistas, especialmente el premilenialismo histórico y el amilenialismo.

Teología del pacto

Aunque los teólogos del pacto, como Meredith G. Kline (1922–2007), O. Palmer Robertson y Michael Horton, afirman una hermenéutica literal, también rechazan una hermenéutica literalista o excesivamente literal. Más bien, adoptan una interpretación centrada en Cristo, donde Cristo es el cumplimiento de todas las promesas de Dios. Los significados ampliados de las profecías están permitidos, pero deben estar orgánicamente relacionados con el significado original. Dado que el Nuevo Testamento es la revelación final y más completa de Dios, el Antiguo Testamento debe interpretarse a la luz del Nuevo Testamento. Dicha interpretación puede incluir un cumplimiento tipológico de la profecía mesiánica. Por ejemplo, la promesa de la tierra a Israel apuntaba hacia la gran realidad de los nuevos cielos y la nueva tierra. Esto también significa que las profecías de restauración del Antiguo Testamento encuentran su cumplimiento en Cristo y la Iglesia. Construyen su marco teológico general sobre tres pactos teológicos (es decir, los pactos de redención, obras/creación y gracia) y, en menor medida, los pactos históricos (adámico, noético, abrahámico, mosaico, davídico y el nuevo pacto). Al final, estos pactos son uno solo, lo que proporciona unidad al pueblo de Dios y al plan de Dios. La ley civil y ceremonial del Antiguo Testamento se cumple en Cristo, pero la ley moral (que se resume en los diez mandamientos) sigue siendo aplicable para los cristianos de hoy.

Dado que los teólogos del pacto hacen hincapié en la continuidad, ven una relación orgánica entre Israel y la Iglesia, que constituyen el único pueblo de Dios. Así, la Iglesia cumple las promesas hechas a Abraham. Jesús inauguró el reino (el gobierno y el reinado de Dios sobre Su creación) durante Su ministerio, pero aún esperamos la consumación final. Cuando los discípulos preguntan a Jesús sobre la restauración del reino en Israel en Hechos 1:6, revelan que no comprenden no solo el *momento* de la instauración del reino, sino tampoco su *naturaleza*. De hecho, Jesús corrige a los discípulos en Hechos 1:8 explicándoles que la restauración se produce con la llegada del Espíritu y la difusión del evangelio a los gentiles. La mayoría de los teólogos del pacto abrazan el amilenialismo, la creencia de que Satanás fue atado en la resurrección de Jesús y la Iglesia se encuentra actualmente en el milenio. No hay rapto secreto, pero inmediatamente después de la segunda venida es el juicio final y el estado eterno.

Reconstruccionismo cristiano

En el lado de la continuidad extrema, los reconstruccionistas cristianos, como Rousas Rushdoony (1916–2001), Greg Bahnsen (1948–1995) y Gary North afirman (1) el calvinismo, (2) la teonomía, (3) la apologética presuposicional, (4) el posmilenialismo y (5) la teología del dominio. Aunque interpretan simbólicamente la literatura profética y apocalíptica, emplean una hermenéutica literal al aplicar la ley del Antiguo Testamento. Las leyes ceremoniales que se cumplen tipológicamente en Cristo se dejan de lado, siendo sustituidas por el antitipo del Nuevo Testamento. Todo pacto es un acto de gracia, aunque incluya la obligación de obedecer la ley de Dios. Además, cada pacto es una recapitulación de la misma promesa y, por tanto, cada pacto es uno en última instancia. Aunque la ley nos señala a Dios, no puede salvar. Adoptan la teonomía, la creencia de que la ley moral *y civil* del Antiguo Testamento es vinculante para los creyentes de hoy.

Debido a que Israel rechazó al Señor Jesús, su estatus especial como pueblo de Dios fue revocado y dado a la Iglesia. Israel recibió el juicio de Dios en el año 70 d. C. cuando Jerusalén y el templo fueron destruidos por los romanos. En consecuencia, la Iglesia ha reemplazado a Israel. La mayoría de los reconstruccionistas interpretan los textos proféticos del Nuevo Testamento (por ejemplo, Mt. 24, Mr. 13 y Ap.) como cumplidos en el siglo I. Sin embargo, el pueblo judío no está completamente abandonado, ya que puede ser injertado de nuevo en el pueblo de Dios si confía en Jesús como Mesías. De hecho, creen que la mayoría de los judíos se convertirán algún día a Cristo (Ro. 11:26), lo que dará lugar a un renacimiento mundial generalizado, una enseñanza coherente con el posmilenialismo. El reino de Dios ya está presente, pero se expandirá progresivamente hasta dar paso a una era dorada de paz, justicia y prosperidad a medida que los individuos y las comunidades se sometan a la ley de Dios. Así, el reino progresará de forma constante sobre la tierra hasta que Cristo regrese de nuevo. En la venida de Cristo, los que no se sometan a Su autoridad serán juzgados, pero los creyentes serán transformados y restaurados a imagen de Dios.

¿Por qué es útil estudiar los sistemas teológicos?

Nos demos cuenta o no, todos tenemos un sistema teológico. Puede que no seamos capaces de articular nuestro sistema o etiquetarlo, pero todos tenemos un concepto de cómo encaja la Biblia y cuál es el plan de Dios para el mundo. Pero antes de hablar de los peligros de permitir que nuestro sistema controle nuestra exégesis o nuestra interpretación de un texto, hablemos primero de cómo tener un sistema teológico y estudiar otros sistemas teológicos puede resultar útil.

Ayuda a proporcionar coherencia y cohesión

Cuando tenemos un sistema teológico del que somos conscientes, nos ayuda a garantizar que nuestras creencias no sean contradictorias o incoherentes. Cuando algunas personas tienen en cuenta todas sus creencias, se dan cuenta de que no existe un sistema coherente. Más bien, sus creencias e interpretaciones representan un surtido aleatorio de doctrinas. O algunos de nosotros podemos tener lugares en nuestro sistema teológico donde la mano derecha no sabe lo que hace la izquierda. En otras palabras, somos culpables de afirmar inadvertidamente un sistema teológico incoherente. No se trata tan solo de lugares en los que no tenemos suficientes respuestas o explicaciones de lo que creemos, sino de lugares en los que nuestras posiciones teológicas son incompatibles. Al afirmar un sistema teológico concreto y estudiar otros sistemas, podemos poner a prueba la coherencia de nuestro propio sistema. Podemos ver dónde hay incoherencias evidentes y estudiar humildemente la Palabra de Dios en busca de respuestas. Comprender cómo encaja toda la Biblia en su conjunto nos ayuda a asegurarnos de que estamos afirmando un sistema coherente.

Nos ayuda a apreciar las opiniones de los demás

Es fácil *descartar* (o peor aún, *demonizar*) las opiniones de los demás cuando no comprendemos sus sistemas teológicos. En lugar de atribuir motivos impuros o cuestionar la espiritualidad de alguien porque no está de acuerdo con nuestro sistema teológico, nos damos cuenta de que su sistema, aunque diferente del nuestro, tiene sentido cuando comprendemos sus presupuestos subyacentes. Si no nos esforzamos por comprender el sistema teológico de otra persona, podemos atribuir erróneamente sus opiniones divergentes a la ignorancia, al pecado oculto o al engaño. Sin embargo, una vez que comprendemos el marco teológico y los compromisos hermenéuticos de otra persona (y no simplemente su interpretación de un texto concreto), es más probable que entendamos y apreciemos sus puntos de vista. Si nos limitamos a considerar su interpretación de acuerdo con nuestras presuposiciones y compromisos interpretativos, su punto de vista puede parecer poco convincente. Pero si nos ponemos sus gafas teológicas y vemos el texto desde su perspectiva, su punto de vista empieza a tener más sentido. No estoy afirmando que la verdad sea relativa ni que todas las interpretaciones sean iguales. Más bien, simplemente estoy declarando que si un punto de vista particular con el que no estamos de acuerdo ha sido afirmado por otros a lo largo de la historia de la Iglesia, es probable que haya una razón sólida para que los cristianos fieles hayan mantenido esa posición. Cuando aprendemos nuestro propio sistema y el de los demás, nos ayuda a comprender e incluso a valorar algunos puntos de vista con los que no estamos de acuerdo.

Nos ayuda a dialogar con los demás

Conocer diversos sistemas teológicos nos ayuda a saber qué hay detrás del texto y por qué es importante o necesario que se afirmen determinadas posturas. Si no conocemos los presupuestos de otros puntos de vista, cuando debatimos sobre textos concretos, es fácil pasar de unos a otros porque estamos abordando los textos desde puntos de partida diferentes. Pero cuando conocemos el sistema teológico de alguien, eso nos ayuda a comprender las doctrinas fundamentales de su sistema y, a su vez, nos ayuda a llegar a las cuestiones subyacentes que llevaron a una determinada interpretación. Así, podemos dialogar mejor con ellos, conociendo sus posiciones básicas.

Ayuda a fomentar la humildad

Cuando estamos familiarizados con otros sistemas teológicos además del nuestro, puede llevarnos a la humildad de saber que nuestro sistema no es el único creíble. A menudo, quienes están más seguros de que su postura es la correcta tienden a ser los más ignorantes de otros sistemas teológicos. Sé que no todas mis creencias doctrinales son correctas. El único problema es que no estoy seguro de en qué me equivoco porque, si supiera en qué me equivoco, cambiaría mis puntos de vista. Sé que mi sistema no es perfecto, pero es el que tengo hasta que me convenzan de que cambie. Mi temor, sin embargo, es que algunas personas realmente creen que su sistema teológico es casi perfecto, probablemente rondando en algún lugar entre los 90 superiores en la escala de precisión. Por supuesto, si hablamos solo de doctrinas cristianas básicas (la Trinidad, la pecaminosidad de la humanidad, la salvación por gracia, etc.), las diversas corrientes teológicas tienen un alto grado de coherencia entre sí. Pero cuando tomamos en consideración todas las doctrinas menores (secundarias o terciarias), junto con diversos textos debatidos, entonces nuestro acuerdo con los demás es mucho menor. Por ejemplo, muchos cristianos sostienen un punto de vista milenialista particular. Pero si nos damos cuenta de que tal doctrina (1) no es una doctrina central de primer nivel, (2) aparece explícitamente en un solo pasaje (Ap. 20:1-10), (3) es muy discutida, y (4) no está de acuerdo con respetados eruditos y teólogos, entonces deberíamos estar dispuestos a reconocer que nuestra posición podría estar equivocada. Aunque es perfectamente natural pensar que nuestro punto de vista es correcto (si no fuera así, no lo afirmaríamos), también tenemos que darnos cuenta de que existe una gran posibilidad de que estemos equivocados. Pero este planteamiento requiere gracia y humildad.

¿Qué peligros entrañan los sistemas teológicos para la interpretación bíblica?

Afirmar un sistema teológico concreto (así como conocer otros sistemas) tiene varias ventajas. Sin embargo, también entraña algunos peligros inherentes. A continuación se exponen tres peligros que el propio sistema teológico puede tener sobre la interpretación.

El peligro de una interpretación predeterminada

Algunos textos deben interpretarse de determinada manera en un sistema teológico concreto. No hay elección. No hay otras opciones aceptables. Dado que el texto afecta de alguna manera a una doctrina pilar para ese sistema teológico, si el texto no se interpreta de una determinada manera, entonces el sistema corre el riesgo de derrumbarse. En otras palabras, la interpretación ha sido predeterminada por el sistema. Esto no significa, sin embargo, que la interpretación sea incorrecta. Puede que sea la mejor interpretación del pasaje. Pero sí significa que, como intérprete, no podemos interpretar objetivamente el pasaje mientras mantenemos un compromiso firme e inquebrantable con ese sistema concreto.

Por ejemplo, en Gálatas 6:16, Pablo concluye su epístola afirmando: «Y a todos los que anden conforme a esta regla, paz y misericordia sea a ellos, y al Israel de Dios». La cuestión exegética que se relaciona con el sistema teológico de cada uno es si Pablo se dirige a sus lectores, tanto judíos como gentiles, como «el Israel de Dios» o si solo se dirige a la porción judía de la congregación. ¿Por qué es importante esta distinción? Una de las doctrinas fundamentales sobre las que se construye el dispensacionalismo (de hecho, «la» doctrina fundamental) es la distinción entre Israel y la Iglesia. Es de todos sabido la declaración de Ryrie de que esta distinción es tan indispensable para un dispensacionalista que «el que no distinga de manera coherente entre Israel y la Iglesia, inevitablemente no sostendrá las distinciones dispensacionalistas; y el que lo haga, sí».[4] Toussaint añade: «Si la Iglesia e Israel se difuminan tanto en el dispensacionalismo que no hay separación entre ellos, el dispensacionalismo se extinguirá como el lastimero pájaro dodo».[5]

La distinción entre Israel y la Iglesia es fundamental para todos los tipos de dispensacionalismo. Por ejemplo, el dispensacionalismo clásico rechaza la noción de que Pablo llame a cualquier gentil en la congregación «el Israel de Dios». En su lugar, Pablo se dirige solo a la porción judía de la congregación. Los dispensacionalistas revisados también rechazan universalmente la idea de que Pablo incluya a los gentiles. ¿Cómo sabemos esto? Los dispensacionalistas a menudo notan que cada vez que se hace referencia al término «Israel» en las Escrituras, se refiere a la simiente natural de Abraham y nunca a los gentiles. Ryrie explica por qué Pablo singulariza a los creyentes judíos: «Pablo había atacado fuertemente a los legalistas judíos; por lo tanto, sería natural que recordara con una bendición especial a los judíos que habían abandonado este legalismo y

---

[4] Charles C. Ryrie, *Dispensacionalismo hoy*, ed. rev. y ampl. (Chicago: Moody, 2007), 46.

[5] Stanley D. Toussaint, «Israel and the Church of a Traditional Dispensationalist», en *Three Central Issues in Contemporary Dispensationalism*, ed. Herbert W. Bateman IV (Grand Rapids: Kregel, 1999), 227.

seguido a Cristo».[6] Los dispensacionalistas progresistas están igualmente de acuerdo, insistiendo en que si Pablo hubiera pretendido incluir a los gentiles en su referencia al «Israel de Dios», no encajaría en el contexto de Gálatas.[7] En consecuencia, TODOS los dispensacionalistas insisten en que Pablo simplemente está señalando a los cristianos judíos en esta bendición final. De nuevo, simplemente porque un sistema teológico *deba* afirmar una interpretación particular no significa que tal interpretación sea incorrecta. Significa, sin embargo, que no pueden evaluar objetivamente los méritos de otras interpretaciones sin dejar de aferrarse a sus compromisos teológicos.

En cambio, los teólogos del pacto están en el otro lado del debate. Ellos interpretan sistemáticamente «el Israel de Dios» como una designación de la Iglesia. Dado que su sistema hace hincapié en la continuidad, incluido el único pueblo de Dios a través de las Escrituras, no dudan en afirmar que Pablo está equiparando a Israel con la Iglesia.[8] Por ejemplo, Robertson argumenta que su posición se ajusta mejor al contexto de la epístola: «Ciertamente [Pablo] incluiría a los creyentes gentiles entre los que pretende bendecir, sobre todo porque su objetivo ha sido eliminar cualquier distinción entre judíos y gentiles que tienen fe en Jesús».[9] Así, en la teología del pacto, la Iglesia (tanto judía como gentil) en Cristo es el verdadero Israel de Dios.

Tanto los dispensacionalistas como los teólogos del pacto tienen el compromiso previo de interpretar Gálatas 6:16 de acuerdo con su sistema teológico. Esto no es necesariamente algo malo. Sin embargo, es algo

---

[6] Ryrie, *Dispensacionalismo hoy*, 149.

[7] Robert L. Saucy, *The Case for Progressive Dispensationalism: The Interface Between Dispensational and Non-Dispensational Theology* (Grand Rapids: Zondervan, 1993), 198-200.

[8] Véase, por ejemplo, O. Palmer Robertson, *The Israel of God: Yesterday, Today, and Tomorrow* (Phillipsburg, NJ: P&R, 2000), 39-46, 115; Hans K. LaRondelle, *The Israel of God in Prophecy: Principles of Prophetic Interpretation* (Berrien Springs, MI: Andrews University Press, 1983), 108-11.

[9] Robertson, *The Israel of God*, 42.

que debe reconocerse. Es engañoso pretender que estamos abordando el texto desde una perspectiva neutral. Sabiendo esto, es importante que nos acerquemos al texto con una mente abierta, sobre todo si percibimos repetidamente que nuestras posiciones parecen predeterminadas y carecen de veracidad exegética. Nuestro sistema teológico podría estar encerrándonos en interpretaciones que, en última instancia, son difíciles de defender.

El peligro de una interpretación forzada

Este peligro es similar al anterior, salvo que difiere en grado. Una interpretación predeterminada es aquella que un sistema teológico concreto *debe* afirmar, mientras que una interpretación forzada es aquella que *firmemente prefiere*. En otras palabras, aceptar una interpretación que está fuera de las normas de un sistema teológico no colapsará el sistema, pero sí lo desafía.

A modo de ejemplo, considere la clásica distinción dispensacionalista entre las frases «el reino de Dios» y «el reino de los cielos». Debido a su feroz distinción entre Israel y la Iglesia, fueron llevados a afirmar una distinción entre estos reinos respectivos. Como tal, enseñaron que el reino de Dios es el gobierno universal y autoritario de Dios al que se entra por el nuevo nacimiento, mientras que el reino de los cielos es el futuro gobierno mesiánico terrenal al que se entra por la etnicidad.[10] Pero la mayoría de los dispensacionalistas revisados se han apartado con razón de tal distinción, al tiempo que señalan que no es una enseñanza esencial. Ryrie insiste: «Dentro de las filas de los dispensacionalistas hay quienes

---

[10] John Nelson Darby, *The Collected Writings*, ed. William Kelly (Oak Park, IL: Bible Truth Publishers, 1962), 2:54-55. William Kelly (Oak Park, IL: Bible Truth Publishers, 1962), 2:54-55; C. I. Scofield, *Biblia de Referencia Scofield* (Nueva York: Oxford University Press, 1917), 996 (Mt. 3:2), 1003 (Mt. 6:33); Lewis Sperry Chafer, *Teología Sistemática*, 8 vols. (Dallas: Dallas Seminary Press, 1947), 5:316, 343.

sostienen la distinción y quienes no. No es en absoluto determinante».[11] Continúa afirmando que es «cosa de ligas menores y sin importancia».[12] Del mismo modo, Walvoord sostiene: «En cuanto a que afecte al argumento premilenial o dispensacional, en [mi] opinión... es irrelevante».[13] Pentecost admite que las dos frases «aunque no son sinónimas» a veces «se usan indistintamente».[14] Los dispensacionalistas progresistas están aún más seguros de la naturaleza sinónima de los términos y afirman que «no hacen ninguna distinción sustantiva entre los términos reino de los cielos y reino de Dios».[15]

El hecho de que los dispensacionalistas hayan pasado de afirmar una posición (dispensacionalistas clásicos), a restarle importancia (dispensacionalistas revisados), a rechazarla (dispensacionalistas progresistas) indica que la enseñanza no está predeterminada y, por tanto, no es una doctrina esencial. Sin embargo, los primeros dispensacionalistas se vieron obligados (forzados) a afirmar una posición que ayudaba a mantener una distinción entre Israel y la Iglesia. Pero exegéticamente, esta posición era difícil de defender, de modo que ahora la mayoría de los dispensacionalistas reconocen con razón que el reino de Dios y el reino de los cielos pueden representar la misma realidad. No solo Mateo utiliza a menudo la frase «reino de los cielos» en los relatos paralelos en los que Marcos o Lucas utilizan «reino de Dios»,[16] sino que Mateo utiliza los términos

---

[11] Ryrie, *Dispensacionalismo*, 180.

[12] *Ibíd.*, 181.

[13] John F. Walvoord, «A Review of *Crucial Questions about the Kingdom of God* by George Eldon Ladd», *BSac* 110 (1953), 6.

[14] J. Dwight Pentecost, *Eventos del porvenir: Un estudio de la escatología bíblica* (Grand Rapids: Zondervan, 1964), 144.

[15] Craig A. Blaising y Darrell L. Bock, *Dispensacionalismo progresivo* (Grand Rapids: Baker, 1993), 54; véase también Saucy, *The Case for Progressive Dispensationalism*, 19.

[16] Mateo utiliza a menudo la frase «reino de los cielos» en los relatos paralelos en los que Marcos o Lucas utilizan «reino de Dios» (comp. Mt. 4:17 con Mr. 1:14-15; Mt. 5:3 con Lc. 6:20; Mt. 8:11 con Lc. 13:28; Mt. 10:7 con Lc. 9:2; Mt. 11:11 con Lc. 7:28; Mt. 11:12 con Lc. 16:16; Mt. 13:33 con Lc. 13:20;

indistintamente en el mismo contexto: «De cierto os digo, que difícilmente entrará un rico en el *reino de los cielos*. Otra vez os digo, que es más fácil pasar un camello por el ojo de una aguja, que entrar un rico en el *reino de Dios*» (Mt. 19:23-24, énfasis añadido).

Otro ejemplo de interpretación forzada se refiere a los pactos teológicos de la teología del pacto. Es decir, la mayoría de los teólogos del pacto afirman (1) el pacto de redención (el pacto intertrinitario hecho antes del comienzo de los tiempos), (2) el pacto de creación u obras (hecho con Adán antes de la caída), y (3) el pacto de gracia (hecho con Adán después de la caída). Y aunque estos pactos son una parte central de la teología del pacto, no todos los componentes son esenciales (predeterminados). Por ejemplo, Robertson no está de acuerdo en que el pacto intertrinitario de redención deba etiquetarse como «pacto». Escribe: «Hablar concretamente de un "pacto" intertrinitario con términos y condiciones entre el Padre y el Hijo mutuamente refrendados antes de la fundación del mundo es extender los límites de la evidencia escritural más allá de lo apropiado».[17] Aunque Robertson es la excepción en su campo, su voluntad de rechazar la etiqueta de «pacto» en relación con el acuerdo entre la decisión del Padre de elegir a un pueblo, la voluntad del Hijo de ser Su mediador, y la aplicación por el Espíritu de la obra del Hijo en Su favor, sugiere que tal etiqueta no es esencial para ese sistema de creencias. Debido a que ese sistema se etiqueta como «teología *del pacto*», hay una propensión a ver pactos incluso cuando la Biblia no los etiqueta como tales. Horton está convencido de que el rechazo de Robertson al pacto de redención proviene de «una definición demasiado restrictiva de pacto» que luego lleva a la afirmación de que «el pacto de redención es especulativo más que bíblico».[18] Independientemente de ello, la disposición

---

Mt. 13:11 con Mr. 4:11 y Lc. 8:10; Mt. 13:31 con Mr. 4:30-31 y Lc. 13:18-19; Mt. 19:14 con Mr. 10:14 y Lc. 18:16; Mt. 19:23 con Mr. 10:23 y Lc 18:24).

[17] O. Palmer Robertson, *The Christ of the Covenants* (Phillipsburg, NJ: P&R, 1980), 54.

[18] Michael Horton, *Introducing Covenant Theology* (Grand Rapids: Baker, 2006), 82.

de Robertson a nadar contra la corriente de su campo teológico sugiere que existe cierta flexibilidad y que tal postura no está predeterminada, aunque casi todos los que están en su campo se vean obligados a afirmar un pacto de redención.

El peligro de la ceguera comunitaria

Un último peligro interpretativo se refiere a la propensión de las personas a asociarse con otras que piensan como ellas. Esta tendencia no es necesariamente mala y la tienen todas las personas en cierta medida. No solo se extiende a la raza, la etnia y la situación económica, sino que también se aplica a la teología. Dado que la mayoría de las iglesias tienen normas doctrinales, los que asisten a la iglesia suelen afirmar las creencias declaradas de esa iglesia. El peligro aparece cuando todas las personas que conocemos están de acuerdo con casi todas nuestras posturas. Con el tiempo, podemos empezar a pensar que todos los cristianos creyentes en la Biblia creen (o al menos deberían creer) lo mismo que nosotros. Después de todo, nosotros lo creemos, nuestros pastores lo creen, nuestros amigos lo creen, y todos los libros que leemos afirman la misma posición. Cualquiera que no afirme cierta doctrina debe estar viviendo en pecado, engañado por falsas enseñanzas o no regenerado.

Pero tal pensamiento es a menudo erróneo y a veces peligroso. Si nos aislamos de otras ramas del cristianismo y nos apartamos de puntos de vista opuestos o diferentes, es como si lleváramos anteojeras interpretativas que nos impiden ver, apreciar e incluso adoptar una postura diferente. Si nuestros puntos de vista son realmente correctos, entonces deberían resistir el debate y el escrutinio. Si todos los que conoces están de acuerdo con la mayoría de tus puntos de vista, entonces quizá esto sea un peligro para ti. Nuestra confianza está en la Palabra de Dios y no necesariamente en nuestra interpretación de ella.

Conclusión: permanece cerca de Dios y de Su Palabra

En definitiva, todos debemos estudiar continuamente las Escrituras para que nuestros sistemas teológicos sean cuestionados, corregidos o confirmados por nuestra única norma fiable: la Palabra de Dios. Pero también debemos guardarnos de intentar simplemente dominar el contenido o la doctrina de la Biblia. Sería una lástima que fuéramos culpables de conocer *acerca* de Dios, pero fallar en conocerlo. No solo queremos conocer mejor la *Palabra de Dios*, sino que queremos conocer mejor al *Dios de la Palabra*. También debemos reconocer que no tenemos todas las respuestas, lo que debería mantenernos cerca de la fuente de la verdad: la Palabra de Dios. Como el apóstol Pablo, debemos admitir que no hemos llegado ya, sino que debemos seguir adelante (Fil. 3:12).

La Palabra de Dios es nuestra fuente de verdad y nuestra fuente de vida (Fil. 2:16; 1 Jn. 1:1). Como tal, debemos meditar en esta Palabra día y noche (Sal. 1:2-3), no solo para construir un sistema teológico, sino para crecer en nuestra semejanza con nuestro Señor Jesucristo. Jesús se humilló a Sí mismo y vino en carne humana (Jn. 1:14). Pablo nos anima a tener la mente de Cristo (1 Co. 2:16), es decir, alguien humilde y dispuesto a considerar a los demás mejores que nosotros mismos (Fil. 2:3-5). Que Dios tenga misericordia de nosotros, permitiéndonos buscarlo a través de Su Palabra, conformándonos a la semejanza de Su Hijo mediante Su Palabra y el poder del Espíritu Santo.

Capítulo 4

Lectura de las epístolas del Nuevo Testamento

Un método simple para seguir el argumento del autor bíblico

por Rodrigo Sánchez

La exégesis bíblica depende de dos elementos esenciales. El primero, y el más fundamental, es el entendimiento que Dios nos da mediante la iluminación del Espíritu Santo. El segundo es el trabajo del intérprete en su acto de interpretación. El apóstol Pablo une estos dos elementos de la exégesis bíblica en 2 Timoteo 2:7: «Considera lo que digo, *pues* el Señor te dará entendimiento en todo» (2 Ti. 2:7, énfasis mío).[1] La conjunción «pues» une lógicamente las dos partes del pasaje. El acto de interpretación (considerar) se basa en la promesa fundamental de que Dios nos dará entendimiento. Este entendimiento viene *a través* del trabajo

[1] Todas las citas bíblicas en este capítulo son de la Nueva Biblia de las Américas, a menos que se indique lo contrario.

de considerar el texto y no aparte del acto interpretativo. John Piper describe estos dos elementos como el «acto natural» y el «acto supernatural» de la exégesis bíblica. Como el salmista en el Salmo 119, consideramos la Palabra de Dios (Sal. 119:6,15) *y al mismo* tiempo oramos: «Abre mis ojos, para que vea las maravillas de Tu ley» (Sal. 119:18).

Este capítulo se enfoca en el segundo elemento de la exégesis bíblica: el acto natural o humano de considerar o pensar sobre el texto bíblico. La exégesis en su más básica definición es la observación detenida y detallada de un texto. Es el considerar lo que el autor bíblico está diciendo. En el caso de las epístolas del Nuevo Testamento debemos seguir el argumento lógico del autor, con todas sus ideas secundarias o de apoyo. Debemos rastrear como un detective las pistas gramaticales y sintácticas que nos den a entender cómo las partes de la epístola funcionan juntas y así descubrir el mensaje del autor.

Sin embargo, seguir el argumento en una epístola del Nuevo Testamento no es tarea fácil. Muchos somos los que nos hemos perdido una y otra vez en los grandes laberintos, por ejemplo, de la diatriba paulina. Amamos las profundas verdades de Romanos 5 y 8, pero no logramos entender cómo estos capítulos encajan en el desarrollo de la carta, que llega al punto climático en Romanos 11. La mayoría de los comentarios exegéticos que estudian las epístolas versículo por versículo no logran delinear claramente el desarrollo de sus argumentos.

Mi deseo es presentar un método simple para seguir el argumento del autor en una epístola del Nuevo Testamento. Es el mismo método presentado y aplicado por otros colegas como John Piper, Tom Schreiner o Jason DeRouchie.[2] El método no es original. Sin embargo, al menos en

---

[2] Mi presentación adapta y depende grandemente del trabajo de Tom Schreiner, con quien he tenido el privilegio de estudiar y trabajar. Ver Schreiner, Thomas R., *Interpreting the Pauline Epistles*, 2.ª ed. (Grand Rapids, MI: Baker Academic, 2011), cap. 6. Schreiner reconoce su dependencia con modificaciones en el método de Daniel Fuller, el cual no ha sido publicado, 98 n.2. Ver también el mismo método con modificaciones en el documento por John Piper, *Exégesis Bíblica: Descubriendo el significado del texto escritural* (Mineápolis, MN: Desiring

mi conocimiento, no ha sido reproducido en publicaciones en español. Mi oración es que el uso de este método sea de gran ayuda y fruto en la labor exegética del estudiante, el maestro y el pastor, para el bien y la salud espiritual de la iglesia hispanohablante.

Proposiciones: la clave de todo argumento

Tom Schreiner describe las proposiciones como «la clave» para seguir el desarrollo del argumento en toda epístola del Nuevo Testamento. Si el argumento del autor es un edificio, las proposiciones son los ladrillos que lo componen. Para entender el argumento (edificio), debemos entender cómo las proposiciones (ladrillos) funcionan una sobre la otra.

Edificio–argumento
Ladrillo–proposición
Modelo de edificio y ladrillos (P)

Si el argumento de una epístola depende de la construcción de las proposiciones, entonces es importante entender qué es una proposición.

Primero, no debemos confundir una proposición con una preposición (note la diferencia entre la *o* y la *e* en el prefijo de cada palabra). Una preposición es una palabra que usualmente precede a un sustantivo o pronombre y lo une con otra palabra. La lista de preposiciones incluye: a, ante, contra, desde, en, hasta, por, sobre, tras, etc. En cambio, una proposición es una frase o afirmación sobre algo. Una oración puede incluir más de una proposición. Por ejemplo, la oración: «Acabo de comer, pero no me llené», está compuesta por dos proposiciones: «Acabo

---

God, 2008). El documento se encuentra de manera gratuita en la página de Desiringgod.org. Piper también fue alumno de Daniel Fuller y depende de su método. Por último, ver también Jason S. DeRouchie, *How to Understand and Apply the Old Testament: Twelve Steps from Exegesis to Theology* (Phillipsburg, NJ: P&R Publishing, 2017), cap. 5. DeRouchie fue alumno de John Piper y sigue el mismo método con modificaciones de Daniel Fuller.

de comer» y «no me llené» conectadas o relacionadas por la conjunción «pero». Una proposición está compuesta de un sujeto y un predicado. Es decir, una proposición es una frase o afirmación que predica algo sobre un sujeto. El sujeto de una proposición puede ser implícito. Por ejemplo: «¡Para!» es una proposición. La frase es una orden a un sujeto implícito.

Definiendo relaciones entre proposiciones

Seguir el argumento de una epístola del Nuevo Testamento requiere no solamente identificar proposiciones, sino, más importante, reconocer cómo las proposiciones están relacionadas una con la otra. De esta manera, podemos seguir la lógica en el argumento del autor. Las proposiciones se relacionan de dos maneras: en relación *coordinada* o *subordinada*.

Las proposiciones coordinadas se encuentran dentro de oraciones compuestas. Es decir, aquellas oraciones que tienen más de una cláusula independiente. Una cláusula independiente tiene sentido por sí sola y no depende de otra cláusula para comunicar significado. Por ejemplo, la oración: «Tomé café y leí un libro» está compuesta de dos cláusulas o proposiciones independientes. «Tomé café» y «leí un libro» pueden ser oraciones por sí mismas. No hay una relación independiente entre una frase y la otra. Pero si cambio la preposición en la oración y digo: «Tomé café mientras leía un libro», la segunda cláusula se vuelve dependiente de la primera. La oración ya no es simplemente una oración compuesta, sino una oración compleja. La proposición «mientras leía un libro» no tiene sentido independientemente como oración. La frase funciona como una cláusula temporal que explica cuándo yo «tomé café». Es decir, es una cláusula dependiente y, por eso, subordinada a la primera cláusula o cláusula principal.

Es importante también notar que las relaciones coordinadas o subordinadas no solamente existen al nivel de proposiciones y oraciones, sino también al nivel de párrafos y secciones literarias más extensas. Mientras las proposiciones en una oración están relacionadas gramaticamente, los párrafos y otras secciones literarias pueden estar relacionadas conceptualmente. Por eso, es siempre más fácil identificar la relación entre proposiciones que la relación entre párrafos.

Dentro de las relaciones coordinadas y subordinadas encontramos varios tipos de relaciones. El resto del capítulo define cada relación con ejemplos de Filipenses. También se ofrece una lista (no exhaustiva) de conjunciones y otros conectivos comunes para cada tipo de relación. Los equivalentes en griego se enlistan en paréntesis.[3] El capítulo concluye con un ejemplo siguiendo el argumento en la primera sección de Filipenses.

Relaciones coordinadas

Existen tres tipos de relaciones coordinadas: serie, progresión y alternativa.

1. **Serie.** Cada proposición contribuye independientemente su propia declaración y no desarrolla una oración hacia un punto culminante. Las proposiciones en una serie pueden referirse a eventos que ocurren concurrentemente (al mismo tiempo) o consecutivamente (uno después del otro). La oración: «Yo como y bebo», es una serie. Cada proposición es independiente de la otra. «Yo como» y «yo bebo» pueden ser oraciones por sí solas.

   Conectivos: y, además, igualmente, ni, tampoco (καί, δέ, τέ, οὔτε, μήτε, μηδέ).

   Ejemplo: «Lo que también han aprendido *y* recibido *y* oído *y* visto en mí…» (Fil. 4:9).

[3] La traducción y uso de las conjunciones y otras palabras conectivas (como adverbios) depende de la interpretación de la función gramatical y sintáctica de la palabra en el texto griego. No existe una definición directa y equivalente en todos los casos entre palabras (incluidas las conjunciones) del griego al español. Es importante que los estudiantes bíblicos, los maestros y los pastores aprendan los lenguajes bíblicos como base de su exégesis. El método enseñado en este capítulo para seguir el argumento del autor bíblico es más eficaz si se hace en el lenguaje bíblico original.

2. **Progresión.** Cada proposición avanza la oración hacia un punto culminante. Cada proposición es independiente en su sentido gramatical, pero dependiente en su sentido lógico dentro de la oración. La oración: «Me levanté en la mañana, preparé café, me vestí y fui a trabajar» es una progresión. Cada proposición es gramaticalmente independiente, pero en conjunto desarrollan un proceso lógico de lo que hice en la mañana hasta ir al trabajo.

   Conectivos: y, además, entonces (καί, δέ, τέ, οὔτε, μήτε, μηδέ).

   Ejemplo: «... se despojó a Sí mismo tomando forma de siervo, haciéndose semejante a los hombres. *Y* hallándose en forma de hombre, se humilló Él mismo, haciéndose obediente hasta la muerte...» (Fil. 2:7-8).

3. **Alternativa.** Cada proposición propone una posibilidad diferente en una situación. La oración: «Puedo comer o puedo beber» presenta dos posibilidades. Cada proposición representa una opción o alternativa.

   Conectivos: o, pero, mientras, por un lado [...] por el otro lado (ἀλλά, δέ, ἤ, μὲν [...] δέ).

   Ejemplo: «Que de todas maneras, ya sea fingidamente *o* en verdad, Cristo es proclamado...» (Fil. 1: 18).

Relaciones subordinadas

Las proposiciones subordinadas trabajan para apoyar la proposición principal y pueden ser distinguidas en tres categorías: apoyo a través de la *reiteración*, apoyo a través de una *declaración distinta* o apoyo a través de una *declaración contraria*. Dentro de estas tres categorías existen dieciséis tipos de relaciones subordinadas.

A. Apoyo a través de la *reiteración.*

La proposición de apoyo reitera la proposición principal. No avanza una nueva idea, sino que desarrolla más claramente la idea de la proposición principal.

1. **Acción–Manera.** La declaración de una acción y una declaración más precisa que indica o describe la manera en la cual la acción es llevada a cabo. La oración: «Mi hijo me ayudó tirando la basura» describe *cómo* mi hijo llevó a cabo la acción de ayudarme. El uso de frases preposicionales y participios adverbiales (como en el caso del ejemplo, *tirando*) es común en la relación Acción–Manera.

   Conectivos: a través, por, al, en que, en lo que (en griego es común el uso de participios adverbiales o frases preposicionales para indicar manera).

   Ejemplo: «... se despojó a Sí mismo *tomando* forma de siervo, *haciéndose* semejante a los hombres. Y *hallándose* en forma de hombre, se humilló Él mismo, *haciéndose* obediente hasta la muerte...» (Fil. 2:7-8).

   Podríamos reescribir el pasaje de esta manera, utilizando tres frases preposicionales: «... se despojó a Sí mismo, *en que tomó* forma de siervo, *al hacerse* semejante a los hombres. Y *hallándose* en forma de hombre, se humilló Él mismo, *al ser* obediente hasta la muerte...» (Fil. 2:7-8).

2. **Comparación.** La declaración o acción en la proposición principal se explica más precisamente con una declaración comparativa. La frase: «Eres fuerte como un león» describe el tipo de fuerza que la persona tiene en semejanza con la fuerza del león.

   Conectivos: tal como, como, así (ὡς, καθώς, οὕτως, ὥσπερ).

Ejemplos: «Para que sean irreprensibles y sencillos, hijos de Dios sin tacha en medio de una generación torcida y perversa, en medio de la cual ustedes resplandecen *como* luminares en el mundo» (Fil. 2:15). «Pero ustedes conocen los probados méritos de Timoteo, que sirvió conmigo en la propagación del evangelio *como* un hijo sirve a su padre» (Fil. 2:22).

3. **Negativo–Positivo.** Las proposiciones presentan dos alternativas. La primera alternativa es negada mientras la segunda es afirmada (o viceversa: Positivo–Negativo). La proposición antitética describe más precisamente la proposición principal: «El café no es dulce, sino amargo».

   Conectivos: no, pero, sino, sino que, antes bien (οὐ, μή, ἀλλά, δέ).

   Ejemplos: «... Cristo Jesús [...] no consideró el ser igual a Dios como algo a qué aferrarse, *sino que* se despojó a Sí mismo...» (Fil. 2:5-7). «Por nada estén afanosos; *antes bien,* en todo, mediante oración y súplica con acción de gracias, sean dadas a conocer sus peticiones delante de Dios» (Fil. 4:6). «No es que busque la dádiva en sí, *sino que* busco fruto que aumente en su cuenta» (Fil. 4:17).

4. **Idea–Explicación.** La proposición de apoyo explica o clarifica el sentido de la proposición principal: «El día está feo, *es decir,* llueve desde la mañana». La segunda proposición puede explicar una palabra o una frase de la proposición principal.

   Conectivos: es decir, porque, que, que es (ὅτι, γαρ, τούτ᾽ἔστιν).

   Ejemplo: «Pero ustedes conocen los probados méritos de Timoteo, [*es decir*] *que* sirvió conmigo en la propagación del evangelio como un hijo sirve a su padre» (Fil. 2:22).

5. **Pregunta–Respuesta.** Una pregunta y la proposición que responde la pregunta. En el caso de una pregunta retórica, la respuesta es implícita y el autor asume que el lector puede entenderla.

   Conectivos: (signos de pregunta).

   Ejemplo: «¿Entonces qué? Que de todas maneras, ya sea fingidamente o en verdad, Cristo es proclamado...» (Fil 1:18).

B. Apoyo a través de una *declaración distinta.*

La proposición de apoyo desarrolla o apoya la proposición principal mediante una declaración distinta (no reiterada) a la proposición principal.

1. **Fundamento.** La proposición de apoyo explica la razón o causa de la proposición principal. La oración: «Hoy no comí *porque* no tenía hambre» explica la razón por la cual decidí no comer. El no tener hambre causó que no coma. La proposición de fundamento siempre sigue la proposición principal. Las palabras «por» o «porque» traducen a la palabra γάρ y pueden introducir otras relaciones entre proposiciones en cláusulas causales. Debemos tener cuidado al momento de interpretar el uso y función de estas palabras.

   Conectivos: por, porque, por lo cual, ya que, desde, pues, donde (γάρ, ὅτι, ἐπεί, ἐπειδή, διότι).

   Ejemplos: «... en nada seré avergonzado [...] *Pues* para mí, el vivir es Cristo y el morir es ganancia» (Fil. 1:20-21). «Y hallándose en forma de hombre, se humilló Él mismo, haciéndose obediente hasta la muerte, y muerte de cruz. *Por lo cual* Dios también lo exaltó hasta lo sumo, y le confirió el nombre que es sobre todo nombre» (Fil. 2:8-9). «... ocúpense en su salvación con temor y temblor. *Porque* Dios es quien obra en ustedes tanto el querer como el hacer, para Su buena intención» (Fil. 2:12-13).

2. **Inferencia.** La proposición de apoyo es la conclusión de la declaración en la proposición principal. Parecida a la relación de fundamento. La diferencia es el orden de las proposiciones. La inferencia viene *antes* de la proposición principal. Para explicar la relación de fundamento utilizamos el ejemplo: «Hoy no comí *porque* no tenía hambre». Podemos utilizar el mismo ejemplo para demostrar una inferencia al notar el cambio en el orden de las cláusulas: «No tenía hambre hoy, *entonces* no comí».

   Conectivos: entonces, porque, por tanto, así que, desde que, por consiguiente (οὖν, διό, ὥστε).

   Ejemplos: «*Así que* todos los que somos perfectos, tengamos esta misma actitud...» (Fil. 3:15).

3. **Acción–Resultado.** La proposición de apoyo explica la consecuencia o resultado que acompaña la acción en la proposición principal: «No comí, *entonces* tengo hambre». El resultado de no comer es que tengo hambre.

   Conectivos: de modo que, para que, que (ἵνα, ὥστε).

   Ejemplos: «Y esto pido en oración: que el amor de ustedes abunde aún más y más en conocimiento verdadero y en todo discernimiento, a fin de que escojan lo mejor, *para que* sean puros e irreprensibles para el día de Cristo; llenos del fruto de justicia que es por medio de Jesucristo, *para* la gloria y alabanza de Dios» (Fil. 1:9-10).

4. **Acción–Propósito.** La proposición de apoyo describe o define el objetivo o intención de la acción en la proposición principal: «Tomé un vaso de agua *para* saciar mi sed». La relación Acción–Propósito es muy parecida a Acción–Resultado. La diferencia es la intencionalidad de la acción. Acción–Resultado describe el resultado de una acción sin importar la intencionalidad de la

causa. Acción–Propósito describe un resultado previsto o esperado, ya sea realizado o no.

Conectivos: de modo que, para que, que, a fin de que (ἵνα, ὅπως, ἵνα [...] μή).

Ejemplos: «Y esto pido en oración: que el amor de ustedes abunde aún más y más en conocimiento verdadero y en todo discernimiento, *a fin de que* escojan lo mejor, para que sean puros e irreprensibles para el día de Cristo» (Fil. 1:9-10). «Por lo cual Dios también lo exaltó hasta lo sumo, y le confirió el nombre que es sobre todo nombre, *para que* al nombre de Jesús SE DOBLE TODA RODILLA de los que están en el cielo, y en la tierra, y debajo de la tierra, y toda lengua confiese que Jesucristo es Señor, para gloria de Dios Padre» (Fil. 2:9-11). «Así que lo he enviado con mayor solicitud, *para que* al verlo de nuevo, se regocijen y yo esté más tranquilo en cuanto a ustedes» (Fil 2:28).

5. **Condicional.** El resultado de una acción es potencial o condicional a una acción en particular. Le puedo decir a mi hijo: «Puedes salir a jugar, si limpias tu cuarto». En este caso, la acción de salir a jugar es potencial bajo la condición de que mi hijo limpie su cuarto. El resultado se obtiene, siempre y cuando la condición sea cumplida. En las epístolas del Nuevo Testamento debemos prestar atención al contexto de las cláusulas condicionales, ya que muchas veces el autor asume que la condición va a cumplirse o ya está cumplida. Retóricamente, una cláusula condicional sirve también para llamar a la audiencia «a considerar si cumplen con la condición».[4] El uso de la cláusula condicional es común en pasajes de advertencia y exhortación.

Conectivos: si ... entonces, si, siempre y cuando (εἰ, ἐάν).

---

[4] Schreiner, *Interpreting the Pauline Epistles*, 106.

Ejemplos: «Por lo demás, hermanos, todo lo que es verdadero, todo lo digno, todo lo justo, todo lo puro, todo lo amable, todo lo honorable, *si* hay alguna virtud o algo que merece elogio, en esto mediten» (Fil. 4:8).

6. **Temporal.** La proposición de apoyo marca la ocasión o el periodo de tiempo cuando la acción en la proposición principal se lleva a cabo. En la oración: «Yo tomé helado *después* de comer», la segunda proposición es temporal y marca cuándo tomé helado: subsecuentemente a la acción de comer.

   Conectivos: cuando, siempre que, después, antes (ὅτε, ὅταν).

   Ejemplos: «Ustedes mismos también saben, filipenses, que al comienzo de la predicación del evangelio, *después* que partí de Macedonia, ninguna iglesia compartió conmigo…» (Fil. 4:15).

7. **Locativa.** La proposición de apoyo indica el lugar en donde la acción de la proposición principal se lleva a cabo. En la frase: «Yo tomo helado en el patio de mi casa», la segunda proposición es locativa, indicando dónde yo tomo helado.

   Conectivos: donde, de donde, aquí, allí (ὅπου, οὗ).

   Ejemplo: «Porque nuestra ciudadanía está en los cielos, *de donde* también ansiosamente esperamos a un Salvador, el Señor Jesucristo» (Fil. 3:20).

8. **Bilateral.** Una proposición bilateral apoya a otras dos proposiciones, situándose en el medio de ellas. La relación bilateral es una combinación entre las relaciones de fundamento e inferencia. La proposición bilateral cumple ambas funciones al mismo tiempo. La proposición es el fundamento de la proposición que la precede y la inferencia de la proposición que le sigue. Por ejemplo: «Tengo hambre. No he comido. Voy a comer mucho durante la cena». La proposición en el medio «No he comido»

sirve como el fundamento o razón por la cual tengo hambre. Al mismo tiempo, se puede inferir que si voy a comer mucho durante la cena es porque no he comido todavía.

Conectivos: las mismas palabras que en las relaciones de fundamento e inferencia.

Ejemplos: «Hermanos, sean imitadores míos, y observen a los que andan según el ejemplo que tienen en nosotros. *Porque* muchos andan como les he dicho muchas veces, y ahora se lo digo aun llorando, que son enemigos de la cruz de Cristo [...]. *Así que*, hermanos míos [...] estén así firmes en el Señor, amados» (Fil. 3:17-18; 4:1).

El pasaje es largo. Por eso se abrevia y se incluyen solamente las partes principales para observar el ejemplo.

9. **Doble fundamento.** Parecida a la relación bilateral, con la diferencia de que la proposición principal es abrazada por dos fundamentos. El doble fundamento establece dos razones para la proposición principal.

   Conectivos: las mismas palabras que en las relaciones de fundamento e inferencia.

   Ejemplo: «*Puesto que* en obediencia a la verdad ustedes han purificado sus almas para un amor sincero de hermanos, ámense unos a otros entrañablemente, de corazón puro. *Pues* han nacido de nuevo, no de una simiente corruptible, sino de una que es incorruptible, es decir, mediante la palabra de Dios que vive y permanece» (1 P. 1:22-23).

   No hay un ejemplo claro del doble fundamento en Filipenses. Por eso, utilizo como ejemplo el pasaje de 1 Pedro. El doble fundamento en el ejemplo se puede visualizar mejor de la siguiente manera:

Puesto que en obediencia a la verdad ustedes han purificado sus almas…

… ámense unos a otros…

Pues han nacido de nuevo…

C. Apoyo por *declaración contraria.*

La proposición de apoyo desarrolla o apoya la proposición principal mediante una declaración contraria a la proposición principal.

1. **Concesiva.** La proposición de apoyo contrasta la idea de la proposición principal con una declaración contraria: «*Aunque* no tenía hambre, comí todo lo que había en el plato». La idea, declaración, o acción de la proposición principal es afirmada, aunque las condiciones presentadas hagan esperar lo contrario.

   Conectivos: aunque, aún, todavía, a pesar de, sin embargo, pero (καίπερ, εἰ, καί, ἐάν καί).

   Ejemplo: «El cual, *aunque* existía en forma de Dios, no consideró el ser igual a Dios como algo a qué aferrarse» (Fil. 2:6). «*Pero aunque* yo sea derramado como libación sobre el sacrificio y servicio de su fe, me regocijo y comparto mi gozo con todos ustedes» (Fil. 2:17).

2. **Situación–Respuesta.** La proposición de apoyo presenta la respuesta a la situación o acción en la proposición principal. La relación Situación–Respuesta es distinta a la relación Acción–Resultado en que el efecto de la situación o acción no es inevitable. La Situación–Respuesta describe una respuesta volitiva. Dependiendo de la respuesta, la relación entre las proposiciones puede ser positiva o negativa. La relación de Situación–Respuesta es común en las narrativas del Nuevo Testamento, y no tanto en las epístolas.

   Ejemplos: «¡Cuántas veces quise juntar a tus hijos, como la gallina junta sus pollitos debajo de sus alas, *y no quisiste*!»

(Mt. 23:37). «Este principio de Sus señales hizo Jesús en Caná de Galilea, y manifestó Su gloria, y Sus discípulos creyeron en Él» (Jn. 2:11).[5]

Otros asuntos importantes sobre las proposiciones

Como observé anteriormente, las proposiciones pueden ser introducidas no solamente por conjunciones, sino también por participios adverbiales y frases preposicionales. A esta lista se pueden agregar también infinitivos adverbiales y participios atributivos.

1. Los participios adverbiales introducen todo tipo de cláusulas: incluidas cláusulas de propósito, resultado, y manera, como también cláusulas causales, condicionales, temporales y concesivas. Los infinitivos adverbiales también introducen clausulas subordinadas. Al traducir clausulas subordinadas, el intérprete debe especificar la relación entre la cláusula principal y la cláusula subordinada. Por ejemplo, Filipenses 3:10 dice: «Y conocerlo a Él, el poder de Su resurrección y la participación en Sus padecimientos, *llegando* a ser como Él en Su muerte». Para clarificar la relación entre la última proposición y el resto del pasaje, podemos traducir el participio adverbial con una conjunción clarificadora: «Y la participación en Sus padecimientos, *para* llegar a ser como Él en Su muerte». La conjunción *para* clarifica que esta última proposición es el resultado de conocer a Cristo o participar en Su muerte y resurrección.
2. En el caso de una frase preposicional (una frase introducida por una preposición) o una cláusula relativa (una cláusula introducida por un pronombre que describe el sujeto de la cláusula principal) no se introduce una nueva proposición. En el caso de

[5] Estos dos ejemplos son de Schreiner en *Interpreting the Pauline Epistles*, 110.

una frase preposicional, no se introduce una nueva proposición porque la frase no constituye una proposición ya que no tiene sujeto. En el caso de una cláusula relativa, se podría introducir una nueva proposición como explicación de la proposición principal. Depende de cuán importante sea la cláusula relativa en el desarrollo del argumento.

3. Los participios atributivos modifican otros sustantivos y usualmente no introducen una nueva proposición. Por ejemplo, Filipenses 4:7 dice: «Y la paz de Dios, que sobrepasa todo entendimiento, guardará sus corazones y sus mentes en Cristo Jesús». La frase «que sobrepasa todo entendimiento» es atributiva (y un participio en griego), al describir qué tipo de paz es «la paz de Dios». Podríamos decir que la segunda frase es una explicación de la idea declarada en la proposición y describir la relación como Idea–Explicación. Esto está bien si ayuda al estudiante a entender el desarrollo del argumento del autor, siempre y cuando entienda que la segunda frase no es una proposición en sí misma.

   En conclusión, las cláusulas relativas, las frases preposicionales y los participios atributivos usualmente no son separados en una nueva proposición para ser analizada en su relación a otras proposiciones.

El método

A fin de cuentas, identificar y analizar la relación entre las proposiciones en una epístola del Nuevo Testamento es un trabajo de interpretación, en el cual el intérprete debe usar su propio juicio. Sin embargo, el contexto del texto usualmente brinda pistas sobre qué tipo de relación existe entre una proposición y otra. Una interpretación correcta debe explicar satisfactoriamente todas las relaciones entre las proposiciones del texto.

Debemos también considerar que las epístolas del Nuevo Testamento no son textos filosóficos de silogismos lógicos. Son cartas escritas para audiencias reales en situaciones reales. Por eso, a veces los autores del Nuevo Testamento no siguen una línea directa en sus argumentos y no siempre llegan a una conclusión a través de sus premisas. Dicho eso, sí podemos observar que los autores de las epístolas del Nuevo Testamento desarrollan argumentos en sus escritos, y por eso, podemos usar este método de lectura para interpretarlas.

Por último, es importante distinguir entre este método de seguir el argumento de un autor bíblico y la exégesis. Este método no es sinónimo de exégesis, sino simplemente una parte o un paso en la exégesis. Poder reconocer, reduplicar y explicar el argumento de Filipenses no es el fin de nuestra exégesis de la carta. Hay otras partes del trabajo de exégesis de las epístolas del Nuevo Testamento, como, por ejemplo, investigar su contexto histórico y bíblico-teológico, analizar la gramática y sintaxis de cada pasaje, y el estudio léxico de palabras importantes, entre otras cosas.

El método para seguir el argumento de una epístola del Nuevo Testamento presentado en este capítulo sigue tres pasos: 1) identificar y separar las diferentes proposiciones; 2) seguir el argumento analizando las relaciones entre las proposiciones; y 3) explicar el punto principal del pasaje y sus puntos de apoyo. El estudiante debe seguir este proceso párrafo por párrafo hasta terminar el libro entero. Una vez terminado todo el libro, el estudiante puede analizar la relación entre cada párrafo para clarificar la estructura de la epístola entera. La única manera de aprender este método es practicarlo.

Práctica del método en Filipenses 1:3-11

En un corto capítulo como este solo hay espacio para demostrar la práctica del método con un único ejemplo. El texto es la primera sección de Filipenses luego del saludo: Filipenses 1:3-11. Para este ejemplo, en vez de seguir una traducción al español, prefiero trabajar desde mi propia traducción del griego.

El primer paso es dividir el texto en proposiciones, teniendo en cuenta que, dependiendo la importancia, también se puede dividir el texto con la introducción de una cláusula relativa, frase preposicional o participio atributivo. El segundo paso es analizar y visualizar las relaciones entre las proposiciones. Por último, sintetizamos y resumimos el punto principal del pasaje. Para completar los dos primeros pasos, podemos usar diferentes maneras de visualización. En este caso, lo hago de dos formas: mediante corchetes y fraseo. El siguiente ejemplo con corchetes fue producido utilizando las herramientas de Biblearc.com.[6]

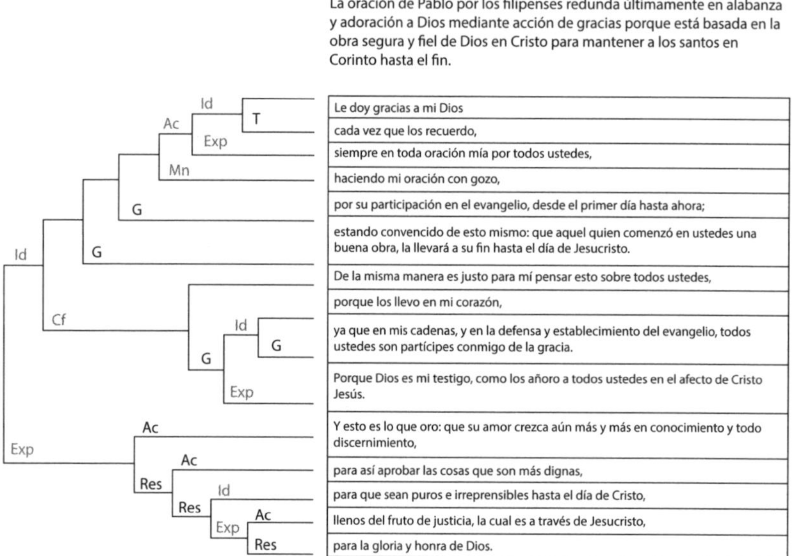

La segunda manera de visualizar el argumento es haciendo un fraseo del texto. Se puede hacer un fraseo utilizando una herramienta

[6] Para más información y demostración de las varias herramientas ofrecidas en Biblearc, visite Biblearc.com. La página ofrece varios recursos en español. Al momento de escribir esto, Biblearc ofrece sus herramientas de exégesis gratuitamente a aquellas personas que viven en gran parte del hemisferio sur, incluida Latinoamérica.

como la que se ofrece en Biblearc, o simplemente en una tabla, utilizando un procesador de texto en la computadora. En la columna de la izquierda se indica el versículo o parte del versículo. En la columna del medio se escriben las palabras del texto. En la tercera columna se indica la relación.

3a	Le doy gracias a mi Dios	**Idea** principal #1: Pablo da gracias a Dios.
3b	cada vez que los recuerdo,	**Temporal** de 3a.
4a	siempre en toda oración mía por todos ustedes,	**Explicación** 3b.
4b	haciendo mi oración con gozo,	**Manera** de 4a: «con gozo».
5	por su participación en el evangelio, desde el primer día hasta ahora;	**Fundamento** de 4b
6	estando convencido de esto mismo: que aquel quien comenzó en ustedes una buena obra, la llevará a su fin hasta el día de Jesucristo.	**Fundamento** de 5
7a	De la misma manera es justo para mí pensar esto sobre todos ustedes,	**Comparación** de 3. Reiteración de idea principal.
7b	porque los llevo en mi corazón,	**Fundamento** de 7a.
7c	ya que, en mis cadenas, y en la defensa y establecimiento del evangelio, todos ustedes son partícipes conmigo de la gracia.	**Fundamento** de 7b.
8	Porque Dios es mi testigo, cómo los añoro a todos ustedes en el afecto de Cristo Jesús.	**Explicación** de 7b.
9	Y esto es lo que oro: que su amor crezca aún más y más en conocimiento y todo discernimiento,	Idea principal #2: **Explicación** de 3-7.

10a	para así aprobar las cosas que son más dignas,	**Propósito** de 9.
10b	para que sean puros e irreprensibles hasta el día de Cristo,	**Resultado** de 10a.
11a	llenos del fruto de justicia, la cual es a través de Jesucristo,	**Explicación** de 10b.
11b	para la gloria y honra de Dios.	**Resultado** de 11a.

Por último, podemos resumir el argumento del autor y finalizar con un párrafo que resuma la idea principal del texto.

Resumen. El pasaje comienza y termina con la gloria de Dios (vv. 1a, 11b). La razón por la cual Pablo agradece a Dios y hace su oración por los filipenses con gozo es porque ellos participan con Pablo de la gracia del evangelio (vv. 5, 7c). Más importante aún, la razón por la cual los filipenses participan del evangelio con Pablo es la obra de Cristo Jesús (v. 6). La confianza que Pablo tiene en Cristo para completar Su obra en los filipenses lo lleva a orar y darle gracias a Dios. Confianza en la obra de Cristo y la oración no se contradicen en este pasaje, más bien la obra de Cristo nos da razón para orar con confianza. A fin de cuentas, la idea principal del pasaje depende en la obra de Cristo. De 7a en adelante es simplemente la repetición de la idea principal, en este caso, en forma de comparación. Sin embargo, Pablo ahora resalta su amor por los filipenses (7b es el fundamento de 7a). La razón por el amor de Pablo sigue siendo la obra de Dios en Cristo (7c es el fundamento de 7b). Es decir, el amor de Pablo por los filipenses está basado en la mutua participación en la gracia de Dios a través de la obra de Cristo.

Finalmente, el v. 9 introduce la oración de Pablo: que el amor de los filipenses crezca y abunde. El amor, basado en la gracia de Dios, se convierte entonces en una idea importante del pasaje. El propósito de la oración de Pablo por el crecimiento y sobreabundancia de amor en los filipenses es que puedan discernir aquellas cosas que son dignas del amor y de la gracia de Dios en su comportamiento el uno con el otro.

El resultado de este discernimiento y andar es que los filipenses puedan caminar delante de Dios como una iglesia pura e irreprensible, no solo ahora, sino en perseverancia hasta el día de Cristo. Para que se entienda que esto no es justificación delante de Dios por obras, Pablo clarifica con una explicación en 11a. Es el fruto de justicia que viene a través de Jesucristo. Nuevamente, nos encontramos al final del pasaje con la centralidad de la obra de Cristo que ya vimos en el v. 6. El fruto de amor y justicia entre los filipenses, basado en la obra de Cristo desde el primer día hasta el final, resulta al final en la gloria y honra. Es decir, la alabanza de la gracia de Dios en Cristo Jesús.

Idea principal: La oración de Pablo por los filipenses redunda últimamente en alabanza y adoración a Dios mediante acción de gracias, porque está basada en la obra segura y fiel de Dios en Cristo para mantener a los filipenses hasta el fin.

Capítulo 5

El canto de la sirena de la alegoría

por Jarred Ford

¿Cómo debe interpretarse la parábola del buen samaritano? Hoy en día, la mayoría probablemente argumentaría que Jesús tan solo utiliza la parábola para ilustrar lo que significa ser un prójimo. Buscando justificarse, un experto en la ley mosaica pregunta a Jesús: «¿Y quién es mi prójimo?»; Jesús responde con esta famosa historia, mostrando que un verdadero prójimo es aquel que muestra misericordia, no aquel que es meramente religioso (Lc. 10:29-37). Este tipo de interpretación sencilla parece encajar con la pregunta inicial del intérprete de la ley, con el desarrollo de la historia y con los comentarios finales de Jesús. Uno se vería en apuros para argumentar en contra de tal lectura y, sin embargo, la interpretación más conocida de este pasaje no dice nada parecido. Quizá solo eclipsada por la fama de su autor, la interpretación de san Agustín de la parábola del buen samaritano se ha convertido en un punto central de la conversación sobre la hermenéutica fiel. Merece la pena citarla íntegramente:

> «Un hombre descendió de Jerusalén a Jericó»; se refiere al propio Adán; «Jerusalén» es la ciudad celestial de paz, de cuya bienaventuranza cayó Adán; «Jericó» significa la luna, y significa nuestra mortalidad, porque nace, crece, mengua y muere. «Ladrones» son el diablo y sus ángeles. «Que lo despojaron», es decir, de su inmortalidad; «y lo golpearon», persuadiéndolo a pecar; «y lo dejaron medio muerto», porque en la medida en que el hombre puede comprender y conocer a Dios, vive; pero en la medida en que está consumido y oprimido por el pecado, está muerto, por eso se le llama «medio muerto». El «sacerdote» y el «levita» que lo vieron y pasaron de largo, significan el sacerdocio y el ministerio del Antiguo Testamento, que nada podían aprovechar para la salvación. «Samaritano» significa Guardián, y por tanto el Señor mismo es significado por este nombre. La «venda de las heridas» es la restricción del pecado. El «aceite» es el consuelo del bien; el «vino» la exhortación a trabajar con espíritu ferviente. La «bestia» (cabalgadura) es la carne en la que Él se dignó venir a nosotros. El ser «puesto sobre la bestia» es la creencia en la encarnación de Cristo. La «posada» es la Iglesia, donde los viajeros que regresan a su patria celestial se refrescan después de la peregrinación. La «mañana» es después de la resurrección del Señor. Los «dos peniques» son los dos preceptos del amor, o la promesa de esta vida y de la venidera. El «posadero» es el apóstol (Pablo). El pago supererogatorio es o bien su consejo de celibato, o bien el hecho de que trabajaba con sus propias manos para no ser una carga para ninguno de los hermanos más débiles cuando el evangelio era nuevo, aunque le era lícito «vivir del Evangelio».[1]

Esta lectura de la parábola es cualquier cosa menos sencilla. El famoso «Doctor de la Gracia» del siglo IV asigna significado teológico a cada

[1] Citado de C. H. Dodd, *Las parábolas del Reino*, Rev. ed. (Nueva York: Scribner, 1961), 1-2.

jota y tilde del pasaje, tanto si el pasaje lo exige como si no. Ahora bien, aunque la lectura de san Agustín pueda parecer extraña a los lectores modernos, emplea un método común de interpretación llamado «alegoría», que dominó la imaginación de la Iglesia antes de la Reforma, y que está empezando a captar de nuevo las mentes modernas. La pregunta que quiero responder en este capítulo es «¿por qué?». ¿Por qué los evangélicos están escuchando de nuevo el canto de la sirena de la alegoría? En mi opinión, hay tres razones: 1) un sentido de piedad bienintencionado, pero fuera de lugar; 2) una frustración con la erudición histórico-crítica; y 3) un respeto por el precedente bíblico. Este capítulo intentará explicar cada una de estas razones y analizarlas en un intento de advertir a los lectores contra el encanto de la alegoría. Antes de ofrecer estas advertencias, sin embargo, es importante dar una definición cuidadosa de lo que es la alegoría.

Definición de alegoría

Definir la alegoría no es tarea fácil. De hecho, se ha vertido mucha tinta simplemente sobre lo difícil que es la tarea. Esta dificultad se debe en parte a la naturaleza mística de la alegoría. Uno lo sabe cuando lo ve, pero una descripción precisa sigue siendo siempre difícil de alcanzar. Un lector moderno podría reconocer que el método de lectura de san Agustín difiere mucho del suyo, ¿cómo es esto? No está haciendo exégesis gramático-histórica; entonces ¿qué está haciendo?

El problema de la definición

En su introducción a la lectura de san Agustín, C. H. Dodd describe la alegoría como un modo de lectura «en el que cada término se erigía en criptograma de una idea, de modo que el conjunto tenía que ser descodificado término a término».[2] No es difícil ver el valor de la definición

---

[2] Dodd, 1.

de Dodd. San Agustín parece tratar la parábola como un rompecabezas que hay que descifrar, y cada una de sus palabras funcionan como piezas inconexas. A primera vista, la definición de Dodd parece captar lo que cualquier lector puede ver intuitivamente en la exégesis de san Agustín, y así, muchos han ofrecido definiciones similares.[3] El problema, sin embargo, es que este tipo de definiciones tienden a quedarse cortas cuando se examinan más de cerca. Por ejemplo, consideremos el cambio de nombre de Abraham en Génesis 17:5. Si un lector reconoce que el cambio de «Abram» a «Abraham» es paralelo a la promesa de Dios de transformar a Abraham de mero padre a padre de muchas naciones, ¿está leyendo Génesis de forma alegórica? Estaría tratando al menos una palabra (el nombre de Abraham en este caso) como una especie de criptograma, que encaja con la definición de Dodd, pero parece claro que llamar «alegórica» a esa lectura estaría fuera de lugar. El texto invita a sus lectores a esta conclusión al fundamentar el cambio de nombre de Abraham en la promesa de Dios. Es posible que el lector tenga que saber un poco de hebreo para entender completamente el cambio, pero esta lectura parece justificada por el texto de un modo que no lo está la lectura que hace san Agustín del buen samaritano.

Tal vez, entonces, la clave de la definición de Dodd sea el alcance de esta lectura criptográfica. Para que una lectura sea alegórica, hay que aplicar este tipo de lectura de forma expansiva a múltiples palabras dentro del pasaje. Obsérvese que el propio Dodd dice que «cada término» se entiende como un criptograma, no solo unos pocos elegidos. Esta definición se aproxima, pero sigue sin funcionar. Supongamos que un lector tomara *El progreso del peregrino* de John Bunyan y leyera cada personaje y acontecimiento como un símbolo de algo más. Este tipo de lectura cumpliría el atributo «expansivo» añadido a la definición de Dodd, pero seguiría sin coincidir con la lectura de san Agustín. Hay una cierta artificialidad en la exposición de san Agustín que la hace diferente de

---

[3] Por ejemplo R. P. C. Hanson, *Allegory and Event: A Study of the Sources and Significance of Origen's Interpretation of Scripture* (Londres: SCM Press, 1959), 7.

una lectura alegórica de *El progreso del peregrino.* La famosa historia de Bunyan invita a tal lectura de un modo que no lo hace la parábola del buen samaritano. De hecho, se podría argumentar con razón que leer *El progreso del peregrino* alegóricamente es simplemente leerlo. El lector no está alegorizando. Está leyendo la historia *como una alegoría,* y ambas cosas no son lo mismo. Así pues, aunque la definición de Dodd se acerca al núcleo de la alegoría, es evidente que le faltan piezas clave.

Fijar la definición

Como han señalado Rita Copeland y Peter Struck, una adecuada «definición de alegoría se encuentra en la comprensión de su historia».[4] Originalmente, la alegoría fue una herramienta desarrollada por los griegos para salvar las epopeyas de Homero de sus críticos recientes. Tanto la *Ilíada* como la *Odisea* retrataban el Olimpo griego bajo una luz poco halagüeña. Saqueaban. Mataban. Se acostaban con cualquiera. No eran los dechados de virtud que uno esperaría de los dioses. En consecuencia, Platón y otros destacados pensadores griegos intentaron prohibir los poemas o borrar sus partes menos atractivas a través de un modo particular de lectura.[5] Ese modo de lectura llegó a conocerse como «alegoría». A través de la alegoría, las pequeñas disputas entre los dioses se transformaban en luchas cósmicas entre los elementos. Los elementos impíos o impropios de Homero se borraron, y sus epopeyas en general se conservaron.[6]

Esta nueva hermenéutica constaba de cuatro atributos: (1) resolución de problemas; (2) etimología, (3) numerología y (4) arbitrariedad. Estos

---

[4] Rita Copeland y Peter T. Struck, «Introduction», en *Cambridge Companion to Allegory* (Cambridge: Cambridge University Press, 2010), 1.

[5] Ejemplos de este tipo de crítica abundan en los libros II y III de la *República* de Platón.

[6] Para un ejemplo de este tipo de obra, véase *Problemas homéricos* de Heráclito, un autor que escribió hacia finales del siglo I. La siguiente es una versión accesible en inglés: Heraclitus, *Homeric Problems*, trad. David Konstan y Donald A. Russell (Atlanta: Society of Biblical Literature, 2005).

cuatro atributos ayudan a completar las piezas que faltan en la definición de Dodd. Los problemas en el texto servían como pistas que indicaban cuándo un texto debía leerse alegóricamente. Por sí solo, el sentido literal del texto entraba en conflicto con algún tipo de presuposición del lector. Por utilizar el ejemplo anterior, Platón suponía que los dioses eran virtuosos. Por tanto, las caracterizaciones de Homero chocaban con las intuiciones de Platón. La alegoría soluciona este problema haciendo que Zeus no sea Zeus y que sus conflictos con los demás dioses no sean conflictos. Normalmente, una vez identificado el problema, el lector lo solucionaba mediante el uso de nombres (etimología) o números (numerología). Por ejemplo, Filón, un destacado alegorizador que vivió en el siglo I de nuestra era, alegorizó el relato bíblico de la creación apelando al significado del número seis (*De Opificio Mundi*, 13). Un Dios omnipotente no necesitaría seis días para crear el cosmos (el problema), por lo que el número «seis» debe significar simplemente orden (la solución). El significado de los nombres suele funcionar de forma similar. Aunque no identifica primero un problema, san Agustín utiliza el significado de la palabra «Jericó» para relacionar la antigua ciudad con la luna y, en última instancia, con la mortalidad. La etimología de Jericó le sirve de justificación.

El último atributo de la alegoría no describe tanto las garantías de la alegoría como los otros tres, sino cómo las conclusiones están ligadas al propio texto. La exégesis alegórica siempre parece arbitraria. La famosa lectura de san Agustín sirve de ejemplo perfecto. Aunque puede haber algo intrigante o incluso creativo en la exégesis de san Agustín, uno no puede evitar preguntarse si tiene razón. ¿Contiene realmente la parábola del buen samaritano todo lo que san Agustín dice que contiene? No lo parece, y por eso la lectura de san Agustín parece decididamente diferente de una lectura similar de *El progreso del peregrino.* Mientras que John Bunyan pide explícitamente a sus lectores que expriman el significado teológico de cada detalle, la idea de Jesús parece mucho más sencilla. Se limita a responder a la pregunta «¿quién es mi prójimo?». Jericó no representa a la luna. El samaritano no simboliza al Señor. Y la posada es probablemente una simple posada.

Esta sensación de arbitrariedad se deriva a menudo de una falta de justificación. San Agustín hace muchas de sus afirmaciones sin dar ninguna razón, dejando al lector preguntándose si sus afirmaciones son creíbles. Otras veces, sin embargo, se debe a una débil justificación. El alegorizador da razones para sus afirmaciones, pero sus razones no conducen obviamente a la conclusión que él cree. El tratamiento de Jericó por parte de san Agustín ilustra esta cuestión. Da razones para interpretar Jericó como símbolo de la mortalidad, pero las razones no parecen funcionar. No es obvio que la palabra «Jericó» signifique luna, y aunque así fuera, ¿qué razón tiene el lector para elegir lo creciente y menguante de la luna como los atributos simbolizados? ¿Por qué no su redondez o su color? Son este tipo de saltos los que dejan constantemente una sensación de arbitrariedad en la alegoría, incluso cuando sus practicantes intentan dar razones para sus conclusiones. La alegoría, por lo tanto, no es simplemente un modo de lectura «en el que cada término era un criptograma de una idea, de modo que el todo tenía que ser descifrado término por término».[7] Es un modo de exégesis que tiende a identificar problemas en el texto y los resuelve apelando a nombres y números.[8] A pesar de que intenta ofrecer garantías mediante estos detalles, sus conclusiones suelen estar solo vagamente conectadas con el texto que intenta interpretar. [9]

Piedad fuera de lugar

Entonces, ¿por qué este modo particular de lectura cautiva actualmente las mentes evangélicas? La primera razón no se limita a la era moderna, sino que ha funcionado como motivo para la alegoría esencialmente desde sus inicios. Movidos por su piadoso deseo de encontrar a Jesús en

---

[7] Dodd, *Las parábolas del Reino*, 1.

[8] Comp. Copeland y Struck, «Introducción», 2-4; Iain W. Provan, *The Reformation and the Right Reading of Scripture* (Waco, TX: Baylor University Press, 2017), 139-40.

[9] Comp. James Barr, *Old and New in Interpretation: A Study of the Two Testaments* (Nueva York: Harper & Row, 1966), 108.

cada recoveco de la Biblia, muchos lectores a lo largo de la historia de la Iglesia han utilizado la alegoría para encontrar a su Señor allí donde el texto susurrara Su nombre. Aunque tiene en mente algo más que la alegoría, la declaración de Craig Carter sobre la cuestión es indicativa de este tipo de motivación: «Sin esta forma de leer el Antiguo Testamento, los escritores del Nuevo Testamento no podrían haber interpretado el Antiguo Testamento cristológicamente, y el testimonio apostólico de Jesucristo como el cumplimiento de las Escrituras no podría haber sido convincente. Así que, en un sentido muy real e importante, nuestra fe depende de la validez de la exégesis patrística».[10] No se puede encontrar a Jesús en el Antiguo Testamento como lo hicieron los primeros padres de la Iglesia sin los métodos que los padres utilizaron para encontrarlo.

Ahora bien, hay que admitir que esta lógica tiene algo de cierto. El propio Jesús parece respaldar este punto de vista cuando reprende a los fariseos en Juan 5. En las primeras partes del capítulo, Jesús cura a un cojo en sábado, lo que enfurece a los fariseos practicantes del sábado (5:5-16). Jesús se defiende argumentando que puede trabajar en sábado porque Dios, Su Padre, trabaja en sábado, lo que aviva aún más la ira de los fariseos, que reconocen con razón esta afirmación como una pretensión de divinidad (Jn. 5:17-18). Jesús justifica Su afirmación diciendo que el Padre mismo ha dado testimonio de Él (Jn. 5:37). A continuación, Jesús pronuncia las siguientes famosas palabras: «Escudriñáis las Escrituras porque en ellas creéis tener la vida eterna, pero esas Escrituras dan testimonio de mí» (Jn. 5:39).[11] En otras palabras, a pesar de haber aprendido la Biblia desde su juventud, los fariseos seguían sin entenderlas. Rechazaron a aquel a quien apunta toda la Biblia. Lo que hace que este punto sea tan audaz es que nadie habría afirmado que los fariseos no conocían sus Biblias. Por lo tanto, su problema debe residir en su modo de leer. Leían su Biblia con cuidado y a menudo, pero no la leían de la

[10] Craig A. Carter, *Interpreting Scripture with the Great Tradition: Recovering the Genius of Premodern Exegesis* (Grand Rapids: Baker, 2018), xvi.

[11] Todas las traducciones son mías a menos que se indique lo contrario.

manera correcta. No es de extrañar, pues, que este versículo haya servido como texto de prueba esencial en defensa de la alegoría. Leer la Biblia literalmente es leerla como lo hacían los fariseos, y nadie quiere estar al otro lado de la reprimenda de Jesús. No se puede negar la persuasión inicial de este sencillo argumento. Sin embargo, hay buenas razones para pensar que es demasiado simple.

Aunque la reprimenda de Jesús parece apoyar este punto de vista, el argumento que la utiliza como defensa de la alegoría depende de una sobreextensión del punto de vista de Jesús. La reprimenda de Jesús a los fariseos por no verla en la Biblia se convierte en una justificación de cualquier hermenéutica que sí la vea en la Biblia. Así, la alegoría se justifica porque la alegoría ve a Jesús, pero estas dos conclusiones no son lo mismo. Decir que uno ha vacilado en ver a Jesús en la Biblia no es decir que uno ha tenido éxito porque lo ha visto, y esta diferencia es bastante fácil de probar.

Considere una lectura de Génesis 1:1 que diga lo siguiente. Esta famosa frase inicial de la Biblia dice: «En el principio Dios creó los cielos y la tierra» (Gn. 1:1). La primera frase preposicional (en el principio) contiene la letra hebrea *aleph*, que tiene el siguiente aspecto: א. Esta letra se parece a la letra griega *chi*, que tiene este aspecto: x. La palabra griega para «Cristo» comienza con *chi*. ¿Qué pasaría si uno concluyera de estas observaciones que Cristo está justo ahí en Génesis 1:1? Hay una *aleph* en la primera palabra del Génesis. Ese *aleph* se parece a una *chi*. Una *chi* inicia el título de Jesús. Así, Jesús está allí en la palabra inicial de la Biblia. ¿Podría tal lectura ser considerada sana? Está claro que no. Más allá de los obvios problemas lógicos, el hebreo y el griego son lenguas completamente separadas, y la escritura utilizada en nuestras Biblias modernas hebreas es una escritura aramea que solo se utilizó una vez que Israel fue llevado al cautiverio, lo que significa que la letra *aleph* original probablemente no se parecía a una *chi* en absoluto. Aunque esta lectura pueda parecer obviamente absurda, no es muy diferente de las interpretaciones que he encontrado en los rincones más creativos de Internet y, lo que es más importante, demuestra la cuestión: una lectura adecuada de la

Biblia debe encontrar a Jesús. Eso es evidente a partir de Juan 5:39. Sin embargo, la forma de hacerlo importa. Una hermenéutica, como la alegoría, no puede justificarse por el mero hecho de que encuentre a Jesús en cualquier lugar.

¿Cuál era entonces el problema de los fariseos? Si no estaban leyendo la Biblia de forma equivocada, ¿qué estaban haciendo? Solo por Juan 5, es realmente difícil de decir. Todo lo que implica la reprimenda de Jesús es que deberían haberlo visto en las Escrituras. Nada más. Ni más ni menos. Los defensores de la alegoría simplemente concluyen demasiado de las palabras de Jesús. Es perfectamente posible que dos lectores utilicen la misma hermenéutica y, sin embargo, lleguen a conclusiones distintas. Por ejemplo, en sus respectivos comentarios sobre Romanos, Doug Moo y Tom Schreiner llegan a conclusiones decididamente diferentes en relación con Romanos 2:15. Uno piensa que Pablo se refiere a la ley natural; el otro, a las promesas del pacto de Jeremías 31:33.[12] Moo y Schreiner proceden de escuelas intelectuales similares y utilizan hermenéuticas parecidas, si no idénticas. Por tanto, su diferencia no puede deberse a una hermenéutica diferente. Han llegado a conclusiones diferentes utilizando esencialmente el mismo método. Tal podría ser el caso de los fariseos. Podrían haber estado utilizando el modo adecuado de lectura y aun así llegar a conclusiones erróneas. Por lo tanto, aunque su buena intención es clara y de alguna manera bíblicamente arraigada, esta justificación particular de la alegoría, en última instancia, no funciona. Hay que encontrar a Jesús en el texto, pero hay que encontrarlo donde realmente está.

Frustraciones con la erudición histórico-crítica

La segunda razón importante por la que la alegoría se está haciendo popular tiene que ver con el estado actual de la erudición bíblica. A partir

---

[12] Douglas J. Moo, *The Epistle to the Romans* (Grand Rapids: Eerdmans, 1996), 148-51; Thomas R. Schreiner, *Romans*, 2.ª ed. (Grand Rapids: Baker, 2018), 128-33.

de Spinoza, a finales del siglo XVII, los biblistas intentaron aplicar los métodos contemporáneos de la ciencia a sus Biblias, lo que dio lugar a un método de erudición bíblica que ahora se conoce como alta crítica.[13] La alta crítica tendía a tratar la Biblia como un documento meramente humano que contenía una variedad de opiniones humanas. Las afirmaciones de las Escrituras ya no eran para entenderlas, creerlas y confiar en ellas. Eran datos que había que sopesar y en los que solo se podía creer si eran capaces de superar lo que parecía una presuposición racional de duda.[14] Por desgracia, muy pocas convicciones evangélicas sobre la Biblia pudieron sobrevivir a este escrutinio. La descripción bíblica de Israel, por ejemplo, no podía ser cierta, pues se consideraba un hecho establecido que las religiones progresaban desde versiones politeístas más primitivas hasta versiones monoteístas más sofisticadas a lo largo de grandes cantidades de tiempo. La idea de que un hombre pudiera levantar a toda una nación y transformar su religión en la sofisticada versión descrita en el Éxodo en cuestión de años se consideraba imposible.[15] Moisés no tenía ninguna posibilidad. Sin prisa pero sin pausa, esta nueva erudición pasó de ser una teoría que había que probar a un axioma que había que asumir. Era un hecho en torno al cual debía ajustarse el texto, y es esta calcificación la que ha llevado a muchos a volver a la alegoría. Si la alta crítica ha erosionado muchas convicciones evangélicas clave y se ha convertido en una ley de la erudición bíblica moderna, ¿por qué no abandonar todo el proyecto y volver a las raíces alegóricas premodernas de la Iglesia?

---

[13] Provan, *The Reformation and the Right Reading of Scripture*, 388.

[14] Véase a continuación una exposición más completa de este cambio: Hans W. Frei, *The Eclipse of Biblical Narrative: A Study in Eighteenth and Nineteenth Century Hermeneutics* (New Haven: Yale University Press, 1974); Peter J. Leithart, *Deep Exegesis: The Mystery of Reading Scripture* (Waco, Tex.: Baylor University Press, 2009), 401-413; Provan, *The Reformation and the Right Reading of Scripture*, 1-36.

[15] Jan Rohls, «Historical, Cultural, and Philosophical Aspects of the Nineteenth Century with Special Regard to Biblical Interpretation», en *Hebrew Bible, Old Testament: The History of Its Interpretation*, ed. Magne Sæbø, vol. 3 (Gotinga: Vandenhoeck & Ruprecht, 1996), 40-49.

La introducción de E. A. Speiser a su comentario sobre Génesis ayuda a ilustrar esta cuestión. Speiser dedica la mayor parte de su introducción a describir la Hipótesis Documental, la joya de la corona de la alta crítica del Antiguo Testamento. Según esta teoría, el Pentateuco no fue escrito por Moisés, sino que fue compilado a lo largo de mucho tiempo a partir de fuentes primitivas por cuatro redactores o editores a los que se hace referencia con cuatro letras: J, E, P y D. La J representa al Yahvista, la E al Elohista, la D al Deuteronomista y la P a la fuente sacerdotal.[16] Esta teoría fue desarrollada principalmente por un hombre llamado Julius Wellhausen a mediados del siglo xix.[17] Wellhausen teorizó que varias tensiones dentro de los primeros cinco libros de la Biblia podrían explicarse si fueran una compilación de múltiples fuentes. Por ejemplo, en distintas partes de las narraciones de Génesis se utilizan nombres diferentes para referirse a Dios: en algunas se emplea la palabra hebrea genérica para Dios (Elohim) y en otras el nombre de su alianza (Yahvé). Así pues, en lugar de suponer que Moisés era simplemente incoherente o que utilizaba nombres distintos en situaciones diferentes, Wellhausen argumentó que esta diferencia se debía a dos fuentes distintas que finalmente se combinaron, la fuente J y la fuente E.[18] Según Speiser, la teoría de Wellhausen es «el hecho fundamental detrás de todo el progreso reciente en el estudio bíblico, ya que ha abierto el camino a la solución de muchas dificultades que de otro modo permanecerían sin resolver».[19] Nótese el optimismo con que Speiser describe esta teoría. Es un «hecho fundamental» que está «detrás de todo el progreso reciente en el estudio bíblico». Con esto quiero decir que los resultados de la alta crítica han pasado de teorías a suposiciones. Para Speiser, la Hipótesis Documental es un hecho indiscutible. En realidad, no es ninguna hipótesis.

---

[16] E. A. Speiser, *Genesis: A New Translation with Introduction and Commentary*, The Anchor Bible 1 (Garden City, NY: Doubleday, 1964), xx-xxi.

[17] Provan, *The Reformation and the Right Reading of Scripture*, 457.

[18] Julius Wellhausen, *Prolegomena to the History of Ancient Israel* (Nueva York: Meridian Books, 1957).

[19] Speiser, *Genesis*, xxi.

La discusión de Speiser sobre Génesis 28 muestra esta dinámica en acción. Como ya se ha dicho, Wellhausen argumentó originalmente a favor de una fuente J y E basándose en el uso de nombres diferentes para Dios. Si el autor utilizó el nombre del pacto de Dios (Yahvé), entonces se podría concluir que la porción concreta en cuestión procedía de la fuente J, y si utilizó Elohim, la palabra hebrea genérica para Dios, entonces procedía de la fuente E.[20] Speiser sigue esta lógica en sus comentarios sobre Génesis 28:12-17: «En el capítulo 28 [...] dos relatos sobre la primera estancia de Jacob en Betel se han mezclado en una sola secuencia. Uno de estos componentes utilizaba a Elohim (vv. 12, 17), mientras que el otro hablaba de Yahvé (13, 16)».[21] Aquí vemos claramente las huellas de la teoría de Wellhausen. Un pasaje (Gn. 28:12-17) procede de dos fuentes: J y E. Estas fuentes pueden distinguirse por los nombres de Dios que utilizan. Una utiliza Yahvé; la otra, Elohim. Sin embargo, el problema es que, como señala el propio Speiser, estas fuentes están mezcladas. El relato canónico alterna de Yahvé a Elohim casi cada dos versículos, con el versículo 13 incluso colocando a *Elohim* en aposición a *Yahvé*. [22]

Se podría pensar que pasajes como este podrían poner en tela de juicio la famosa teoría de Wellhausen, pero los eruditos más críticos, como Speiser, siguen sin inmutarse. Elohim y Yahvé utilizados en pasajes separados sugieren fuentes separadas, pero cuando se utilizan uno al lado del otro, estas fuentes deben haberse mezclado. Aquí, los hechos se han adaptado a las teorías; no las teorías a los hechos. Cara: yo gano. Cruz: tú pierdes. Y, sin embargo, estas ideas siguen siendo una teoría fundamental que está detrás de todos los estudios bíblicos modernos.

No debe sorprender entonces que muchos evangélicos abandonen por completo los estudios bíblicos modernos y opten por leer las Escrituras con la Gran Tradición que precedió a la Ilustración y se caracterizó por

---

[20] Provan, *The Reformation and the Right Reading of Scripture*, 457.

[21] Speiser, *Genesis*, xxx.

[22] «Y he aquí que el Señor se puso sobre ella y dijo: "Yo soy *el Señor, el Dios* de Abraham, tu padre, y el Dios de Isaac. La tierra sobre la que yaces te la daré a ti y a tu descendencia"» (Gn. 28:13; énfasis añadido).

el uso de la alegoría. Los eruditos así inclinados suelen pintar la historia intelectual con dos grandes trazos: la era premoderna (es decir, la Gran Tradición) y la era moderna. En la era premoderna, el significado podía trascender la intención del autor humano precisamente porque se consideraba que el texto también tenía un autor divino cuya intención podía ir más allá de la del autor humano.[23] En la era moderna, los estudiosos empezaron a centrarse en el significado único del texto entendido como «el significado original que el autor humano original pretendía transmitir a los lectores originales en la situación original».[24] Dado que ni el autor original ni la audiencia original podrían haber encontrado todo lo que los apóstoles acabaron encontrando en el Antiguo Testamento en relación con Jesús, este modelo moderno deja poco espacio para las lecturas cristológicas que todos los cristianos consideran verdaderas. En cambio, el punto de vista de los padres de la Iglesia premoderna sobre el significado, con sus múltiples capas, sí deja espacio para ello. «Los padres, siguiendo el ejemplo explícito de los escritores del Nuevo Testamento, interpretaron el texto del Antiguo Testamento como si tuviera múltiples niveles de significado. El texto bíblico funcionaba sacramentalmente para ellos al manifestar a Cristo en el presente».[25] En otras palabras, los modos premodernos de lectura como la alegoría permiten encontrar a Jesús en el propio texto del Antiguo Testamento al fundamentar el sentido cristológico de la Escritura en su autor divino.

Como cristiano, uno no puede negar el atractivo de este punto de vista. Si hay que elegir entre una crítica superior que erosiona las convicciones cristianas a cada paso, y la alegoría, que ve a Jesús en cada página de las Escrituras, la elección resulta bastante fácil. El problema, sin embargo, es que esta lectura de la historia hermenéutica presenta a los lectores una falsa elección. No es necesario elegir entre la alta crítica, por un lado, y

---

[23] Carter, *Interpreting Scripture with the Great Tradition: Recovering the Genius of Premodern Exegesis*, xiv.

[24] *Ibíd.*, xiiii.

[25] *Ibíd.*, xvi.

la alegoría, por otro. Hay formas de arreglar una casa antes de quemarla hasta los cimientos, y no todas las construcciones antiguas merecen el respeto que ahora reciben.

Por ejemplo, quizá el problema de las visiones modernas del significado no se deba a que se centren en la intención del autor, sino a que vinculan esa intención a lo que el público original podría haber entendido. Es de suponer que se podría preservar la intención del autor y rechazar la idea de que esta intención es reducible a lo que su público podría haber entendido. Es muy posible que los profetas bíblicos hablaran sabiendo que su público entendería poco de lo que decían. Al parecer, David así lo hace en el Salmo 16. A pesar de que el salmo parece una oración sobre el propio David, Pedro deja claro que en el Salmo 16 David escribió a sabiendas sobre su futuro descendiente, Jesús resucitado (véase Hch. 2:30-31). Ahora bien, parece muy improbable que la audiencia israelita original de David hubiera entendido este salmo de esta manera, y, sin embargo, Pedro afirma que el significado cristológico del salmo era de David (el autor humano). Extender la intención divina más allá de la intención del autor humano irónicamente capitula de forma innecesaria ante los puntos de vista histórico-críticos del sentido literal del texto. Tal vez la respuesta no sea desechar la intención del autor en favor de la intención divina, sino simplemente separar al autor de su audiencia. Del mismo modo, la alegoría y la intención divina no bastan para fundamentar las lecturas cristológicas. La lectura de san Agustín que acabamos de exponer se siente mal tanto si se afirma que el texto tiene intención divina como si se señala que está utilizando un único modo alegórico de lectura. Las etiquetas no solucionan el problema.

La caracterización de la Gran Tradición plantea otro problema. Esta interpretación común de la historia intelectual no hace justicia a las matizadas disputas hermenéuticas que se produjeron antes de la Ilustración. Aunque ciertamente había sensibilidades comunes entre los teólogos que escribían en el periodo premoderno, la alegoría no era adorada universalmente. Casi tan pronto como se introdujo en el mundo cristiano, la alegoría recibió críticas mordaces de quienes la consideraban un método que desvinculaba el significado del texto. Alrededor de finales del siglo IV, Teodoro de Mopsuestia emitió una crítica de este tipo:

> Hay personas que tienen gran celo por trastocar el sentido de las Escrituras divinas, y desbaratando todo lo que allí se coloca fabrican para sí ciertas ficciones insensatas y dan a su necedad el nombre de alegoría [...]. Quisiera decirles que al romper la narración ya no tienen narración [...] si su punto de vista es cierto y lo que está escrito no conserva un relato de lo que realmente sucedió, sino que apunta a algo más profundo y que debe entenderse intelectualmente (algo, como quieren decir, que pueden discernir puesto que ellos mismos son personas espirituales), ¿dónde han adquirido este conocimiento?[26]

En otras palabras, la alegoría prescinde del sentido literal del texto en favor de algún tipo de significado espiritual. La queja de Teodoro se parece mucho a la mía. Sin embargo, la cuestión no es tanto si Teodoro tiene razón o no. Más bien, su crítica deja claro que la alegoría no cayó en desuso porque fuera destronada por los métodos histórico-crítico modernos. Era controvertida mucho antes de que Wellhausen escribiera una sola palabra. Así pues, resulta difícil saber a quién deben dirigirse los lectores modernos cuando buscan piezas para reconstruir la casa. Orígenes no es como san Agustín, y san Agustín no es como Calvino. En lo que respecta a la alegoría, no existe realmente una Gran Tradición monolítica.

Frente a este tipo de observaciones, algunos han intentado argumentar que se han exagerado las diferencias hermenéuticas entre los lectores antiguos. La clásica disputa entre los alejandrinos, como Orígenes, y los

---

[26] Teodoro de Mopsuestia y Rowan A. Greer, *The Commentaries on the Minor Epistles of Paul*, WGRW 26 (Atlanta: Society of Biblical Literature, 2010), 113-15.

antioquenos, como Teodoro anteriormente dicho, se ha malinterpretado como si se refiriera a las mismas cuestiones que se plantean hoy en día, o eso es lo que se argumenta.[27] El objetivo de esta línea de razonamiento es afirmar que la hermenéutica moderna es categóricamente diferente de la premoderna, mientras que la hermenéutica premoderna existe en un espectro. Al interpretar las pruebas de este modo se intenta hacer justicia a afirmaciones como las de Teodoro, al tiempo que se mantiene la tajante división entre los modos de lectura premoderno y moderno. La Gran Tradición sobrevive.

Ahora bien, hay que admitir que esta interpretación tiene algo de cierto. Al menos está claro que los antioquenos, como Teodoro y Crisóstomo, estimaban de hecho la Biblia como palabra infalible de Dios de un modo que los historiadores modernos nunca harían. Sin embargo, este hecho no resuelve el problema en última instancia. A pesar de no ser un historiador moderno, Teodoro ve la alegoría como un modo de exégesis desvinculado del propio texto, considerando claramente que su propia hermenéutica es de manera categórica diferente de la de los alejandrinos. Diferente de la historia moderna, sin duda, pero diferente de la alegoría en cualquier caso. Así pues, para no violentar las propias declaraciones de Teodoro, esta interpretación más matizada de la Gran Tradición sigue sin ajustarse a las pruebas históricas. Intentar situar a estos lectores premodernos en el mismo espectro parece tan artificial como convertir a Teodoro en un historiador moderno. La narrativa de la Gran Tradición es demasiado simple para resolver el problema planteado por la alta crítica y para servir como defensa de la alegoría. Hay prácticas antiguas a las que deberían recurrir los lectores cristianos modernos de la Biblia, pero la alegoría no es una de ellas. Los evangélicos deben buscar en otra parte para escapar a la erosión de la narrativa bíblica por parte de la alta crítica.

---

[27] Frances M. Young, «Alexandrian and Antiochene Exegesis», en *A History of Biblical Interpretation*, ed. Alan J. Hauser y Duane Watson, vol. 1, 2.

Precedentes bíblicos

La tercera, última y mejor defensa de la alegoría se refiere a los apóstoles. El argumento adopta muchas formas, pero puede interpretarse de la siguiente manera: (1) si los apóstoles alegorizaron, entonces la Iglesia debe seguir sus pasos; (2) los apóstoles sí alegorizaron; (3) por lo tanto, la Iglesia debe seguir sus pasos y seguir el método alegórico como un medio legítimo de lectura. La declaración de Craig Carter citada arriba también muestra signos de este tipo de argumento:

> Sin esta forma de leer el Antiguo Testamento, los escritores del Nuevo Testamento no habrían podido interpretarlo cristológicamente y el testimonio apostólico de Jesucristo como cumplimiento de las Escrituras no habría podido ser convincente. Así pues, en un sentido muy importante, nuestra fe depende de la validez de la exégesis patrística.[28]

El punto de Carter es claro. Los evangélicos modernos deberían leer la Biblia como quienes la escribieron. Sería difícil encontrar un cristiano que no estuviera de acuerdo con este sentimiento. Los apóstoles no impusieron la interpretación del Antiguo Testamento a sus seguidores por decreto hermenéutico. Razonaron cuidadosamente a partir del texto, encontrando a Jesús donde los eruditos modernos no lo encuentran. Si la alegoría capta con precisión la hermenéutica apostólica, entonces existe un fuerte precedente bíblico para tal práctica. El problema con este argumento en lo que se refiere a la alegoría es que no es obvio que los apóstoles emplearan la alegoría como pensaban los lectores patrísticos.[29]

La lectura que hace Pablo de Génesis 16 en Gálatas 4:21-31 suele ocupar un lugar central en esta conversación. Con su enigmática

---

[28] Carter, *Interpreting Scripture with the Great Tradition: Recovering the Genius of Premodern Exegesis*, xvi.

[29] Orígenes hace esta misma afirmación en *Sobre los principios* 4.2.6, al igual que Gregorio de Nisa en el prólogo a su *Comentario sobre el Cantar de los Cantares.*

interpretación de los relatos de Sara y Agar, esta perícopa se ha convertido en un punto central de la conversación hermenéutica moderna, y con razón. No se puede negar que el uso que hace Pablo de la palabra griega *allegoréo* y su conexión entre Sara, Agar y sus respectivas Jerusalén guardan cierto parecido con la técnica alegórica de la Iglesia que se desarrollaría poco después de él, como da a entender la afirmación de Carter dicha anteriormente. Si los estudiosos buscan una garantía bíblica para la hermenéutica alegórica premoderna, la alegoría de Pablo es sin duda el lugar al que acudir.

Sin embargo, si se examina más de cerca, la alegoría de Pablo solo lo es de nombre. Aunque tiene cierto parecido con lo que llegó a conocerse como alegoría, estas semejanzas son solo superficiales. El método de Pablo difería de su primo hermenéutico en los siguientes aspectos cruciales: en primer lugar, aunque relacionado etimológicamente con nuestra palabra «alegoría», Pablo no utiliza *allegoréo* en el sentido técnico que adquirió más tarde y que mantiene actualmente. En su lugar, significaba algo así como nuestra palabra «simbólico», y así, Pablo simplemente pretendía comunicar que la historia de Sara y Agar apuntaba más allá de sí misma; ni más ni menos.[30] No pretendía asociar su lectura con la antigua práctica de la hermenéutica alegórica desarrollada originalmente por los griegos y practicada más tarde por los alejandrinos.

En segundo lugar, Pablo ofrece una lectura justificada que se basa en ciertos detalles de las narraciones de Génesis 16–21. En contra de quienes sostienen que la circuncisión era necesaria para ser un verdadero

---

[30] Un antiguo gramático llamado Trifón definió el término de la siguiente manera: «Una alegoría es un enunciado que describiendo una cosa con regularidad, en realidad trae a la mente el pensamiento de otra cosa de acuerdo con una semejanza con la cosa anterior. Por ejemplo: "cuyo bronce derrama más paja sobre el suelo"» (*De Tropis* 1.1). La definición de Trifón se ajusta a nuestra idea moderna de «símbolo», al igual que su ejemplo. «Cuyo bronce vierte más paja sobre el suelo» es un verso del libro 19 de la *Ilíada* que describe la futilidad de la guerra, y sirve como metáfora de los soldados caídos. Al parecer, según Trifón, la palabra se refiere a un tropo textual, no a un modo de lectura.

hijo de Abraham, Pablo argumenta que, si eso fuera cierto, entonces Ismael debería ser considerado parte de Israel junto con Isaac. Ismael era hijo de Abraham (Gn. 16:15). Ismael fue circuncidado (Gn. 17:23). Incluso se prometió a Ismael que sería el padre de doce príncipes, un punto narrativo en que Moisés casi con toda seguridad pretendía resaltar las similitudes entre Ismael y su hermanastro (Gn. 17:20). El libro de Génesis, por tanto, comunica claramente que Isaac era Isaac porque Dios así lo decidió, no porque fuera hijo de Abraham y, desde luego, no porque estuviera circuncidado (Gá. 4:22-23). Los que insistían en situar la circuncisión en un lugar privilegiado corresponden a Ismael, que era hijo circuncidado de Abraham pero que, en última instancia, no era su verdadero heredero (Gá. 4:24-25). Los gálatas gentiles son los verdaderos herederos de Abraham, que tienen por madre a Sara, como había previsto Isaías (Gá. 4:26-28,31). Aunque está respondiendo a una pregunta diferente, la lógica de Pablo en Gálatas 4 refleja la de Romanos 9. Allí, Pablo aborda la cuestión de si los gentiles son herederos de Abraham o no. Allí, Pablo aborda la cuestión de si las promesas de Dios a Israel habían fracasado debido a su incredulidad (Ro. 9:6). Apela a la historia de Abraham y sus hijos para demostrar que esas promesas se hicieron siempre y únicamente a la verdadera descendencia de Abraham. No todo Israel es Israel (Ro. 9:6). Aquí, Pablo apela a la misma historia para exponer un argumento ligeramente diferente. Son las promesas de Dios, y no la circuncisión, las que hacen de Israel lo que es, porque no todos los hijos circuncidados de Abraham forman parte de Israel. De nuevo, no todo Israel es Israel.

Entendida así, la enigmática perícopa de Pablo difiere significativamente de lo que llegó a conocerse como alegoría en los siglos posteriores a Gálatas. La exégesis de Pablo no se caracterizaba por la resolución de problemas textuales, la apelación a etimologías o la falta de explicaciones. Pablo leyó Génesis con bastante atención, reconociendo los patrones históricos redentores presentes en la narración que tenían peso en la situación que se estaba fomentando en Galacia. Ahora bien, hay que reconocer que esta breve exposición de Gálatas 4 no resuelve todo el debate. Hay que tratar los demás textos que podrían etiquetarse de «alegóricos», pero si Gálatas no sirve como ejemplo de alegoría, entonces parece poco probable que los demás lo hagan. Gálatas 4:21-31 es lo más parecido. Por lo tanto, aunque lo más probable es que todos los cristianos estén de acuerdo en que debemos leer la Biblia como los autores bíblicos leían sus Biblias, no está claro que de hecho leyeran alegóricamente.

Conclusión

Cualquier cristiano no puede negar que el canto de la sirena de la alegoría es siempre muy seductor. Encuentra a Jesús en el Antiguo Testamento. Permite una forma de lectura cristiana que se alinea más estrechamente con la Gran Tradición y alivia la frustración muy real producida por la erudición bíblica moderna. Incluso parece mantener cierto nivel de precedente bíblico. Por desgracia, cada una de estas razones no se sostiene bajo un escrutinio más atento. Existen múltiples modos de interpretación que permiten a un lector cristiano moderno encontrar a su Señor en las páginas del Antiguo Testamento. La Gran Tradición contiene opiniones encontradas sobre la alegoría, y no está claro que volver a ella resuelva los problemas planteados por la erudición histórico-crítica. Por último, aunque ciertos textos (Gá. 4 en particular) parecen servir de precedente bíblico para la alegoría, en última instancia solo guardan ciertas similitudes superficiales con la práctica interpretativa creada por los griegos. Por tanto, los lectores cristianos modernos harían bien en taparse los oídos y resistirse a los cantos de la sirena de la alegoría.

Capítulo 6

El problema de la pobreza como castigo y la prosperidad como recompensa en Proverbios

La sabiduría tradicional a examen[1]

por el Dr. Dominick Hernández

Cuando éramos novios, a mi esposa, Gaby, y a mí nos gustaba ir a discotecas y bailar salsa. Un fin de semana, cuando estábamos a punto de salir, Gaby se dio cuenta de que necesitaba hacer una llamada antes de salir por la noche. A falta de un teléfono móvil, nos fuimos paseando hasta la cabina de la esquina. Me quedé junto a Gaby mientras hablaba brevemente con su hermana. Cuando colgó, un hombre se me acercó y me preguntó: «¿Están usando el teléfono?».

[1] Una versión de este artículo se presentó inicialmente en el Grupo de reflexión hispano/latino en la reunión anual de la Sociedad Teológica Evangélica de 2021 en Fort Worth, Texas.

Me pareció una pregunta bastante extraña, ya que era obvio que *estábamos* usando el teléfono. Durante la fracción de segundo en la que contemplé la insensatez de su pregunta, el peatón, aparentemente inconsciente, se convirtió en un agresor en toda regla. En seguida, el agresor sacó un revólver plateado de su cintura, apuntó con el arma a mi abdomen y ordenó: «Dame todo lo que traes».

Miré a mi izquierda y vi a Gaby agitada y desconcertada. Fue entonces cuando me di cuenta de que otro asaltante la apuntaba con una pistola. Procedieron a arrebatarnos todas nuestras pertenencias a punta de pistola, me arrancaron una cadena del cuello, robaron pulseras de la muñeca de Gaby y se llevaron mi cartera. Cuando estaban terminando su cobarde asalto a peatones indefensos, el ladrón que me apuntaba con su pistola dijo fríamente: «Caminen hacia allá. Si se voltean, los voy a matar».

Recuerdo vívidamente estas palabras. La entonación de su voz calmada y mesurada me hizo creer que no estaba amenazando; más bien, este criminal estaba prometiendo quitarnos la vida en la calle a plena luz del día si no obedecíamos su orden.

Tomé la mano de Gaby y seguimos las instrucciones del atracador.

Cuando recobramos la compostura tras el incidente, surgió nuestro sentido intuitivo de la justicia. Nuestros agresores cometieron un ataque terrorista contra ciudadanos respetuosos con la ley. Queríamos que rindieran cuentas. Quizá no pudiéramos castigarlos personalmente por el mal que nos habían hecho, pero ¿no deberíamos al menos ver algún tipo de justicia? ¿No deberían ellos también ser desposeídos de sus ganancias mal habidas? ¿No deberían experimentar el terror que nos infundieron mientras nos apuntaban con armas de fuego? Si los agresores como estos dos hombres se salen con la suya en este tipo de delitos, ¡la creación corre el riesgo de convertirse en un caos a escala mundial! Debe haber algún tipo de sistema consistente de retribución justa orientado divinamente en la tierra que evite el desorden global, ¿no es así?

Bueno, en realidad, no.

Esta respuesta puede resultar un tanto sorprendente, sobre todo teniendo en cuenta que muchos de los proverbios parecen sugerir que los justos son recompensados en esta vida, mientras que los impíos sufren. Eso significa que los asaltantes que obtienen ganancias mal habidas, como los que arruinaron nuestra noche de fiesta hace más de 20 años, deberían sufrir un duro final. Parte de ese final será el despojo de la ganancia material ilícita que obtuvieron aprovechándose de personas vulnerables. En cambio, quienes son moralmente virtuosos se libran de este tipo de problemas.

Esto es lo que enseña Proverbios, ¿correcto?

Proverbios 12:21 parece ser un excelente ejemplo de esta enseñanza:

Ninguna adversidad acontecerá al justo; mas los impíos serán colmados de males. Pr. 12:21	12:21 לֹא-יְאֻנֶּה לַצַּדִּיק כָּל-אָוֶן וּרְשָׁעִים מָלְאוּ רָע׃

Al considerar este tipo de adagios relacionados con la justa retribución, surge un problema importante para los lectores que tienen una visión elevada de las Escrituras: los proverbios que aparentemente garantizan una justa retribución coherente de orientación divina no se corresponden con nuestra auténtica experiencia humana. La desgracia golpea con regularidad a las personas honradas y temerosas de Dios, mientras que el mundo es aparentemente un patio de recreo para el esparcimiento y el florecimiento de los impíos.

Los adagios que asocian la pobreza y la riqueza con el castigo y la justicia son un buen ejemplo del tipo de proverbio que no funciona bien en la realidad. Este tipo de proverbios son un desafío especial para las personas trabajadoras que viven el tipo de vida que Proverbios parece elogiar y, al mismo tiempo, experimentan inseguridad económica. Mientras tanto, los impertinentes y los indolentes experimentan las bendiciones que la tradición podría conceder a los piadosos.[2]

---

[2] Motivos similares relacionados con la prosperidad, la pobreza y la justa retribución aparecen en otras partes de la Biblia. Véase, por ejemplo, la pobreza para el malhechor y sus hijos en Sal. 109:10-11 y las riquezas para la persona que

¿Cómo es posible confiar en los proverbios como comunicación divina cuando no operan dentro de nuestra experiencia compartida de la realidad? ¿Cómo es posible que este tipo de proverbios sean «verdaderos» y no coincidan con lo que sabemos que es «verdadero» basándonos en la auténtica experiencia humana? En este capítulo, considero el dilema presentado por el tipo de proverbio que aparentemente promueve un sistema consistente y universal de retribución justa al relacionar la pobreza con el castigo y la riqueza con la rectitud. Concluiré proponiendo sugerencias hermenéuticas que mitiguen el dilema teológico de estos proverbios para los lectores contemporáneos.

La sabiduría tradicional en la Biblia

La sabiduría tradicional defiende que las generaciones más antiguas tienen más derecho a la sabiduría que la generación contemporánea. Por tanto, la sabiduría antigua es la que mejor aconseja cómo vivir bien en el mundo de Dios y la experiencia humana es secundaria frente a la vetusta memoria comunitaria. Por ejemplo, en el Cantar de Moisés, Moisés orienta al pueblo de Israel hacia la sabiduría tradicional cuando respalda la guía de las generaciones pasadas:

Recuerda los viejos tiempos. Considera los años de las generaciones pasadas.	זְכֹר יְמוֹת עוֹלָם בִּינוּ שְׁנוֹת דֹּר-וָדֹר
Pregúntale a tu padre, y él te dirá... vuestros mayores y ellos os instruirán.[3]	שְׁאַל אָבִיךָ וְיַגֵּדְךָ זְקֵנֶיךָ וְיֹאמְרוּ לָךְ׃
Dt. 32:7 (traducción mía)	

teme al Señor en Sal. 112:3. En cuanto a la justa retribución, véanse los salmos 37 y 73.

[3] La segunda frase de este versículo se entiende a la luz de la traducción de Greenstein en Edward L. Greenstein, «Parody as a Challenge to Tradition: The

Las palabras de Moisés proporcionan una base para comprender la fuente de la sabiduría tradicional en Proverbios. Muchos proverbios comunican el epítome de la sabiduría tradicional en la Biblia en lo que se refiere a refrendar los consejos de las generaciones anteriores del pueblo de Israel. Esta apelación a la sabiduría tradicional de generaciones anteriores surge al principio de Proverbios. De entrada, Proverbios describe la transmisión de la sabiduría de una generación a otra mediante el retrato de unos padres que enseñan a un hijo:

Oye, hijo mío, la instrucción de tu padre, Y no abandones la enseñanza de tu madre;	1:8 שְׁמַע בְּנִי מוּסַר אָבִיךָ וְאַל־תִּטֹּשׁ תּוֹרַת אִמֶּךָ׃
Porque son una guirnalda de gracia para tu cabeza, Y collares para tu cuello. Pr. 1:8-9[4] (NBLA)	1:9 כִּי לִוְיַת חֵן הֵם לְרֹאשֶׁךָ וַעֲנָקִים לְגַרְגְּרֹתֶיךָ׃

Use of Deuteronomy 32 in the Book of Job», en *Reading Job Intertextually*, ed. Katharine J. Dell y William L. Kynes, L. C., Madrid, 1999. Katharine J. Dell y William L. Kynes, LHBOTS 574 (Londres: Bloomsbury, 2012), 72. He tratado anteriormente la importancia de este versículo en relación con la sabiduría tradicional en el libro de Job en Dominick S. Hernández, *The Prosperity of the Wicked: A Theological Challenge in the Book of Job and in Ancient Near Eastern Literature* (Piscataway, NJ: Gorgias Press, 2022), 43, y en «The Expression of Moral Judgments through Imagery in Job and Ancient Near Eastern Literature», en *Teaching Morality in Antiquity: Wisdom Texts, Oral Traditions, and Images*, ed. Takayoshi Oshima. Takayoshi Oshima, ORA 29 (Tubinga: Mohr Siebeck, 2019), 151-52.

[4] Véase también Pr. 6:20: «Hijo mío, guarda el mandamiento de tu padre, y no abandones la enseñanza de tu madre». La enseñanza de los padres en Pr. 1:8 se representa como una «guirnalda de gracia» (חֵן תַיְוִל) en 1:9. La sabiduría y la instrucción se comparan con un adorno para el cuello en Pr. 3:21-22 (חֵן לַגַרְגְּרֹתֶיךָ). La guirnalda se vincula a la sabiduría personificada en Pr. 4:7-9 (חֵן תַיְוִל). Con este tipo de conexiones retóricas es como los lectores entienden que la instrucción de los padres debe asociarse a la verdadera sabiduría.

El énfasis puesto en el establecimiento de la sabiduría tradicional al principio de Proverbios es inequívoco, dado que la apelación a la sabiduría de las generaciones anteriores es omnipresente. Por ejemplo, en los primeros versículos de Pr. 2–7 se repite que los hijos deben seguir las instrucciones de sus padres:[5]

Hijo mío, si recibes mis palabras... Pr. 2:1	[2:1]בְּנִי אִם-תִּקַּח אֲמָרָי
Hijo mío, no te olvides mi enseñanza... Pr. 3:1	[3:1]בְּנִי תּוֹרָתִי אַל-תִּשְׁכָּח
Oigan, hijos, la instrucción de un padre... Pr. 4:1	[4:1]שִׁמְעוּ בָנִים מוּסַר אָב
Hijo mío, presta atención a mi sabiduría... Pr. 5:1	[5:1]בְּנִי לְחָכְמָתִי הַקְשִׁיבָה
Hijo mío, si has salido fiador por tu prójimo... Pr. 6:1	[6:1]בְּנִי אִם-עָרַבְתָּ לְרֵעֶךָ
Hijo mío, guarda mis palabras... Pr. 7:1	[7:1]בְּנִי שְׁמֹר אֲמָרָי

La primera sección de Proverbios parece dar a entender que los adagios del libro representan el tipo de sabiduría práctica y convencional que la tradición sugiere que la gente puede aplicar en su vida cotidiana. Es el tipo de sabiduría que podría percibirse fácilmente como de autoridad

[5] El lenguaje de «hijo» en Proverbios no parece referirse a un niño literal. Se trata más bien de una táctica retórica destinada a animar a todos los lectores a prestar atención a las instrucciones del libro, del mismo modo que un hijo *debería prestar atención a las* instrucciones de sus padres. Véase Dominick S. Hernández, *Proverbs: Pathways to Wisdom* (Nashville: Abingdon, 2020).

universal, ya que está profundamente arraigada en las normas tradicionales de las figuras de autoridad de una comunidad. Además, los lectores contemporáneos podrían incluso considerar estos adagios y otros del libro como mandatos, ya que están introducidos por una sección que destaca repetidamente la orientación paterna a un niño. Veamos ahora más de cerca algunos de los proverbios que emplean los mandamientos de la sabiduría tradicional para promover aparentemente un sistema de autoridad universal de justa retribución relacionado con la prosperidad y la pobreza.

Prosperidad y pobreza en Proverbios

Proverbios suele mostrar el comportamiento y las consecuencias de los sabios que temen al Señor y desean caminar hacia la sabiduría, y de los que han elegido el camino de la insensatez, poniendo en yuxtaposición dos o más líneas relacionadas. Este formato resulta especialmente útil para contrastar la justicia retributiva relacionada con la pobreza y la riqueza. Según la sabiduría tradicional, varios proverbios enseñan que a los que eligen la sabiduría se les conceden recompensas y riqueza, mientras que a los que eligen la insensatez se los castiga con la pobreza. Por ejemplo, Pr. 10:2-4 afirma:

Tesoros mal adquiridos no aprovechan, Pero la justicia libra de la muerte.	[2]לֹא-יוֹעִילוּ אוֹצְרוֹת רֶשַׁע וּצְדָקָה תַּצִּיל מִמָּוֶת׃
El Señor no permitirá que el justo padezca hambre, Pero rechazará la avidez de los impíos.	[3]לֹא-יַרְעִיב יְהוָה נֶפֶשׁ צַדִּיק וְהַוַּת רְשָׁעִים יֶהְדֹּף׃
Pobre es el que trabaja con mano negligente, Pero la mano de los diligentes enriquece. Pr. 10:2-4 (comp. 11:4; 21:5)	[4]רָאשׁ עֹשֶׂה כַף-רְמִיָּה וְיַד חָרוּצִים תַּעֲשִׁיר׃

El adagio que precede a esta sección hace hincapié en los efectos que los hijos sabios y necios tienen sobre sus padres (10:1). En ese versículo está implícita la instrucción convencional que subyace en esta sección (vv. 2-4), que sugiere que los hijos deben prestar atención a la instrucción de las generaciones anteriores. Según Pr. 10:2, las riquezas mal habidas son inútiles. El trabajo diligente es la antítesis de la obtención de riquezas por medios perversos en esta sección (10:4b). Entre las imágenes de riquezas efímeras y duraderas hay una declaración explícita que atribuye la justa retribución al Señor (10:3). Dios provee de sustento a los justos y permite que la miseria caiga sobre los apáticos al trabajo duro (13:25).

El temor del Señor es un motivo destacado en Proverbios y aparece inextricablemente ligado a la pobreza y la riqueza en el libro. Este tema se presenta al principio de Proverbios, con la función de transmitir dos trayectorias al lector: el camino que conduce al conocimiento es aquel en el que se exhibe el temor del Señor. Por el contrario, los necios no son enseñables, por lo que desprecian la sabiduría (1:7). Los que temen al Señor obtienen riquezas y honor durante esta vida, según Pr. 22:4:

La recompensa de la humildad y el temor del SEÑOR Son la riqueza, el honor y la vida. Pr. 22:4	22:4 עֵקֶב עֲנָוָה יִרְאַת יְהוָה עֹשֶׁר וְכָבוֹד וְחַיִּים׃

Adagios como Pr. 22:4 parecen abogar por un sistema de justa retribución en el que aquellos que son sabios y temen al Señor son bendecidos con riquezas, honor y una vida prolongada. Proverbios 14:24 también relaciona al sabio con la riqueza. Este adagio evidentemente sugiere que los sabios reciben riquezas como resultado de su sabiduría:

La corona de los sabios es su riqueza, Pero la necedad de los necios es insensatez. Pr. 14:24	14:24 עֲטֶרֶת חֲכָמִים עָשְׁרָם אִוֶּלֶת כְּסִילִים אִוֶּלֶת׃

Este proverbio utiliza el paralelismo para presentar la imagen corolaria de los que no son sabios y no temen al Señor. Mientras que a lo largo de Proverbios se describe al sabio como una persona que va adquiriendo cada vez más sabiduría, el necio es el causante de su propia insensatez. La prosperidad financiera que adquiere el sabio que teme al Señor se ve contrarrestada por el acto retributivo del necio que sufre el empobrecimiento. Como dice Pr. 13:25:

El justo come hasta saciar su alma, pero el vientre de los impíos sufre escasez. Pr. 13:25[6]	13:25 צַדִּיק אֹכֵל לְשֹׂבַע נַפְשׁוֹ וּבֶטֶן רְשָׁעִים תֶּחְסָר׃

Parece que el libro de Proverbios promueve ciertos comportamientos encomiables exhibidos por los sabios que invitan a la prosperidad. Por el contrario, las conductas desagradables aparentemente dan lugar a la pobreza, según el libro. A modo de ejemplo, la generosidad, y especialmente el cuidado de los pobres, se ve recompensada en Proverbios con un aumento de la riqueza, mientras que el abuso de los vulnerables se enfrenta a dificultades financieras. Proverbios parece enseñar que cuanto más se da, más se recibe. Si uno se abstiene de dar, la retribución llega en

[6] Este proverbio puede expresar dos formas de presentar la sabiduría tradicional. A nivel superficial, parece que la persona justa experimenta bienestar al satisfacer su apetito. A nivel metafórico, el proverbio evidentemente compara la comida con la prosperidad y comunica que la persona justa experimenta riqueza debido a la abundancia de «comida» (es decir, ganancias financieras/posesiones). Véase Hernández, «Expression of Moral Judgments», donde discuto la imaginería compartida relativa a la comida entre el discurso de Zofar en Job 20, 153-66 y la antigua composición egipcia *Instrucciones de Amenemope*.

forma de pobreza. Por ejemplo, Pr. 11:24 describe los destinos opuestos del generoso y el avaro:[7]

Hay quien reparte, y le es añadido más; Y hay quien retiene lo que es justo, solo para venir a menos. Pr. 11:24	11:24 יֵשׁ מְפַזֵּר וְנוֹסָף עוֹד וְחוֹשֵׂךְ מִיֹּשֶׁר אַךְ-לְמַחְסוֹר׃

Proverbios 19:17 vincula la generosidad con los pobres con una recompensa del Señor. Esto sugiere que los resultados de dar y retener recursos están directamente relacionados con la justa retribución divina.

El que se apiada del pobre presta al SEÑOR, Y Él lo recompensará por su buena obra. Pr. 19:17 (comp. 28:27)	19:17 מַלְוֵה יְהוָה חוֹנֵן דָּל וּגְמֻלוֹ יְשַׁלֶּם-לוֹ׃

La contraposición de este precepto se expone también en Proverbios. Aquellos que oprimen a los pobres esforzándose por aumentar su propia riqueza serán retribuidos con la indigencia. Como dice Pr. 22:16:

El que oprime al pobre para engrandecerse, O da al rico, solo llegará a la pobreza. Pr. 22:16	22:16 עֹשֵׁק דָּל לְהַרְבּוֹת לוֹ נֹתֵן לְעָשִׁיר אַךְ-לְמַחְסוֹר׃

En Proverbios se presentan otras razones de la pobreza. A saber, los indolentes acarrean una carencia sobre sí mismos, ya que persiguen ambiciones vanas en lugar de trabajar duro:

[7] La pobreza no es necesariamente un castigo para los pobres en Proverbios, sin embargo, la indigencia es aparentemente retributiva para quienes los oprimen. Este punto merece un debate más profundo que se abordará a continuación.

El que labra su tierra se saciará de pan, Pero el que sigue propósitos vanos se llenará de pobreza. Pr. 28:19 (comp. 12:11)	28:19 עֹבֵד אַדְמָתוֹ יִשְׂבַּע-לָחֶם וּמְרַדֵּף רֵקִים יִשְׂבַּע־רִישׁ:

Los que beben demasiado vino y comen en exceso consumen hasta llegar a un estado de insuficiencia. En estos casos, la pobreza podría verse como un castigo divinamente orientado a través de las consecuencias naturales del consumo excesivo. En Pr. 23:20-21, un padre anima al hijo:

No estés con los bebedores de vino, Ni con los comilones de carne, Porque el borracho y el glotón se empobrecerán, Y la vagancia se vestirá de harapos. Pr. 23:20-21 (comp. 6:6-11; 28:7)	23:20 אַל-תְּהִי בְסֹבְאֵי-יָיִן בְּזֹלְלֵי בָשָׂר לָמוֹ: 23:21 כִּי-סֹבֵא וְזוֹלֵל יִוָּרֵשׁ וּקְרָעִים תַּלְבִּישׁ נוּמָה:

Para los lectores cristianos, los proverbios mencionados podrían ser más fáciles de conciliar con una visión tradicional de las Escrituras si pudieran leerse como la representación de una retribución escatológica y espiritual. Es decir, interpretar estos versículos como un anticipo de lo que finalmente sucederá en la otra vida mitigaría el problema de creer que la Biblia es Palabra de Dios, por un lado, y que estos proverbios entran en conflicto con la experiencia humana compartida, por otro. Sin embargo, Proverbios no da esa impresión. Los adagios deben entenderse como la predicción de un cumplimiento escatológico de la justa retribución mencionada en estos versículos. Así pues, los lectores contemporáneos no tienen libertad para crear a partir de estos proverbios un sistema de juicio futurista y escatológico similar al paradigma teológico que se aborda en las páginas del Nuevo Testamento. Por el contrario, hay proverbios que sugieren que la justa retribución llegará mientras uno esté vivo (es decir, en la tierra). Por ejemplo, Pr. 11:31 afirma:

Si el justo es recompensado en la tierra, ¡Cuánto más el impío y el pecador! Pr. 11:31	11:31 הֵן צַדִּיק בָּאָרֶץ יְשֻׁלָּם אַף כִּי-רָשָׁע וְחוֹטֵא׃

La idea de que la justa retribución final llega durante la vida en forma de pobreza y riqueza es un principio clave en las diversas insistencias del «evangelio de la prosperidad». Las implicaciones teológicas de tales doctrinas son angustiosas en las comunidades que tienen una visión elevada de las Escrituras. Creer que la Biblia es la Palabra de Dios y comprometerse con ella en plena obediencia, pero no leer sus diversos géneros con una hermenéutica adecuada es una forma segura de propagar la confusión teológica. Este tipo de proverbios pueden servir de munición a predicadores charlatanes para aprovecharse de feligreses bienintencionados y temerosos de Dios que creen que la Biblia es la Palabra de Dios y que han caído bajo su cuidado.

La vida no se desarrolla con las demarcaciones financieras directas entre justos e impíos que uno podría entender a través de una lectura casual de Proverbios. Desgraciadamente, las personas generosas, trabajadoras y temerosas de Dios sufren traumas similares o que trascienden el asalto descrito al principio de este capítulo. Tradicionalmente, los cristianos afrontan este enigma afirmando que el castigo final para justos y malvados llegará en la otra vida. Sin embargo, no es una lectura especialmente responsable de los proverbios en su contexto literario y bíblico presentarlos como insinuantes de un acontecimiento escatológico.

Los lectores de la Biblia que reconocen que los proverbios parecen retratar la retribución en términos de pobreza y riqueza, al tiempo que observan que este principio no coincide con nuestras experiencias humanas compartidas, se enfrentan a un dilema: ¿Cómo se supone que debemos leer estos textos proverbiales como escrituras inspiradas por Dios y de tal manera que se apliquen a nuestras vidas contemporáneas? En el resto de este artículo, propongo una respuesta doble, orientada hermenéuticamente, a las dificultades que presenta un paradigma de justa retribución que asigna la pobreza como castigo y la riqueza como recompensa por la rectitud.

Una hermenéutica holística de los Proverbios

Los adagios individuales del libro de Proverbios presentan una dificultad en la lectura e interpretación de la composición que es exclusiva de la literatura proverbial. Mientras que gran parte de la narrativa bíblica y de la poesía bíblica convencional ofrece un contexto histórico o literario para la interpretación de perícopas concretas, muchos de los proverbios no proporcionan abiertamente este trasfondo. Esto no solo complica la interpretación de los adagios individuales en sus contextos específicos, sino que también dificulta la comprensión del propósito o propósitos de la composición general.

En consecuencia, algunos intérpretes adoptan una hermenéutica de la literatura proverbial por la que se formula una doctrina particular y se aplica universalmente mediante la recolección selectiva de adagios dispersos que coinciden en una conclusión particular. Este tipo de hermenéutica selectiva facilita una lectura fragmentaria de la doctrina de la justa retribución. Cuando este modo de lectura se vincula a la autoridad del texto bíblico, los lectores podrían aceptar una enseñanza incompleta como aplicable universal y autoritariamente.

Esta caída hermenéutica puede atenuarse mediante una hermenéutica holística del libro de los Proverbios. Es decir, en lugar de formar doctrinas universalizadas a partir de un grupo selecto de textos que parecen ser coherentes en una cuestión, los lectores deberían esforzarse por formar un conjunto armonioso a partir de la totalidad de las posturas contrastadas. Por ejemplo, en Proverbios se integran diversos escenarios de retribución. Aunque algunos proverbios, como los citados anteriormente, podrían sugerir una enseñanza coherente sobre la riqueza y la retribución en Proverbios, la pobreza y la riqueza no siempre se dotan proporcionalmente en función del comportamiento impío y recto. Por ejemplo, Pr. 15:6 afirma:

En la casa del justo hay mucha riqueza, Pero en las ganancias del impío hay turbación. Pr. 15:6	[15:6]בֵּית צַדִּיק חֹסֶן רָב וּבִתְבוּאַת רָשָׁע נֶעְכָּרֶת׃

A primera vista, este proverbio parece un adagio convencional sobre el justo castigo basado en la sabiduría tradicional. Lo que puede pasar desapercibido, sin embargo, es el simple hecho de que los malvados realmente tienen un «ingreso» en este pasaje. Según algunos Proverbios que se alinean con la sabiduría tradicional, la recompensa por temer al Señor son las riquezas, mientras que la retribución por la maldad es la carencia. Aquí se describe a los malvados perdiendo su prosperidad, lo que sugiere que la riqueza anterior no era necesariamente una recompensa por la rectitud (comp. Pr. 10:2).

La idea de que la riqueza no es una recompensa unilateral por la rectitud se corrobora aún más en Pr. 11:4. Este adagio sugiere que las riquezas no son indicativas de rectitud cuando se avecina el juicio.

De nada sirven las riquezas el día de la ira, Pero la justicia libra de la muerte. Pr. 11:4	[4]לֹא־יוֹעִיל הוֹן בְּיוֹם עֶבְרָה וּצְדָקָה תַּצִּיל מִמָּוֶת׃

Contrariamente a la idea de que los tesoros son un signo de rectitud, Pr. 11:4 describe la salvación de la muerte como una recompensa para quien es recto. Si Proverbios no atribuye unilateralmente la riqueza a la rectitud y la carencia a la impiedad, sí deja abierta la posibilidad de que no sea eso lo que enseña el libro en general sobre la riqueza y la pobreza.[8]

Algunos proverbios comunican que la pobreza es preferible a la maldad e indican así que la falta de recursos económicos no debe considerarse unilateralmente una maldición:

Mejor es el pobre que anda en su integridad Que el de labios perversos y necio. Pr. 19:1	[19:1]טוֹב-רָשׁ הוֹלֵךְ בְּתֻמּוֹ מֵעִקֵּשׁ שְׂפָתָיו וְהוּא כְסִיל:
Mejor es el pobre que anda en su integridad Que el perverso, aunque sea rico. Pr. 28:6 (comp., 16:8, 19)[9]	[28:6]טוֹב-רָשׁ הוֹלֵךְ בְּתֻמּוֹ מֵעִקֵּשׁ דְּרָכַיִם וְהוּא עָשִׁיר:

Estos proverbios expresan que la pobreza es una condición mucho mejor que la necedad y, por tanto, que la escasez no puede relacionarse invariablemente con la impiedad. Aún más significativa en el contexto de Proverbios es la afirmación explícita de que es posible ser temeroso del Señor y tener recursos económicos limitados:

[8] Algunos proverbios dan la impresión de que ser rico o pobre no indica nada referente al carácter de un individuo y, por tanto, evaluar la situación financiera de uno no es intrínsecamente útil en lo que se refiere a la justa retribución. Véase, por ejemplo, Pr. 22:2: «El rico y el pobre tienen un lazo común: A ambos los hizo el Señor» (עָשִׁיר וָרָשׁ נִפְגָּשׁוּ עֹשֵׂה כֻלָּם יְהוָה). Véase también Pr. 29:13.

[9] Del mismo modo, el Salmo 37:16-17 afirma: «Mejor es lo poco del justo que la abundancia de muchos impíos. Porque los brazos de los impíos serán quebrados, pero el Señor sostiene a los justos».

Mejor es poco con temor del SEÑOR, Que un gran tesoro con turbación. Pr. 15:16	15:16 טוֹב-מְעַט בְּיִרְאַת יְהוָה מֵאוֹצָר רָב וּמְהוּמָה בוֹ:

Estos preceptos sugieren que las personas íntegras que honran a Dios podrían simplemente ser pobres sin ninguna razón definida. Los versículos también aluden a la posibilidad del escenario inverso: los ricos podrían ser *en realidad* los malvados. Si la pobreza y la riqueza no están indisolublemente ligadas a la rectitud moral de una persona, entonces los pobres podrían ser más sabios que los ricos, sobre todo si la riqueza de la persona acomodada se utiliza como pretexto para ocultar la insensatez.

En relación con esto, Pr. 28:11 sugiere que las riquezas podrían ser un obstáculo para comprender y caminar en la verdadera sabiduría. A la inversa, ser pobre podría eliminar la posibilidad de utilizar la riqueza para enmascarar la insensatez.

El rico es sabio ante sus propios ojos, Pero el pobre que es entendido, lo sondea. Pr. 28:11[10]	28:11 חָכָם בְּעֵינָיו אִישׁ עָשִׁיר וְדַל מֵבִין יַחְקְרֶנּוּ:

Según numerosos proverbios, Dios aboga por los vulnerables de la sociedad (por ej.: 17:5; 19:17; 22:22-23). La descripción de Dios como protector de los pobres, débiles y maltratados no tiene sentido en un sistema de pobreza divinamente ordenada como castigo por la iniquidad. En

[10] Víctor Morla también señala que este adagio critica el paradigma de la retribución justa basado en la sabiduría convencional. Morla afirma: «La sentencia encierra una sutil crítica a la doctrina de la retribución inmanente, basada sin duda en la experiencia: hay riquezas que no tienen su origen en la sabiduría o la injusticia; hay pobrezas que no son fruto de la necedad o la injusticia». Víctor Morla, *Proverbios* (Bilbao: Desclée de Brouwer, 2011), 211.

contra de un paradigma de retribución divina basado en la sabiduría tradicional, Pr. 14:31 afirma:

El que oprime al pobre afrenta a su Hacedor, Pero el que se apiada del necesitado lo honra. Pr. 14:31 (comp. 22:22-23)	[14:31] עֹשֵׁק דָּל חֵרֵף עֹשֵׂהוּ וּמְכַבְּדוֹ חֹנֵן אֶבְיוֹן׃

Proverbios presenta razones generales por las que la gente puede alcanzar la riqueza (por ejemplo, trabajando duro), al tiempo que caracterizan ampliamente a quienes acaban en la pobreza (por ejemplo, los indolentes). Sin embargo, Proverbios no vincula de forma coherente e indisoluble la riqueza con la recompensa o la pobreza con el castigo. Además, una lectura holística de Proverbios demuestra que no es posible juzgar el carácter de una persona basándose en su situación económica. La evidencia interna de Proverbios se abstiene de afirmar definitivamente una manera de entender la retribución divina en lo que se refiere a la riqueza y la pobreza en la vida de una persona.

¿Cuál es entonces la función de tales afirmaciones antitéticas relativas a la pobreza, la riqueza y la justa retribución en Proverbios? Leer Proverbios con una hermenéutica holística obliga a los lectores a reconocer que la sabiduría bíblica *es* sabiduría tradicional *y* no convencional. Los lectores contemporáneos deben esforzarse por leer la sabiduría tradicional y la no convencional a la luz de la otra para reconocer qué es la sabiduría y cuáles son sus pretensiones sobre los lectores.

Una hermenéutica de la sabiduría dentro de la sabiduría

La primera sugerencia hermenéutica de leer Proverbios de forma holística hace hincapié principalmente en el hecho de que Proverbios es una recopilación de adagios que ofrece diversos puntos de vista sobre la pobreza y la riqueza. Sin embargo, Proverbios no es un libro aislado, sino que se integra en un corpus más amplio de sabiduría bíblica que refleja un pensamiento israelita muy variado sobre la justa retribución y cuestiones afines. Para armonizar la sabiduría tradicional y la no convencional, resulta útil analizar Proverbios teniendo en cuenta qué otras sabidurías tratan temas similares.

Las dificultades que plantean las aparentes incoherencias relacionadas con la pobreza y la riqueza en un sistema de justa retribución se mitigan leyendo Proverbios en el contexto de un corpus más amplio. La sabiduría proverbial no solo es diversa dentro del libro de Proverbios, sino que se abordan cuestiones similares de diversas maneras en textos afines de otras partes de las Escrituras. Así pues, esta segunda sugerencia hermenéutica considera el hecho de que Proverbios se inserta en una serie de compilaciones que abordan temas similares. Resulta especialmente útil considerar el conjunto de textos sapienciales que se relacionan con un tema concreto, incluso a través de los libros bíblicos, antes de sacar conclusiones teológicas extensas y considerar la aplicación práctica. Una comparación entre los libros de Proverbios y Job debería bastar para demostrar la importancia de leer los diversos proverbios como parte de una composición (es decir, el libro de Proverbios), pero también como parte integrante de una tradición literaria y teológica más amplia. Este caso de prueba de cómo los amigos de Job proponen una justa retribución demostrará la importancia de leer textos proverbiales disonantes con una hermenéutica de la sabiduría dentro de la sabiduría.

Caso de prueba: Hermenéutica de Job y Proverbios

El consejo de los amigos de Job tiene el timbre de múltiples proverbios, lo que podría llevar a algunos lectores a concluir que sus compañeros pueden haber estado en su mayoría en lo cierto sobre la situación de Job. Sin embargo, esta benévola lectura de que los amigos de Job casi expresaban la verdad por su afinidad con proverbios selectos es difícil de conciliar con el hecho de que Dios condena su discurso dos veces (Job 42:7-8). El hecho de que Dios denuncie el discurso de los amigos de Job sugiere que el uso que hacían de los proverbios era manifiestamente erróneo, independientemente de lo bíblicos que sonaran.[11]

Los libros de Job y Proverbios utilizan la dicotomía entre luz y oscuridad para transmitir opiniones relacionadas con el destino humano. Job y sus compañeros utilizan las imágenes de luz y oscuridad para expresar sus sentimientos y evaluar la situación de Job. En el monólogo de Job, este desearía no haber recibido nunca la luz y descansar en las tinieblas.

O como aborto desechado, yo no existiría Como los niños que nunca vieron la luz.	16אוֹ כְנֵפֶל טָמוּן לֹא אֶהְיֶה כְּעֹלְלִים לֹא-רָאוּ אוֹר:
Allí los impíos dejan de sentir ira, y allí reposan los cansados.	17שָׁם רְשָׁעִים חָדְלוּ רֹגֶז וְשָׁם יָנוּחוּ יְגִיעֵי כֹחַ:
Juntos reposan los prisioneros; no oyen la voz del capataz.	18יַחַד אֲסִירִים שַׁאֲנָנוּ לֹא שָׁמְעוּ קוֹל נֹגֵשׂ:
Job 3:16-18 [12]	

[11] El siguiente ejemplo está resumido y adaptado de Dominick S. Hernández, *Engaging the Old Testament: How to Read Biblical Narrative, Poetry, and Prophecy Well* (Grand Rapids: Baker Academic), 212-23.

[12] Todas las traducciones del libro de Job son adaptaciones de Dominick S. Hernández, *Illustrated Job in Hebrew* (Wilmore, KY: GlossaHouse, 2020).

Elifaz descifra el uso que Job hace de la dicotomía luz/oscuridad y le responde en su segundo discurso. Según el paradigma de la justa retribución de Elifaz, el uso que Job hace de la imagen luz/oscuridad no es el más aplicable a su situación. Job no debería anhelar morar en las tinieblas porque eso le traería descanso. Más bien, Job debería considerar el hecho de que la oscuridad representa una muerte horrible para los malvados.

Él [es decir, la persona malvada] no cree que volverá de las tinieblas, y que está destinado para la espada.	22 לֹא-יַאֲמִין שׁוּב מִנִּי-חֹשֶׁךְ וְצָפוּ הוּא אֱלֵי-חָרֶב׃
Vaga en busca de pan, diciendo: «¿Dónde está?». Sabe que es inminente el día de las tinieblas.	23 נֹדֵד הוּא לַלֶּחֶם אַיֵּה יָדַע כִּי-נָכוֹן בְּיָדוֹ יוֹם-חֹשֶׁךְ׃
No se escapará de las tinieblas. Secará la llama de sus renuevos, y por el soplo de Su boca [es decir, de Dios] desaparecerá. Job 15:22-23,30	30 לֹא-יָסוּר מִנִּי-חֹשֶׁךְ יֹנַקְתּוֹ תְּיַבֵּשׁ שַׁלְהָבֶת וְיָסוּר בְּרוּחַ פִּיו׃

Elifaz sugiere que el clamor de Job por la oscuridad es erróneo. Según la sabiduría convencional, el tipo de oscuridad que sufren las personas en su situación indica que debería contarse entre los impíos. Sin embargo, Job no está de acuerdo y redobla la apuesta en su siguiente discurso al insistir en que, de hecho, está a favor de morar en la oscuridad porque le proporcionará descanso.

Si espero el Seol, mi hogar, en la oscuridad extendí mi cama	13 אִם-אֲקַוֶּה שְׁאוֹל בֵּיתִי בַּחֹשֶׁךְ רִפַּדְתִּי יְצוּעָי:
He llamado a la fosa: «Tú eres mi padre» y al gusano: «Mi madre» y «Mi hermana».	14 לַשַּׁחַת קָרָאתִי אָבִי אָתָּה אִמִּי וַאֲחֹתִי לָרִמָּה:
¿Y dónde, dónde está mi esperanza? Y mi esperanza, ¿quién la verá?	15 וְאַיֵּה אֵפוֹ תִקְוָתִי וְתִקְוָתִי מִי יְשׁוּרֶנָּה:
Bajará a los barrotes del Seol; juntos sobre el polvo del descanso.	16 בַּדֵּי שְׁאֹל תֵּרַדְנָה אִם-יַחַד עַל-עָפָר נָחַת:
Job 17:13-16	

La persistencia de Job en clamar por el descanso en las tinieblas del lugar de los muertos inquieta a sus amigos, lo que hace que se vuelvan más estridentes en su postura tradicional. Bildad vuelve a plantear el tema de la muerte en su siguiente discurso, pero añade un giro a la conversación. Introduce imágenes de lámparas para ilustrar el significado de la dicotomía luz/oscuridad según la sabiduría tradicional.

En efecto, la luz de los malvados se apaga, y la llama de su fuego no brilla.	18:5 גַּם אוֹר רְשָׁעִים יִדְעָךְ וְלֹא-יִגַּהּ שְׁבִיב אִשּׁוֹ:
La luz es oscura en su tienda, y su **lámpara sobre él se apaga**.	18:6 אוֹר חָשַׁךְ בְּאָהֳלוֹ וְנֵרוֹ עָלָיו יִדְעָךְ:
Job 18:5-6	

Al afirmar que la lámpara de los malvados mengua, Bildad hace referencia a la sabiduría proverbial convencional para acusar a Job. El libro de Proverbios utiliza esta misma imagen de la lámpara para enseñar la sabiduría tradicional de la siguiente manera:

La luz de los justos se regocija, pero la **lámpara de los impíos se apagará**. Pr. 13:9	13:9 אוֹר-צַדִּיקִים יִשְׂמָח וְנֵר רְשָׁעִים יִדְעָךְ׃
Si uno maldice a su padre o a su madre, su **lámpara se apagará en la más completa oscuridad**. Pr. 20:20	20:20 מְקַלֵּל אָבִיו וְאִמּוֹ יִדְעַךְ נֵרוֹ באישון בֶּאֱשׁוּן חֹשֶׁךְ׃
Porque el hombre malvado no tiene futuro; la **lámpara de los impíos se apagará**. Pr. 24:20	24:20 כִּי לֹא-תִהְיֶה אַחֲרִית לָרָע נֵר רְשָׁעִים יִדְעָךְ׃

Los lectores del prólogo de Job saben que el uso que Bildad hace de la imagen de la lámpara para condenar a Job no se aplica en esta situación. Job sufre la aflicción a causa de un concurso divino y no porque sea malvado (Job 1–2). Así pues, Bildad utiliza erróneamente un dicho proverbial para imponer un sistema teológico equivocado de justa retribución. Bildad universaliza un adagio específico del contexto que presenta la aparentemente conocida imagen de la lámpara para acusar a Job de maldad mediante la dicotomía de luz y oscuridad. Puesto que Dios describe repetidamente a Job como intachable y recto (comp. 1:8), los lectores saben que el uso que Bildad hace de la imagen proverbial de la lámpara sirve como ejemplo de cómo una doctrina deducida de proverbios puede sonar a ortodoxia, al tiempo que se aplica groseramente mal.

Los adagios proverbiales solo son aplicables en sus correspondientes situaciones.[13] Una vez que la situación cambia, los adagios dejan de ser

---

[13] Victor Morla afirma que «el proverbio ha sido una forma de conocimiento y un instrumento útil para transmitir una determinada experiencia. Pero

funcionales, son contrarios a la teología ortodoxa y, cuando se utilizan maliciosamente, perjudican a sus víctimas. Esto queda ejemplificado por el uso que Bildad hace de los proverbios en la situación de Job, así como por las lecturas contemporáneas de los proverbios que relacionan la riqueza de una persona con su rectitud y la pobreza con la impiedad.

Conclusión

La sabiduría tradicional difícilmente refleja promesas vacías de contexto; también es situacional.[14] Los amigos de Job, al igual que los predicadores del evangelio de la prosperidad, generalizan la sabiduría tradicional específica de cada situación y, en última instancia, construyen sistemas de justa retribución que obligan a Dios a funcionar como una máquina de chicles divina: si la gente invierte un poco y trabaja un poco girando la manivela, puede manipular el sistema y obtener un dulce beneficio. Los amigos de Job utilizan indebidamente tropos sapienciales familiares relacionados con la justa retribución para apoyar un sistema teológico

---

para que sea eficaz, es imprescindible adecuar momento y lugar oportunos». Morla, *Proverbios,* 199. Descifrar las situaciones contemporáneas que encajan en el *Sitz im Leben* original de todos los proverbios es, sin duda, todo un reto. Sin embargo, los principios hermenéuticos de lectura holística y de lectura de la sabiduría en el contexto de la sabiduría son clave para comprender que toda la sabiduría participa en ofrecer a los lectores un panorama de cómo vivir bien en el mundo de Dios.

[14] Los cambios situacionales son, de hecho, la forma en que dos proverbios aparentemente contradictorios pueden ser ciertos al mismo tiempo, en momentos diferentes. Véase, por ej., Pr. 26:4-5: «No respondas al necio de acuerdo con su necedad, para que no seas tú también como él. Responde al necio según su necedad se merece, para que no sea sabio ante sus propios ojos». Es razonable sugerir que cualquier compilador culto de cualquier texto (especialmente un texto que repetidamente afirma representar la sabiduría de Dios) habría reconocido la tensión de poner estos dos versículos uno al lado del otro. Para entender estos versículos como parte integrante de una composición sensata, hay que emplear una hermenéutica que asuma que la sabiduría aconseja en situaciones que facilitan vivir y comprender la propia existencia cotidiana. La sabiduría no puede separarse de un contexto práctico.

inventado en el que Dios se ve obligado a reaccionar favorablemente ante el comportamiento humano recompensando con la prosperidad. Algunos de los proverbios también parecen sugerir esto. Sin embargo, una lectura más amplia de los adagios individuales dentro del libro de Proverbios y en el contexto de otras sabidurías excluye los sistemas teológicos por los que los humanos pueden titiritear a Dios para que dispense prosperidad.

La sabiduría bíblica presenta los valores tradicionales, pero también los cuestiona cuando un cambio en las circunstancias exige reconsiderar un principio avanzado por un proverbio individual. Los proverbios relatan la sabiduría convencional relativa a la pobreza y la riqueza, pero también ponen en tela de juicio la sabiduría tradicional. Job es un buen ejemplo del uso incorrecto de un adagio tradicional cuando no era aplicable y de las circunstancias en las que era imperativo escudriñar la sabiduría tradicional. Un estudio holístico de los proverbios dentro de Proverbios y de la sabiduría dentro del contexto de la sabiduría facilita la aplicación de estas afirmaciones proverbiales de la Biblia, a veces contradictorias, a los lectores contemporáneos. Al adoptar estos principios hermenéuticos, permitimos que los proverbios nos proporcionen herramientas que faciliten nuestro florecimiento en el mundo de Dios, a medida que cambian las circunstancias.

SEGUNDA PARTE

Métodos de interpretación en acción

Capítulo 7

Juan 9 y su estructura literaria

por Roberto Carrera, Ph. D.

Este capítulo pretende demostrar la importancia de estudiar la estructura literaria de los pasajes en la Biblia. Voy a examinar Juan 9 con el fin de ejemplificar este principio. Antes que nada, me gustaría empezar esta obra considerando el tema de la arquitectura. No la vamos a definir, pero quiero señalar que en sus diferentes estilos, a través de las épocas, culturas y regiones geográficas, existe un denominador común: la estructura. Este concepto vincula casa, choza, mansión, palacio, pirámide, catedrales, hasta monumentos megalíticos como Stonehenge. ¿Qué tiene que ver el Palacio Güell en Barcelona con mi oficina? La respuesta obvia es nada, pero más allá de lo superficial está, la realidad de la estructura. No se trata solamente de que toda edificación deba tener una base y soporte sólidos para que no colapse. Me refiero al hecho de que todo lugar construido por los hombres tiene un diseño, una organización de sus partes que le otorga sentido, coherencia y hasta belleza.

También, podemos extrapolar y decir que la organización o estructura responde a una necesidad humana. Es la necesidad de tener regularidad. Percibir el patrón de las cosas en el mundo que navegamos. Es lo que

Colin Davies llama la «condición humana».[1] No es posible escapar de la regularidad. Sin ella no hay geometría. No hay pintura (pensando en los patrones de las diferentes frecuencias de luz). No hay música. Sin ella no hay ritmo. El tic-tac del reloj no tendría sentido. No habría tiempo. Así, puso Dios «las dos grandes lumbreras» en la «expansión de los cielos», el sol y la luna, para organizar el día y la noche (Gn. 1:14-17). Y bien, sin regularidad no hay arquitectura.

Todo esto para decir que la realidad de la estructura o regularidad se encuentra en todas partes. Responde a nuestra condición humana y a un universo diseñado por un Dios de orden. Por ende, no ha de sorprendernos si los textos bíblicos también disponen de estructura.

¿Qué es una estructura literaria?

La estructura literaria se refiere al arreglo u organización de las diferentes partes que componen un texto.[2] Desde «una carta personal, un sermón, hasta una receta»,[3] todo escrito refleja una organización de sus respectivas partes. Por consiguiente, se debe entender que todo tipo de género, sea prosa o poesía, posee una estructura literaria. Podemos reconocer que todo texto tiene un principio, un medio y un final. Un ensayo de investigación, por ejemplo, introduce la tesis (principio), luego desarrolla sus argumentos (medio) y concluye (final).

Sin embargo, siendo una de las herramientas a disposición de los autores, las estructuras literarias no siempre son tan llanas. Los buenos autores varían en cuanto a cómo organizan sus escritos, puesto que la estructura forma parte del método de comunicación. Esto se debe a varios factores. Primero, una buena estructura proporciona un sentido de unidad y cohesión frente a la complejidad del escrito. Adler y

---

[1] Colin Davies, *Thinking About Architecture: An Introduction to Architectural Theory* (Londres: Laurence King Publishing, 2011), 18.

[2] David A. Dorsey, *The Literary Structure of the Old Testament: A Commentary on Genesis-Malachi* (Grand Rapids: Baker Academic, 1999), 15.

[3] *Ibíd.*, 15.

van Doren dicen que «no se ha comprendido una unidad compleja si lo único que se sabe de ella es que es singular. También, hay que saber que es plural, no una pluralidad de cosas separadas, sino una pluralidad organizada».[4] O, en otras palabras, «no podemos comprender un todo sin ver de alguna forma sus partes».[5] Segundo, una buena estructura le facilita al lector encontrar énfasis o el punto principal que desea transmitirse.[6] Es decir, la estructura de un escrito, y no solo el contenido de las palabras, transmite su significado. Por eso, es importante saber dividir los textos bíblicos en sus partes o unidades, ya que así el lector obtiene un panorama más claro del todo.[7] Por último, una buena estructura comparte la responsabilidad de mantener vivo el interés. James Scott Bell explica que «cuando lees una novela que no te engancha del todo, probablemente la razón sea su estructura».[8]

En resumen, la estructura literaria se encarga de la unidad, mensaje e interés de todo escrito. Así que es importante estudiarla. Debe ser un ingrediente esencial a la hora de interpretar el texto bíblico. Si nos interesa saber lo que dice el autor bíblico, puesto que él es el «determinante del significado»[9] en el texto, no solamente es imprescindible conocer su «contexto histórico y los destinatarios originales»,[10] también tenemos que descubrir la estructura del pasaje. En la voz de Köstenberger y Patterson,

---

[4] Mortimer J. Adler y Charles van Doren, *How to Read a Book: The Classic Guide to Intelligent Reading* (Nueva York: Simon & Schuster, 1972), 77.

[5] *Ibíd.*, 83.

[6] Andreas J. Köstenberger y Richard Patterson, *Invitation to Biblical Interpretation: Exploring the Hermeneutical Triad of History, Literature, and Theology* (Grand Rapids: Kregel, 2011), 399.

[7] J. P. Fokkelman, *Reading Biblical Narrative: An Introductory Guide* (Westminster John Knox Press, 1999), 97.

[8] James Scott Bell, *Plot & Structure: Techniques and Exercises for Crafting a Plot That Grips Readers from Start to Finish* (Cincinnati: Writer's Digest Books, 2004), 22.

[9] Robert L. Plummer, *40 preguntas sobre cómo interpretar la Biblia*, ed. Benjamin Merkle, 2.ª ed. (Grand Rapids: Editorial Portavoz, 2022), 132.

[10] *Ibíd.*, 131.

«la estructura, por tanto, nos proporciona una herramienta interpretativa para entender el mensaje del autor».[11]

A Jesús *ve* al ciego (1-7)
B Sanación y reacción de la gente (8-12)
C Sanación y reacción de los fariseos (13-17)
B′ Los fariseos y los padres (18-23)
C′ Los fariseos y el antes-ciego (24-34)
A′ Jesús *escucha* al antes-ciego (35-41)

Estructura literaria de Juan 9

Juan 9 puede dividirse en seis unidades.[12] Como se puede apreciar arriba, la primera y última unidad se corresponden entre sí (A // A′) y forman el marco del capítulo. Dentro de este marco, hay dos pares de unidades en la misma secuencia: B C // B′ C′. Esta es una forma de estructura simétrica modificada.[13] Específicamente, el patrón A B C // B′ C′ A′ es un patrón concéntrico o simétrico (otro término es quiasmo).

Por definición, el quiasmo presenta una inversión de las unidades en la segunda mitad de la estructura.[14] Esta segunda mitad, además,

---

[11] Köstenberger y Patterson, *Invitation to Biblical Interpretation*, 399.

[12] Contra George R. Beasley-Murray, quien divide la última unidad (35–41) en dos: 35–38 y 39–41. Sin embargo, esta división ignora las semejanzas entre 1–7 y 35–41 como un todo. Ver George R. Beasley-Murray, *John*, vol. 36, Word Biblical Commentary (Waco, Texas: Word Books, 1987), 152.

[13] David Dorsey distingue tres patrones básicos de toda estructura literaria: lineal, paralelo y simétrico. Cada uno de estos admite variaciones al concepto general que representan. Dorsey, *The Literary Structure of the Old Testament*, 26.

[14] *Ibíd.*, 30.

presenta la misma cantidad de unidades, estableciendo así equilibrio.[15] El resultado es una estructura que «recuerda el reflejo de una imagen en un espejo».[16] El quiasmo estricto, entonces, se representa de la siguiente forma: a b // b′ a′.[17] Mientras que en la mayoría de los casos se reserva el estudio del quiasmo para la evaluación retórica en una oración o verso, también lo descubrimos en párrafos, libros[18] y capítulos, como es el caso de Juan 9.

A continuación, se presentará un estudio de las unidades que componen el quiasmo en este capítulo. Se seguirá el orden de las letras que marcan dichas unidades, A, B y C. Como veremos, el cotejo de estos pasajes nos permitirá ahondar en el significado del texto.

A // A′

1-7	**35-41**
Ve al hombre ciego (1)	Escucha al hombre (35a)
Discusión sobre la ceguera (2-3)	Diálogo con el hombre (35b-38)
Declaración de Jesús (4-5)	Afirmación de Jesús (39)
Trabajar mientras es día (4)	Juicio (39a)
La luz del mundo (5)	Visión (39b)
Sanación del hombre ciego (6-7)	Jesús y los fariseos (40-41)

[15] En varias ocasiones se encuentran quiasmos donde se halla un elemento central que no tiene correspondencia con ninguna de las dos unidades: a-b-c-b-a. Dorsey denomina esto como un «quiasmo desparejo» (*uneven chiasmus*). Dorsey, 30.

[16] Rafael del Moral, *Retórica: Introducción a las artes literarias* (Madrid: Editorial Verbum, 2014), 123.

[17] Wilfred G.E Watson, *Classical Hebrew Poetry: A Guide to its Techniques*, T & T Clark Biblical Languages (Nueva York, NY: Bloomsbury T&T Clark, 2005), 118.

[18] John W. Welch, ed., *Chiasmus in Antiquity* (Hildesheim, Germany: Gerstenberg Verlag, 1981), 7.

La narrativa en Juan 9 comienza con la detección del ciego en el v. 1. El texto añade el detalle de que su ceguera es «de nacimiento»[19] (v. 1). Luego, en el v. 2 los discípulos preguntan si pecó este hombre o sus padres, «para que naciera ciego».

Ahora bien, esta sección inicial no debe leerse en aislamiento. La estructura literaria nos invita a leer los vv. 1-7 y 35-41 en consonancia. Esto implica un trabajo de comparación y contraste, es decir, examinar las semejanzas y diferencias entre las dos secciones. La correspondencia es más obvia al advertir que son los únicos dos lugares donde aparece Jesús. Esto debería captar la atención del lector. Además, se observan las siguientes conexiones:

- Hay una correspondencia entre ver y escuchar. En el v. 1 se dice que Jesús «vio» al ciego; mientras que el v. 35 dice que Jesús lo «escuchó».
- En ambas secciones, Jesús tiene un encuentro personal con el hombre ciego.
  - En los vv. 6-7, Jesús es el único hablante y el ciego contesta en obediencia.
  - En los vv. 35-37, Jesús se dirige al hombre, y este contesta en fe.
- El tema del pecado aparece en las dos secciones.
  - En la primera sección, los discípulos le preguntan a Jesús sobre la conexión entre la visión del hombre y su pecado (o el de sus padres).
  - En la última sección, el tema de visión y su relación con el pecado vuelve a surgir, esta vez entre Jesús y los fariseos.
- Ambas partes exhiben una declaración extensa de parte de Jesús después del diálogo inicial.

Establecidos los puntos de comparación, pueden apreciarse las siguientes diferencias:

---

[19] A menos que se señale lo contrario, la traducción del original es mía.

- En vez de los discípulos, los fariseos son los que dialogan con Jesús acerca del tema de visión-pecado.
- En la primera sección, el hombre ciego no habla con Jesús, solo obedece. En esta última sección, el hombre dialoga con Jesús y, por encima de la obediencia, responde en adoración.
- Mientras que el ciego recibe su visión en la primera sección (v. 7), los fariseos no ven.
- En la primera parte, la visión es física. En la sección correspondiente, la visión es espiritual.
- En el v. 3, leemos que la condición del hombre ciego no es consecuencia del pecado. En contraste, en la última parte leemos que «el pecado de los fariseos permanece» (v. 41).

El texto resalta el hecho de que tanto los discípulos como los fariseos comparten nociones similares en cuanto a la relación causal entre lo físico y lo espiritual. A pesar de la leve incoherencia que el lector moderno pueda detectar en la pregunta,[20] los discípulos, en efecto, «plantean una cuestión que responde a la mentalidad de la época».[21] Por otra parte, se percibe su falta de sensibilidad. En vez de apiadarse, se adelantan a pronunciar culpabilidad. Carson incisivamente dice: «En este punto, los discípulos no han ido más allá de los "miserables consoladores" de Job».[22] ¿Podría decirse que los discípulos intentan posicionarse en un plano moral superior al del hombre ciego? En todo caso, lo que está claro es que ellos, al igual que los fariseos, han evaluado la condición del hombre ciego a través del lente de pecado. La idea es la siguiente: si te va bien en la vida es porque Dios te ha favorecido. Pero si te va mal o tienes algún impedimento o discapacidad física es culpa tuya. En palabras del rabino Ammi, maestro judío

---

[20] Pues, ¿cómo pudo haber pecado el hombre sin haber nacido primero?

[21] Juan Barreto y Juan Mateos, *El Evangelio de Juan: análisis lingüístico y comentario*, 2.ª ed. (Madrid: Ediciones Cristiandad, 2019), 434.

[22] D. A. Carson, *The Gospel According to John*, The Pillar New Testament Commentary (Grand Rapids: Eerdmans, 1991), 362.

del siglo III d. C., «no hay muerte sin pecado, y no hay sufrimiento sin iniquidad».[23]

Frente a esto, Jesús no demora en rectificar las erróneas suposiciones de los discípulos. La relación entre la condición física y la espiritual no es causal. Una no es necesariamente consecuencia de la otra. Esto es más fácil de notar al acoplar estas dos secciones (vv. 1-7 y 35-41). Por el contrario, lo que Él sí une es la visión espiritual con la aceptación de Su persona. Es decir, aceptar a Jesús evidencia que uno ve espiritualmente. Jesús dice: «Para juicio vine a este mundo, para que los que no ven vean y los que ven se vuelvan ciegos» (v. 39). Bajo este paradigma, entonces, el capítulo concluye que los fariseos no ven, y el hombre ciego sí. Los fariseos ven físicamente; pero son ciegos espirituales.[24] Esta ceguera espiritual es peor que la ceguera física que padecía el hombre al principio del capítulo. La ceguera espiritual deja a uno en pecado (v. 41).

Por otro lado, la ceguera física del hombre ha mostrado las «obras de Dios» (v. 3). Los vv. 35-41 puntualizan esta idea. Ellos muestran que el tipo de obras que Jesús tiene en mente es traer a las personas a la fe. Aunque no es explícito, el texto lo describe en las palabras del hombre: «Y él dijo: "Yo creo, Señor" y se postró a adorarlo» (v. 38). Calvino comenta lo siguiente: «Cuando quedó persuadido el ciego de que Jesús era el Hijo de Dios, como si fuera a perder la razón y extasiado en admiración, delante de él se postró».[25]

Este, pues, es el desenlace de la trama para el hombre. Termina en un acto de fe y adoración de Jesús, no tanto de fruición en su nueva facultad humana. También, al leer el v. 3 junto con el 38, podemos notar el eco de la respuesta que Jesús les dio a los judíos en Juan 6:28-29:

---

[23] Cita extraída del comentario de Leon Morris. Ver Leon Morris, *The Gospel According to John* (Grand Rapids: W.B. Eerdmans Pub. Co., 1995), 425.

[24] Köstenberger y Patterson, *Invitation to Biblical Interpretation*, 606.

[25] Juan Calvino, *Ioannis Calvini, Opera Quae Supersunt Omnia*, ed. Guilielmus Baum, Eduardus Cunitz, y Eduardus Reuss, vol. 75, Corpus Reformatorum (Brunswick, Germany, 1882), col. 233.

> Entonces le preguntaron: «¿Qué debemos hacer para poner en práctica las obras de Dios?». Jesús les respondió: «Esta es la obra de Dios: que crean en el que Él ha enviado». (NBLA)

¿Pero qué pasa si la persona no cree en Jesús? El ejemplo de los fariseos y las palabras de Jesús en el v. 39 muestran la otra cara de la moneda. Las «obras de Dios» suponen condenación para los que no aceptan a Jesús. Esta última unidad, entonces, marca cómo Jesús es la línea divisoria entre los que están en pecado y los que no. Y la norma es nuestra aceptación o rechazo de Jesús. La idea es de «juicio y separación».[26] Es cierto que Jesús no vino a condenar o pasar juicio, como bien afirma Juan 3:17. No obstante, su mera presencia nos empuja hacia una decisión: ¿vamos a creer en Él, o no?

Gerald L. Borchert dice que «la venida de Jesús debía considerarse como un momento de verdad ("juicio", 9:39). Aunque Su intención al venir al mundo no era la condenación (comp. 3:17), el rechazo de Él y de Su misión significaba que la condenación era inevitable».[27] Jesús aquí cumple la misma función que un cedazo: nuestra relación con Él, sea positiva o negativa, nos filtra, decide respectivamente si somos personas que vemos espiritualmente o no. Como afirma Murray J. Harris, «la venida de Jesús era divisiva en el sentido de que algunos lo aceptan a Él y a la revelación que trae, mientras que otros lo rechazan a Él y a Su revelación».[28] Los que no creen en Jesús ya están consignados a juicio. De esta manera, Jesús vino para sacar a la luz el veredicto de cada persona.

---

[26] Walter Bauer y F. Wilbur Gingrich, *A Greek-English Lexicon of the New Testament and Other Early Christian Literature, Second Edition*, ed. William F. Arndt, F. Wilbur Gingrich, y Frederick W. Danker, 2.ª ed. (The University Of Chicago Press, 1979), 451a.

[27] Gerald L. Borchert, *John 1-11*, vol. 25A, The New American Commentary (Nashville: Broadman & Holman Publishers, 1996), 326.

[28] Murray J. Harris, *John*, Exegetical Guide to the Greek New Testament (Nashville: B&H Academic, 2015), 192.

B // B′

8-12	18-23
Discusión entre los vecinos (8-9b)	Convocan a los padres (18)
¿Este es el hombre ciego? (8)	Pregunta de los fariseos (19)
Unos que sí (9a)	Respuesta (20-21)
Otros que no (9b)	Explicación narrativa (22-23)
Intervención del hombre (9c)	
Pregunta de los vecinos (10)	
Respuesta del hombre (11)	
Pregunta sobre Jesús (12a)	
Respuesta (12b)	

El segundo par de unidades son las que consisten en los vv. 8-12 y 18-23 respectivamente. En estas dos unidades, el foco está en el grupo de personas adyacentes al enfrentamiento entre el hombre y los fariseos. Digamos, los espectadores. En la primera unidad, se observa la reacción de los vecinos (v. 8). Como es de esperarse, el texto expone la incertidumbre de parte de estas personas al notar que el hombre ya no es ciego (v. 9). Algunos dicen que sí es la misma persona que antes mendigaba (referencia al v. 8) y otros que se parecía a él, pero no era el mismo. Para poner fin a la discusión, el hombre interviene, aclarando que, en efecto, es la misma persona. Lo curioso es que el debate interno entre los vecinos revela la pobre condición del hombre ciego: «sentado y mendigando» (v. 8). Como explica Craig Keener, «los mendigos en la antigüedad eran a menudo rechazados y despreciados».[29] Pero no solo era su condición de mendigo, los vecinos aluden levemente a la angustia del hombre; estar sentado puede ser un «gesto de dolor».[30] Frente a la pregunta de cómo es

[29] Craig S. Keener, *The IVP Bible Background Commentary: New Testament*, 2.ª ed. (Downers Grove, IL: IVP Academic, 2014), 276.

[30] Carl Schneider, "Κάθημαι, Καθίζω, Καθέζομαι", en *Theological Dictionary of the New Testament*, ed. Gerhard Kittel, Geoffrey W. Bromiley, y Gerhard Friedrich (Grand Rapids: Eerdmans, 1964), 443.

que ahora ve, el hombre se limita a reportar los sucesos de su encuentro con Jesús. Y cuando le preguntan sobre el paradero de su sanador, él dice que no sabe (12).

En la sección correspondiente (vv. 18-23) encontramos a los padres del hombre. Este es el segundo grupo de personas con un rol secundario. Con los vecinos, es fácil entender que estos, al no tener parentesco alguno con el hombre, quizá no les preocupa mucho esta situación. Tal vez estaban guiados por la curiosidad. Sin embargo, el texto ahora introduce a los parientes más cercanos que se pudieran imaginar, sus padres.

Este hecho saca a relucir aún más la negligencia o abandono de responsabilidades de parte de los padres. Ellos son los que deberían haberse preocupado e incluso defender a su hijo. Pero la realidad es todo lo contrario. La conversación entre los fariseos y los padres es breve. Después de traerlos ante su presencia, los fariseos les preguntan si este es en realidad su hijo y cómo es que ahora ve (v. 19). Los padres dicen que sí es su hijo, pero que le pregunten a él cómo ha recuperado su visión, ya que él es mayor de edad (v. 21). A simple vista parece una respuesta razonable si no fuera porque el texto en seguida aclara que ellos habían respondido así por miedo de ser expulsados de la sinagoga (v. 22-23).

Por lo tanto, por medio de estas dos secciones, se vislumbra el cambio que ocurre de un grupo al otro. Los vecinos, por un lado, hacen las preguntas y están al mando de la conversación. Los padres, por el otro, son interrogados y tratan de evadir cualquier riesgo de culpabilidad. Cuidaban su propio pellejo. Sin embargo, los vv. 22-23 también sirven para explicar el motivo del primer grupo, los vecinos, al aproximarse al hombre. No solo estaban curiosos; el texto de la unidad C (vv. 13-17) menciona que fueron ellos los que trajeron al hombre a los fariseos y que era un sábado. Carson es de la opinión de que este no fue un acto malicioso.[31] Esa es una posible lectura. Pero a la luz de los vv. 22-23 es probable asimismo suponer que los vecinos estaban bajo presión por

---

[31] Carson, *The Gospel According to John*, 366.

parte de los fariseos. Eso, a su vez, explica por qué los vecinos le habían preguntado al hombre dónde estaba Jesús.

C // C′

13-17	24-34
Narración (13-14)	Narración (24a)
Pregunta de los fariseos (15a)	Declaración de los fariseos (24b)
Respuesta del hombre (15b)	Réplica del hombre (25)
División entre los fariseos (16)	Pregunta de los fariseos (26)
Pregunta de los fariseos (17a)	Contrapregunta del hombre (27)
Respuesta del hombre (17b)	Réplica de los fariseos (28-29)
	Réplica del hombre (30-33)
	Reacción de los fariseos (34a)
	Narración (34b)

Las siguientes secciones que me gustaría discutir son los vv. 13-17 y 24-34. Las similitudes entre estos dos pasajes se hacen evidentes en los siguientes puntos:

- Son las dos únicas secciones en donde los fariseos y el hombre dialogan.
- En cada pasaje el hombre es convocado ante los fariseos.
  - En el v. 13, lo traen.
  - En el v. 24, lo llaman.[32]
- Mención de que el hombre era antes ciego.
  - 9:13 dice «el antes ciego» («τόν ποτε τυφλόν»).
  - 9:24 dice «quien era ciego» («ὃς ἦν τυφλός»).
- Se aborda el tema de quién es Jesús.

---

[32] Keener explica que el acto de llamar «señala el poder social ejercido por estos dirigentes, que citaban y despedían a los testigos en el curso de su investigación judicial». Ver Craig S. Keener, *The Gospel of John* (Grand Rapids: Baker Academic, 2003), 783.

- Los fariseos preguntan cómo el hombre obtuvo la visión (v. 15 y v. 26).

Estas observaciones establecen una correspondencia entre ambos pasajes. No obstante, también tenemos los siguientes puntos de contraste:

- En un plano formal, el segundo pasaje es más extenso (casi el doble).
- El hombre relata cómo llegó a ver en el v. 15, pero cuando le preguntan una segunda vez, él responde con otra pregunta (v. 27).
- En el v. 17, el hombre dice que Jesús es un profeta. Su respuesta es corta. En cambio, su testimonio sobre Jesús es más amplio en los vv. 30-33.
- En la primera sección, los fariseos debaten entre sí (v. 16), mientras que en la otra presentan un frente unificado.
- Los fariseos se limitan solo a dos preguntas en la primera sección, mientras que en la segunda vienen ya dispuestos a persuadir al hombre.
  - Este intento fallido de persuasión se torna en debate abierto.
- Cuando el hombre expresa su creencia de que Jesús es un profeta (v. 17), los fariseos no toman represalias contra él. Sin embargo, en el v. 34 lo increpan y expulsan de la sinagoga.[33]
- El hombre toma un rol pasivo en los vv. 13-17 versus uno más activo en los vv. 24-34:
  - No se queda callado frente a la suposición de los fariseos de que Jesús sea un pecador.
  - Les pregunta a los fariseos si ellos quieren ser discípulos de Jesús.
  - Como se menciona arriba, su explicación acerca de Jesús es más extensa.
  - De hecho, esta vez el hombre habla más que los fariseos.

---

[33] Carson explica que, con base en el v. 22, lo que está en vista es «la excomunicación que los padres temían». Véase Carson, *The Gospel According to John*, 375.

Al estudiar estas secciones una junto a la otra, notamos cómo la narrativa desarrolla estos personajes: el colectivo de los fariseos y el hombre (antes) ciego. Como dejan entrever los vv. 24-34, los fariseos persisten en su rechazo de Jesús. Encima de esto, tratan de persuadir al hombre de que Jesús es un pecador. Además, no aceptan la manera en que el hombre recibe su visión. Por otro lado, en un momento de sagacidad, el hombre percibe esta maniobra, por lo cual cambia los papeles. Ahora es él quien hace las preguntas (v. 27) y explica en detalle su razonamiento acerca de Jesús (vv. 30-33). En otras palabras, los fariseos exhiben mayor agresividad, y el hombre muestra más resistencia.

Dentro de la sección C′ (vv. 24-34), también, los vv. 30 al 33 presentan el clímax del capítulo 9. La narrativa se dirige hacia esta confrontación, y dentro de ella las palabras del hombre en los versículos 30-33 agudizan la tensión. Varios factores apoyan esta interpretación. El primer factor es que los vv. 24-34 representan la unidad más grande en el capítulo 9. El segundo y más notable factor es cómo el hombre contesta la pregunta de los fariseos con su propia pregunta (v. 27). Esta jugada invierte los roles y para en seco a los fariseos. A su vez, el tono de la conversación cambia. Los fariseos ahora se burlan de él al mismo tiempo que ponen de manifiesto su oposición a Jesús. Por sí solo, este gesto debe captar la intriga del lector. Es esta reacción de los fariseos la que ocasiona la larga explicación del hombre en los versículos posteriores.

Tercero, acompañando el cambio de roles, los vv. 30-33 marcan la etapa final en el desarrollo narrativo del hombre. La primera vez que se menciona al hombre en el texto es en el v. 1, solo de paso. Luego, la narrativa se enfoca un poco más en esta persona, cuando él se vuelve el objeto del milagro de Jesús (vv. 6-7). Más adelante, escuchamos su voz por primera vez, pero solo para reportar ante sus vecinos (vv. 8-12) cómo recibió la visión. En la próxima sección, con los fariseos, sus respuestas son cortas. Sin embargo, en los vv. 24-34, el hombre no solo contesta, sino que responde con detenimiento. De esta forma, el texto ha desarrollado paulatinamente la voz del hombre y la ha utilizado para sus fines narrativos.

El hecho del clímax, la extensión y el desarrollo de estos dos personajes revisten de importancia al contenido de los vv. 24-34. Es decir, el texto está resaltando estos versículos, y el lector debe prestar atención. Aquí vemos cómo los fariseos llevan a su conclusión lógica la idea de que una persona es ciega porque ha pecado. Una noción que los discípulos comparten al comienzo del capítulo. También, vemos que el rechazo de los fariseos de Jesús sobrepasa las barreras de la razón. El hombre ha tratado de razonar con ellos (vv. 30-33), y con todo, ellos solo pueden replicar con un ataque *ad hominem*. Rudolf Bultman señala que la tradición que les traía seguridad a los fariseos solo «los cegaba a la revelación que los confrontaba».[34]

Es importante recalcar este punto, ya que complementa el final del capítulo 8, donde los fariseos estaban dispuestos a apedrear a Jesús. El capítulo 8 muestra la oposición a Jesús y el 9 la explora aún más. Mientras que, en el 8, la oposición de los fariseos se basa en la afirmación de Jesús de ser Dios (8:58), el 9 revisa el tema desde el punto de vista de la fe y el pecado. El texto quiere que el lector preste atención a estas dos figuras de los fariseos y el hombre ciego. Aquí, los fariseos ejemplifican la falta de fe, y el hombre ciego ilustra la fe. La ironía es palpable. Uno nace ciego y es llevado a la fe, y el otro nace con visión, pero el texto acentúa su falta de fe en términos de ceguera espiritual.

En términos pastorales, debemos ser como el hombre ciego, tener su fe que acepta sin reservas quién es Jesús. Debemos ir a Jesús como ciegos débiles, necesitados y empobrecidos, pues esta era nuestra condición antes de conocerlo. Sin embargo, al igual que el hombre ciego al principio del capítulo, los que creemos en Jesús tenemos que entender que no hubiéramos podido hacer nada a no ser que Jesús nos hubiera alcanzado primero. Los ciegos no pueden ver adónde van. Igualmente, los que no están en Jesús, que no creen en Él, no pueden ver su destino eterno, para

---

[34] Rudolf Bultman, *The Gospel of John* (Filadelfia: Westminster Press, 1971), 336.

bien o para mal. Son como los fariseos al final del capítulo que tampoco ven espiritualmente y, como consecuencia, su pecado permanece.

Conclusión

El propósito de este capítulo ha sido demostrar la importancia de entender la estructura literaria de los pasajes en la Biblia. Se usó Juan 9 para ejemplificar este principio. Desde un punto de vista de apreciación estética, la estructura muestra la destreza del autor. En el caso de Juan 9, Raymond E. Brown dice que «la construcción interna del relato muestra un arte consumado; no hay otro relato en el Evangelio que esté tan estrechamente urdido».[35] Es muy posible que haya desacuerdos respecto a varios puntos de esta estructura y su consecuente discusión. No obstante, el hecho de presentar cómo uno entiende la estructura del pasaje le permite tener una conversación más objetiva y provechosa con sus interlocutores.

Lo que no está en tela de juicio es que todo escrito bíblico y no bíblico tiene una estructura. Estamos sujetos a la condición humana de necesitar regularidad. Más allá, vivimos en la realidad de un universo de orden y estructura. Por consiguiente, si tomamos en serio la doctrina de las Sagradas Escrituras como inspiradas, inerrantes e infalibles, nos preocuparemos por tratar de escucharlas. La estructura literaria es una herramienta indispensable para llegar a esta importante meta.

---

[35] Raymond E. Brown, *The Gospel According to John: i-xii* (Garden City, NY: Doubleday & Company, Inc., 1966), 376.

Capítulo 8

Perseverancia y seguridad

Un panorama y una propuesta

por Thomas R. Schreiner

Introducción

Una de las cuestiones más difíciles en la lectura de las Escrituras es explicar la tensión entre los pasajes de advertencia y los textos que prometen seguridad.[1] Por un lado, los pasajes de advertencia, como los que se encuentran en Hebreos, Santiago o Apocalipsis 2–3, son increíblemente severos, incluso aterradores. Parecen advertir a los creyentes que si abandonan la fe, siguen haciendo el mal y no perseveran hasta el final, la única perspectiva es el juicio eterno y el infierno. Por otro lado, los textos sobre la seguridad, como Juan 10:28-30, Romanos 8:28-39 y Filipenses 1:6,

[1] Debo reconocer la enorme ayuda que he recibido de Ardel Caneday en todo este tema. Somos coautores de un libro titulado *Run to Win the Prize: Perseverance and Assurance* (Wheaton, IL: Crossway, 2010). Caneday ha influido significativamente en mi pensamiento sobre este tema, y también le estoy agradecido por algunas de las citas que aparecen en este ensayo.

parecen garantizar que Dios continuará la buena obra que ha iniciado en los creyentes, y se encargará de que aquellos a quienes ha elegido para la salvación lleguen hasta el final. Los creyentes perseverarán hasta el fin, no en virtud de sus propias fuerzas, sino debido al poder de Dios.

La tensión entre estos dos tipos de textos es evidente de inmediato, aunque no así su resolución. Tampoco podemos decir que la cuestión es de poca importancia y evitar todo el debate. La interpretación de estos textos tiene enormes implicaciones pastorales. Por ejemplo, ¿debemos advertir a la gente de que si se apartan irán al infierno? ¿O debemos asegurarles que Dios los guardará hasta el final y que nada (incluidas sus propias decisiones) les impedirá disfrutar de su destino eterno? Si nos centramos en las advertencias en la predicación y la consejería, podemos estar seguros de que hemos tomado en serio las amenazas contenidas en la Escritura. Pero entonces nos preguntamos si hemos robado a la gente la seguridad necesaria para vivir la vida cristiana. Por el contrario, si nos centramos en las promesas de Dios de sostener a Su pueblo, es probable que nuestros oyentes tengan una sólida confianza en el Dios que los llamó a sí mismo y que los sostendrá hasta el final. Sin embargo, si nos concentramos en las promesas de Dios, ¿hemos hecho justicia a las severas advertencias que se encuentran en las Escrituras? ¿Hemos dado a nuestra gente una falsa seguridad, una seguridad que no toma en serio las advertencias que se encuentran en las Escrituras?

Por supuesto, no soy la primera persona que plantea estas cuestiones. Estudiosos y pastores llevan mucho tiempo luchando con la relación entre las advertencias y las promesas de las Escrituras. Por lo tanto, antes de proponer mi propio punto de vista, investigaré cómo otros han intentado resolver la tensión entre las amenazas y las promesas de Dios. En primer lugar, explicaré los principales puntos de vista relativos a las advertencias y las seguridades. En segundo lugar, tras exponer las diversas posturas interpretativas, haré una crítica a cada una de ellas. La crítica ofrecerá a los lectores un avance de mi propia interpretación. En tercer lugar, explicaré cómo resuelvo la tensión entre las amenazas y las promesas de Dios.

Principales puntos de vista sobre advertencias y seguridad

Punto de vista sobre la pérdida de la salvación

Varios estudiosos sostienen que las advertencias se dirigen a los creyentes, y que los creyentes pueden abandonar su salvación, y de hecho lo hacen. Los comentarios de John Wesley sobre Romanos 8:30 ilustran el uso típico wesleyano de las advertencias como base para entender la elección y la predestinación. Wesley sostiene que las palabras de Pablo en Romanos 8:28-39 deben entenderse a la luz de Romanos 11:22. «No niega que un creyente pueda caer y separarse de su vocación especial y de su glorificación (Rom. ix. 22)».[2] Wesley insiste en que la elección y la predestinación no son definitivas, ya que tanto la elección como la predestinación son condicionales y pueden ser anuladas por la falta de perseverancia.

En los círculos bautistas del Sur, Dale Moody ha defendido extensa y apasionadamente el punto de vista de la pérdida de la salvación.[3] Sostiene, por ejemplo, que la parábola del sembrador enseña la posibilidad de la apostasía y dice: «Es asombroso cómo los dogmas preconcebidos ciegan a tantos ante el realismo de esta parábola».[4] Pablo advierte a los que creen estar firmes que tengan cuidado de no caer (1 Co. 10:12) y advierte a sus lectores contra el fracaso en la prueba del último día (2 Co. 13:5). Moody cree que es obvio que tales textos enseñan que los creyentes pueden apartarse de la fe para siempre y dice: «Sin embargo, la predicación barata y el compromiso con el pecado han hecho que tales textos estén prohibidos para un estudio serio».[5] De hecho, dice Moody, las severas advertencias

---

[2] John Wesley, *Explanatory Notes Upon the New Testament* (Londres: The Epworth Press, 1952), 551.

[3] Dale Moody, *The Word of Truth: A Summary of Christian Doctrine Based on Biblical Revelation* (Grand Rapids: Eerdmans, 1981). Véase especialmente 337-365.

[4] *Ibid.*, 349.

[5] *Ibid.*, 350.

de Pablo contra los gálatas (por ej. 4:8-11) no vienen al caso si la apostasía es imposible.[6] Además, la apostasía no se puede relacionar con la esfera hipotética, porque Moody observa que Pablo menciona específicamente a los que naufragaron de su fe, incluyendo a Himeneo, Alejandro y Demas (1 Ti. 1:19; 2 Ti. 4:10).[7] Las advertencias en Hebreos también enseñan obviamente que los creyentes pueden apostatar.[8] Moody describe el intento de Herschel Hobbs de explicar Hebreos para que encaje con la seguridad eterna como «rayuela exegética» y «súplica especial» y en cuanto a la advertencia de Hebreos 10:26-31, Moody comenta: «No parece haber lenguaje que Hobbs no sea capaz de suavizar».[9]

Moody toma el lenguaje de advertencia muy literalmente. Por eso cabe preguntarse cómo explica los textos que prometen que Dios guardará a los Suyos hasta el final. Moody sigue el ejemplo de Wesley y matiza los textos que se refieren a que Dios guardará y sostendrá a los Suyos con los que hacen hincapié en las condiciones que deben cumplir los creyentes. El libre albedrío de la voluntad humana, no la soberanía divina, es lo último.[10] Mientras permanezcamos en Cristo estamos predestinados a la gloria, pero podemos optar por repudiar nuestra salvación. Tampoco se puede huir a Juan 6:37 para defender la seguridad eterna citando las palabras de Jesús de que los que vienen a Él nunca serán expulsados. Moody señala que estas palabras no excluyen la apostasía, ya que Judas Iscariote, que fue entregado por el Padre al Hijo, renegó de Jesús y fue maldecido.[11] Los calvinistas a menudo apelan a 1 Juan 2:19 para decir que los que abandonan la comunidad cristiana nunca formaron parte de ella en primer lugar. Moody, sin embargo, dice que el versículo debería

[6] Moody, *The Word of Truth*.

[7] *Ibid.*, 352.

[8] *Ibid.*, 353-355.

[9] *Ibid.*, 353 y 355 respectivamente. Para observar una defensa más reciente y enérgica de las opiniones de Dale Moody, véase su *Apostasy* (Greenville, SC: Smyth & Helwys, 1991).

[10] *Word of Truth*, 338-339, 341, 343-343.

[11] *Ibid.*, 356.

traducirse como «salieron de nosotros porque ya no eran de nosotros».[12] La solución de Moody a la tensión es directa. En su mente no hay tensión. Las Escrituras enseñan claramente que los creyentes pueden apostatar y todos aquellos textos que parecen prometer la seguridad de la salvación final han sido malinterpretados. En todos los casos, los pasajes que aseguran a los creyentes la salvación deben ser calificados por una condición que puede o no cumplirse. Los creyentes obtendrán su herencia celestial *si perseveran hasta el final, y no podemos saber si perseverarán hasta el final.*

Scot McKnight también ha analizado recientemente los pasajes de advertencia de Hebreos.[13] El ensayo de McKnight es probablemente la mejor exégesis de los pasajes de advertencia en Hebreos por parte de quienes apoyan el punto de vista de la pérdida de la salvación. El objetivo de McKnight es demostrar que las advertencias de Hebreos se dirigen a los creyentes, y que el autor amenaza a los creyentes con el juicio escatológico si abandonan la fe. La salvación en Hebreos se concibe principalmente en términos futuros, y al autor le preocupa que los lectores que han iniciado el camino de la fe puedan desviarse del camino antes de experimentar la salvación escatológica. La apostasía prevista en Hebreos es un rechazo deliberado y voluntario de la fe cristiana. La aportación singular del artículo de McKnight es que utiliza todos los textos de advertencia de Hebreos (2:1-4; 3:7–4:13; 5:11–6:12; 10:19-39; 12:1-29) para discernir la naturaleza de la amenaza y determinar si los destinatarios son creyentes. Con frecuencia, los eruditos se han limitado al famoso texto de Hebreos 6 para explicar la advertencia de Hebreos. McKnight insiste, sin embargo, en que tal enfoque es inadecuado. Hebreos es una homilía dirigida a una comunidad que necesita desesperadamente escuchar la amonestación del autor. Para comprender los pasajes de advertencia de la carta, hay que estudiarlos todos

---

[12] *Word of Truth*, 357.

[13] Scot McKnight, «The Warning Passages of Hebrews: A Formal Analysis and Theological Conclusions», Trinity Journal 13 (1992), 21-59.

juntos, pues se interpretan mutuamente. Cuando se tienen en cuenta todos los pasajes de advertencia, queda claro que las amenazas se dirigen a los creyentes y que se les advierte de que perecerán si abandonan su salvación.

I. Howard Marshall ha escrito una importante obra exegética sobre la responsabilidad del creyente de perseverar hasta el final y la promesa de Dios de sostener la gracia.[14] La obra de Marshall se caracteriza por una exégesis cuidadosa y un humilde intento de atenerse a la redacción del texto. De sus trabajos exegéticos él concluye que la apostasía es realmente posible para los creyentes.[15] Los pasajes de advertencia parecen estar vacíos de significado si los creyentes no pueden alcanzar la salvación. Por otro lado, Marshall se toma en serio los pasajes que prometen el poder perseverante de Dios. Los creyentes deberían sacar un gran provecho de estos textos, ya que indican que la apostasía es la excepción y no la regla. Marshall dice incluso que la lógica se rompe al intentar conciliar los dos temas y entiende la relación entre las promesas y las amenazas de Dios como paradójica.[16] No obstante, su conclusión última es que los creyentes pueden optar por abandonar la salvación. No todos los conocidos de antemano y predestinados (según Ro. 8:28-29) serán necesariamente glorificados. La cadena que se extiende desde la presciencia hasta la glorificación puede ser rota por el creyente.[17] Del mismo modo, está de acuerdo en que nada puede separar a los creyentes del amor de Cristo (Ro. 8:35-39). Sin embargo, los creyentes, porque tienen libre albedrío, pueden elegir separarse del amor de Cristo.[18] En el análisis final, por lo tanto, Marshall está en el campo arminiano.

---

[14] I. Howard Marshall, *Kept by the Power of God: A Study of Perseverance and Falling Away* (Mineápolis: Bethany Fellowship, 1969).

[15] Las conclusiones de Marshall se encuentran en 191-216.

[16] *Ibid.*, 210-211.

[17] *Ibid.*, 103

[18] *Ibid.*

Punto de vista de la pérdida de recompensa

El segundo punto de vista es muy diferente del primero, porque los textos fundamentales que dominan su exégesis son los textos de la seguridad. Ningún creyente (se argumenta sobre la base de Juan 6:37-44; 10:28-30, Romanos 8:28-39, Filipenses 1:6, etc.) dejará de tener vida eterna, porque todos los que creen son salvos y entrarán ciertamente en el cielo. Decir que uno debe hacer buenas obras para entrar en el cielo o que uno debe perseverar hasta el final para obtener la vida eterna, es contrario al mensaje de gracia que promete todo el Nuevo Testamento. Si la salvación es verdaderamente por gracia mediante la fe, entonces las obras no pueden desempeñar ningún papel en el resultado (Ef. 2:8-10). Los que introducen las obras por la puerta trasera están reintroduciendo sutilmente el legalismo en las iglesias. El énfasis de aquellos que apoyan tal punto de vista se encuentra en el título de sus libros: *Eternal Security: Can You Be Sure?* [Seguridad eterna: ¿Puedes estar seguro?] de Charles Stanley;[19] *Once Saved, Always Saved* [Una vez salvo, siempre salvo] de R. T. Kendall;[20] *The Gospel Under Siege: A Study on Faith and Works* [El evangelio bajo asedio: Un estudio sobre la fe y las obras] y *Absolutely Free: A Biblical Reply to Lordship Salvation* [Absolutamente gratis: Una respuesta bíblica a la salvación por señorío] por Zane C. Hodges,[21] y *No Condemnation: A New Theology of Assurance* [Sin condenación: Una nueva teología de la seguridad] de Michael Eaton.[22] Estos autores insisten en que los que enseñan que los creyentes deben hacer buenas obras para ser salvos en realidad están proclamando un evangelio diferente, porque el evangelio bíblico

---

[19] Charles Stanley, *Seguridad eterna: ¿Puedes estar seguro?* (Nashville: Thomas Nelson, 1990).

[20] R. T. Kendall, *Una vez salvo, siempre salvo* (Chicago: Moody Press, 1983).

[21] Zane C. Hodges, *El evangelio bajo asedio: Un estudio sobre la fe y las obras* (Dallas: Redención Viva, 1981); y *Absolutamente gratis: Una respuesta bíblica a la salvación por señorío* (Dallas: Redención Viva, 1989 y Grand Rapids: Zondervan, 1989).

[22] Michael Eaton, *Sin condenación: Una nueva teología de la seguridad* (Downers Grove: InterVarsity, 1995).

solo requiere fe para la salvación, y las buenas obras no juegan ningún papel en la salvación. Si se necesitan obras de cualquier tipo, entonces el evangelio ya no es gratuito y la salvación ya no es un don. Tampoco se puede tener verdadera seguridad, ya que la salvación está condicionada a las obras y, por lo tanto, siempre hay que preocuparse de si se es «realmente» cristiano.

¿Cómo tratan estos eruditos y pastores los pasajes de advertencia? Al igual que el punto de vista anterior, están de acuerdo en que los textos de advertencia se dirigen a los cristianos. Pero si textos como Hebreos 6 se dirigen a los creyentes, ¿no es posible que los creyentes apostaten y abandonen su salvación? Los que defienden este segundo punto de vista rechazan firmemente tal conclusión. Ellos entienden que cada texto de advertencia habla ya sea contra la pérdida de recompensas o contra el fracaso de disfrutar de una vida cristiana fructífera y feliz aquí y ahora. A los creyentes nunca se les advierte que perderán su salvación si no perseveran, porque es absolutamente imposible perder la salvación. Cualquier texto que exija obras o perseverancia en la vida de los creyentes se relaciona con el servicio fructífero en esta vida o con recompensas por encima y más allá de la vida eterna en el mundo venidero.

R. T. Kendall explica claramente este punto de vista. Según Kendall, la persona que se ha convertido en cristiano *«irá al cielo cuando muera sin importar el trabajo (o la falta de trabajo) que pueda acompañar a esa fe»* (cursivas suya).[23] Kendall pregunta: «¿Qué pasa si un hijo que se salva cae en pecado, permanece en pecado y se encuentra en esa misma condición cuando muere? ¿Irá al cielo? La respuesta es sí».[24] Y concluye: «Por lo tanto, afirmo categóricamente que el hijo que es salvo (que confiesa que Jesús es el Señor y cree en su corazón que Dios lo resucitó de entre los

[23] Kendall, 49.

[24] *Ibid.*, 50-51.

muertos) *irá al cielo cuando muera, sin importar qué obra (o falta de obra) pueda acompañar esa fe*».[25]

Charles Stanley articula un punto de vista similar, pues escribe: «La Biblia enseña claramente que el amor de Dios por Su pueblo es de tal magnitud que incluso los que se alejan de la fe no tienen la menor posibilidad de escapar de Su mano». Y añade: «Incluso si un creyente, a efectos prácticos, se convierte en incrédulo, su salvación no está en peligro». Además, sostiene que «los creyentes que pierden o abandonan su fe conservarán su salvación, porque Dios permanece fiel».[26]

¿Cómo debemos entender, entonces, los textos que dicen (comp. Gá. 5:21, 1 Co. 6:9-11) que debemos hacer buenas obras para entrar en el reino de Dios? Kendall argumenta que el reino de Dios en esos textos no se refiere al cielo en absoluto. Se refiere a la medida en que Dios habita en nuestros corazones aquí en la tierra, la manifestación de la vida de Dios a través de nosotros en el mundo presente. Recibiremos recompensas en función de nuestras obras, pero hay que distinguirlas de la vida eterna, ya que esta última se da sin considerar las buenas obras.[27] Kendall entiende las advertencias de Hebreos 6 de manera similar. Los descritos en ese pasaje ya habían caído.[28] Pero el autor no estaba diciendo que por eso no se habían salvado. Los que se habían apartado habían perdido sus

---

[25] Kendall, 52-53. Comp. el comentario de John F. Walvoord: «Habiendo aceptado una vez a Jesucristo como Salvador, al creyente se le asegura una salvación completa y la bienaventuranza eterna en el cielo sobre un principio de gracia bastante independiente de mantener un grado de fidelidad u obediencia durante esta vida. Habiéndose cumplido la condición original, la promesa continúa sin más condiciones» (*The Millennial Kingdom*, [Findlay, Ohio: Dunham, 1959] 149).

[26] Stanley, 74, 93 y 94 respectivamente.

[27] Para la exposición de estos puntos de vista por Kendall, véanse 125-130, 159-184. Para una defensa reciente y similar de estas opiniones, véase Eaton 112-113.

[28] Kendall, 177-178.

recompensas y no eran fructíferos en su vida cristiana, pero eran creyentes y experimentarían la vida eterna.[29]

Puede que Zane Hodges sea el defensor más conocido de este punto de vista en Estados Unidos. Sus comentarios sobre Gálatas 6:7-8 ilustran su interpretación de las advertencias de las Escrituras:

> La «vida eterna», afirma Pablo, es la consecuencia directa de sembrar para el Espíritu, de hacer el bien. La corrupción es lo que se cosecha si se hace el mal [...]. No hay nada más claro que el hecho de que la «vida eterna» de la que habla Pablo no es gratuita, sino que se basa en los méritos morales de quienes la cosechan. Negar esto es negar el aspecto más obvio del texto. Naturalmente, Pablo sabía que la vida eterna fue dada gratuitamente [...]. Pero Pablo no habla de lo que los gálatas *ya tienen*, sino de lo que *aún pueden recibir*. Aquí reside la clave del texto. Aquí debería establecerse claramente que en el Nuevo Testamento, la vida eterna se presenta como un don gratuito y como una recompensa que merecen los que la adquieren. Pero siempre hay una distinción importante. Dondequiera que la vida eterna se presenta como una recompensa, su adquisición se asigna a un tiempo en el futuro. Pero dondequiera que la vida eterna se presente como un don, su adquisición se asigna al presente [...]. Si Gálatas 6:8 se interpreta que solo habla de la salvación final del hombre del infierno, ¡entonces enseña claramente que esta salvación final es por obras![30]

Hodges mantiene su punto de vista distinguiendo regularmente entre salvación y discipulado.[31] Todos los creyentes son salvos, pero no todos son discípulos, ni hay certeza de que los que son discípulos continúen

---

[29] Eaton (216-217) propone una interpretación similar de Hebreos 6. También sugiere que el lenguaje de la herencia no debe equipararse con ir al cielo, 178-179.

[30] Hodges, *El evangelio bajo asedio*, 80-82.

[31] Hodges, *Absolutamente gratis*, 67-88.

siéndolo. De hecho, si la perseverancia es necesaria para la salvación (lo que Hodges refuta), entonces los arminianos estarían en lo cierto, ya que Hodges está seguro de que muchos creyentes no continúan en la fe. Esto queda claro por su respuesta a aquellos que insisten en que la perseverancia es necesaria para la salvación. Él declara:

> Dios, dicen, garantiza la perseverancia del creyente en la fe. Por desgracia, esta afirmación dogmática no cuenta con el apoyo de la Biblia. Por el contrario, el Nuevo Testamento deja muy claro que mantener nuestra fe en Dios implica una lucha cuyo resultado no está garantizado por el simple hecho de que seamos salvos.[32]

La salida a este dilema es reconocer que la fecundidad o el discipulado no son una condición para la salvación. Así, Santiago 2:14-26 no enseña que debamos hacer buenas obras para salvarnos del infierno.[33] Cuando Santiago dice que la fe sin obras está muerta, quiere decir que experimentamos las consecuencias mortales del pecado en nuestra vida diaria si no seguimos a Dios. Santiago no está enseñando que uno deba hacer buenas obras para entrar en el cielo, porque eso estaría en contradicción con el mensaje de gracia del Nuevo Testamento.[34]

Punto de vista de pruebas de autenticidad

El tercer punto de vista coincide con el anterior en que las promesas de las Escrituras son tales que nadie que haya sido elegido, llamado y justificado dejará de ser glorificado. Todos los elegidos de Dios se salvarán, y sus promesas son inviolables, de modo que nadie que forme parte genuinamente del pueblo de Dios se perderá jamás. Este punto de vista difiere del

---

[32] Hodges, *Absolutamente gratis*, 104.

[33] *Ibid.*, 124-126.

[34] Resulta instructivo que Eaton (180-185) argumente que la persistencia de la fe de Abraham en Romanos 4 no está relacionada con la salvación, sino solo con las recompensas. Parece que en este punto de vista surge una nueva forma de entender la tensión entre Pablo y Santiago.

anterior en que la perseverancia en la fe y las buenas obras se consideran necesarias para la salvación. Tales buenas obras no merecen la salvación, pero son la prueba necesaria de que la salvación es genuina. Así, cuando Santiago dice que la fe sin obras está muerta, las buenas obras exigidas deben acompañar necesariamente a la fe salvadora. Los estudiosos de este punto de vista rechazarían la opinión de Hodges de que las buenas obras exigidas en Santiago se refieren únicamente a recompensas o a una vida fructífera en esta tierra. Por el contrario, sostendrían que las buenas obras están inevitablemente relacionadas con la fe auténtica. Tampoco creerían que su punto de vista es una especie de justicia por las obras, porque las buenas obras en la vida de los creyentes son fruto de la fe. Las buenas obras no están separadas de la fe, como si los creyentes fueran justificados por las buenas obras *y* la fe. Más bien, la fe genuina es la raíz y las buenas obras son el fruto. La perseverancia (Mt. 24:13) es un requisito para la salvación, pero la perseverancia simplemente refleja la autenticidad de la fe que se ejerció al comienzo de la vida del creyente. En este sentido, el punto de vista número tres es bastante similar al punto de vista número uno, ya que ambos creen que las buenas obras son cruciales para la vida eterna. La diferencia entre las dos interpretaciones, sin embargo, se refiere a la posibilidad de renunciar o perder la salvación. El punto de vista número uno dice que las buenas obras son necesarias para la vida eterna y sostiene que los verdaderos creyentes pueden renunciar a su salvación. El punto de vista número tres insiste en que las buenas obras son necesarias para la vida eterna, pero continúa argumentando que todos los verdaderos creyentes necesariamente harán tales buenas obras. Los que no hacen las buenas obras requeridas revelan así que nunca fueron creyentes en absoluto. Como afirma Juan: «Ellos salieron de nosotros, pero en realidad no eran de nosotros, porque si hubieran sido de nosotros, habrían permanecido con nosotros. Pero salieron, a fin de que se manifestara que no todos son de nosotros» (1 Jn. 2:19). Algunas personas que aparentan ser creyentes y que incluso han hecho una decisión de fe no son genuinamente creyentes, y sabemos que no son auténticos creyentes porque no persisten en la fe hasta el final.

En esta coyuntura debe observarse uno de los distintivos de este punto de vista. Las advertencias en las Escrituras son entendidas como pruebas por las cuales se puede discernir si uno es un creyente genuino. S. Lewis Johnson Jr. ilustra este punto de vista en su exposición de Colosenses 1:21-23, que dice que los creyentes serán presentados como santos e irreprensibles ante Dios en el último día «si en verdad permanecen en la fe».

> Pero ¿qué pasa con el «si»?, oímos decir a alguien. ¿No está todo el programa en peligro? ¿No depende todo de nosotros en última instancia? Supongamos que nuestra fe fracasa. Ahora bien, no debemos eludir los «si» de la Palabra. Son pruebas para los profesantes. Si la fe fracasa, esa es la prueba de que la fe no era una fe salvadora válida (comp. 1 Jn. 2:19). Por otro lado, el creyente genuino perseverará en la fe, no por la fuerza humana, sino por el fortalecimiento divino [...]. El *ei* (AV, «si»), cabe señalar, introduce una condición de primer orden, determinada como cumplida. El apóstol supone que los colosenses permanecerán en su fe.[35]

Según Johnson, las advertencias son realmente retrospectivas. La función de los pasajes de advertencia es ayudarnos a discernir si somos auténticos creyentes. Sirven para comprobar la validez de nuestra profesión.

Otro rasgo distintivo de las pruebas de autenticidad surge con la interpretación de un pasaje como Hebreos 6. Ya hemos visto que los puntos de vista número uno y dos entienden que la advertencia se dirige a los cristianos. El punto de vista número uno saca la conclusión de que los creyentes pueden apostatar y de hecho lo hacen, mientras que el punto de vista número dos relaciona este texto solo con las recompensas. Los que promueven las pruebas del punto de vista de la autenticidad, por otro lado, exponen este texto de una manera diferente. Los tres principales representantes de este punto de vista son John Owen, Roger Nicole

---

[35] S. Lewis Johnson, Jr., «Studies in the Epistle to the Colossians: IV. From Enmity to Amity», *Bibliotheca Sacra* 119 (1962), 147.

y Wayne Grudem.[36] Los tres argumentan que, en última instancia, las experiencias descritas en Hebreos 6:4-5 no son las de la regeneración. Uno puede ser iluminado, gustar del don celestial, llegar a ser partícipe del Espíritu Santo, saborear la bondad de la Palabra de Dios y los poderes de la era venidera y aun así no ser creyente. Por ejemplo, Nicole dice que las experiencias «pueden haber sido elegidas a propósito para describir a aquellos que han recibido la mayor exposición externa posible a la verdad, incluyendo una profesión temporal de lealtad a ella».[37] Tales personas son «la mayoría» de los cristianos, porque han tenido experiencias que los han introducido en el vestíbulo del templo, por así decirlo, sin ser realmente parte de la casa de Dios.

La influencia de la exégesis de Owen es evidente al leer a Nicole y Grudem.[38] Owen sostiene que, aunque los lectores estaban iluminados, no habían sido transformados en términos de salvación por la luz.[39] La degustación del don celestial no se refiere a una ingestión completa de las

---

[36] John Owen, *Hebrews: The Epistle of Warning* (Grand Rapids: Kregel, 1953) 96-98. Esta obra es un resumen de M. J. Tyron de *Exposition of the Epistle to the Hebrews* de John Owen, publicada originalmente en ocho volúmenes. Roger Nicole, «Some Comments on Hebrews 6:4-6 and the Doctrine of the Perseverance of God with the Saints», en *Current Issues in Biblical and Patristic Interpretation: Studies in Honor of Merrill C. Tenney Presented by His Former Students*, ed. Gerald F. Hawthorne. Gerald F. Hawthorne (Grand Rapids: Eerdmans, 1975) 355-364; Wayne Grudem, «Perseverance of the Saints: A Case Study of Hebrews 6:4-6 and the Other Warning Passages in Hebrews», en *The Grace of God, The Bondage of the Will: Biblical and Practical Perspectives on Calvinism, Volume One,* ed. Thomas R. Schreiner y Bruce A. Ware (Grand Rapids: Baker, 1995) 133-182.

[37] Nicole, 362.

[38] De forma interesante, Nicole sostiene que los destinatarios ya han caído (355): «¿Cuál es el pecado que han cometido y que los coloca más allá de la recuperación?». Véanse también sus comentarios en la pág. 359. *Contra* Nicole no hay pruebas de que el pecado ya se haya cometido. El texto contiene una admonición y una advertencia, y no se debe leer una afirmación «si-entonces» con el punto de vista de que el «si» ya se ha realizado. La afirmación es gramaticalmente hipotética.

[39] Owen, *Hebrews*, 96.

cosas de Dios.[40] Degustamos y luego determinamos si aceptamos o rechazamos lo que hemos degustado. Así pues, gustar se refiere a una experiencia externa de las cosas de Dios y no a su poder interior. Participar del Espíritu Santo se refiere a una experiencia con los dones del Espíritu, y no a la recepción real del Espíritu.[41] Aquellos que gustaron la buena palabra de Dios fueron afectados por la verdad, pero nunca la obedecieron realmente.[42] Y los poderes de la era venidera son de nuevo los dones del Espíritu Santo, pero no una experiencia salvadora del Espíritu.[43]

Un resumen de la opinión de Grudem será instructivo, ya que ha escrito una defensa extensa y reciente de la opinión defendida por Owen y Nicole. Grudem señala que las cosas mejores que acompañan a la salvación en Hebreos 6:9 son elementos superiores a lo que se describe en los versículos 4-5, y son superiores porque la lista de experiencias de los versículos 4-5 no constituyen la salvación.[44] Estas cosas mejores se componen de cualidades como la fe, la esperanza, el amor y el servicio en los versículos 9-12. Por lo tanto, ser iluminado, gustar del don celestial, participar del Espíritu Santo y ser salvo son cosas mejores. Así, ser iluminado, gustar del don celestial, participar del Espíritu Santo, etc. en los versículos 4-5 no son las marcas definitivas de la salvación. Hay cosas mejores que estas, cosas que indican claramente que uno es salvo; contrario a las cosas inciertas mencionadas en los versículos 4-5. Además, Grudem señala que la lista de los versículos 4-5 no contiene ningún elemento que pruebe definitivamente que los destinatarios de Hebreos eran salvos.[45] Grudem enumera dieciocho marcas de salvación genuina en Hebreos y argumenta que las experiencias señaladas en Hebreos 6:4-5 no corresponden claramente a la salvación genuina. Algunas de las dieciocho cualidades enumeradas por Grudem incluyen el perdón de los

---

[40] Owen, *Hebrews*, 97.

[41] *Ibid.*

[42] *Ibid.*

[43] *Ibid.*, 98.

[44] Grudem, 157-159.

[45] *Ibid.*, 162-168.

pecados, la limpieza de la conciencia, la ley escrita en el corazón, una vida santa, ser agradable a Dios, ser iluminado, tener fe, esperanza y amor, obedecer a Dios, perseverar, entrar en el reposo de Dios, conocer a Dios, participar de Cristo, etc. Sin embargo, Grudem no entiende que todos los puntos de esta lista impliquen necesariamente la salvación. Por ejemplo, uno debe ser iluminado para ser un creyente, y aun así uno puede ser iluminado y ser un incrédulo, porque todo lo que la palabra «iluminado» significa es que uno ha escuchado y entendido el evangelio.[46] Uno ciertamente debe escuchar y entender el evangelio para ser salvo, y aún así hay incrédulos que han escuchado y entendido el evangelio (por tanto, están iluminados), pero no están salvados. Los descritos en Hebreos 6:4-6 podrían referirse a los cristianos, dice Grudem, pero el lenguaje es lo suficientemente ambiguo como para referirse también a los incrédulos. Si el autor hubiera dicho que los descritos tenían fe, esperanza o amor, o si hubiera dicho que sus conciencias estaban limpias o que sus pecados habían sido perdonados, entonces sabríamos que los descritos son creyentes. En Hebreos 6:7-8 los incrédulos están claramente en el punto de mira, pues se trata de personas que experimentaron las bendiciones de Dios pero nunca produjeron fruto alguno.[47] Y puesto que no hubo fruto, eran claramente tierra mala, es decir, personas que nunca formaron parte del pueblo de Dios.

Se podría pensar que los descritos en Hebreos 10:26-31 deben ser cristianos, ya que se dice que han recibido el conocimiento de la verdad y se les describe como santificados. Grudem responde que recibir el conocimiento de la verdad equivale a ser iluminado en Hebreos 6:4.[48] Significa que alguien ha oído y entendido el evangelio, e incluso implica estar de acuerdo con la enseñanza del evangelio. Sin embargo, dice Grudem, de ello no se deduce que esas personas hayan confiado personalmente en Cristo. Según Grudem, la palabra «santificar» tampoco indica una

---

[46] Grudem, 163-164.

[47] *Ibid.*, 172.

[48] *Ibid.*, 176-177.

referencia a los creyentes.[49] Después de todo, la palabra «santificar» se usa a menudo para referirse a la limpieza exterior y ceremonial en las Escrituras (He. 9:13; 1 Co. 7:14; Mt. 23:17,19). Grudem concluye que aquí es probable un sentido ceremonial, ya que el autor compara la obra de Cristo con los sacrificios levíticos. En otras palabras, la santificación que se contempla en Hebreos 10:29 no es una santificación salvadora, sino un tipo externo de limpieza, que parece experimentarse al escuchar el evangelio proclamado.

Según este tercer punto de vista, la advertencia se relaciona con el castigo eterno, como en el punto de vista número uno. Grudem y otros rechazan la idea de que los lectores simplemente perderían recompensas o serían menos fructíferos en su vida diaria. Pero el punto de vista número tres difiere del punto de vista número uno en ver a las personas a las que se dirige como aquellos que han experimentado muchas de las bendiciones de la fe cristiana sin ser ellos mismos cristianos. Grudem argumenta que los que han caído nunca fueron creyentes en primer lugar.[50] Así, se mantiene la doctrina de la perseverancia de los santos. Los verdaderos creyentes ciertamente perseverarán hasta el fin. Las advertencias funcionan como una prueba mediante la cual se determina si uno pertenece genuinamente al pueblo de Dios. Aquellos que cometen el pecado de apostasía, que las advertencias nos exhortan a evitar, revelan que nunca fueron genuinamente cristianos. Por lo tanto, las advertencias sobre la apostasía no se dirigen a los auténticos creyentes, ya que si así fuera, los auténticos creyentes podrían perder su salvación. La advertencia contra la apostasía funciona retrospectivamente. Si uno apostata, entonces sirve como prueba de que uno nunca formó parte del pueblo de Dios. ¿Cómo se puede evaluar si uno forma parte del pueblo de Dios? Por cómo se responde a las amenazas contenidas en las Escrituras. Aquellos que responden en obediencia a tales amonestaciones demuestran que son verdaderamente parte del pueblo de Dios.

---

[49] Grudem, 177-178.

[50] *Ibid.*, 172-173, 179.

Punto de vista hipotético

Un cuarto punto de vista podría describirse como el punto de vista de la «hipotética pérdida de la salvación». Según esta interpretación, los creyentes que no perseveren no se salvarán. Sin embargo, es imposible que los creyentes cometan apostasía y, por lo tanto, el castigo con el que se amenaza nunca se hará realidad en la vida de ningún creyente.

El punto de vista hipotético se ha interpretado de diversas maneras. Algunos eruditos han identificado a B. F. Westcott como partidario del punto de vista hipotético en el sentido descrito anteriormente.[51] Con respecto a Hebreos 6:4-6, Westcott afirma: «El caso es hipotético. No hay nada que demuestre que las condiciones de la apostasía fatal se hubieran cumplido, y menos aún que se hubieran cumplido en el caso de alguno de los destinatarios. De hecho, se supone lo contrario: vv. 9ss.».[52] Una lectura cuidadosa de Westcott revela, sin embargo, que él no pensaba que la apostasía fuera imposible.[53] Simplemente señalaba que la advertencia era hipotética en el sentido de *prospectiva*. El texto era una advertencia que no suponía que los lectores ya hubieran cometido el pecado en cuestión. Sin embargo, Westcott no negaba que el pecado pudiera haberse cometido.

El sentido en que utilizo aquí la palabra «hipotético» lo expresa muy bien Hewitt. Él dice:

> El escritor está tratando con suposiciones y no con hechos, para poder corregir ideas erróneas. Si tal caída pudiera suceder, está diciendo, sería imposible renovarlos de nuevo para arrepentimiento a menos que Cristo muriera por segunda vez, lo cual es impensable.[54]

---

[51] Así Thomas Hewitt, *The Epistle to the Hebrews: An Introduction and Commentary*, TNTC (Grand Rapids: Eerdmans, 1960) 111; Nicole, 356.

[52] B. F. Westcott, *The Epistle to the Hebrews: The Greek Text with Notes and Essays* (Londres: Macmillan; Grand Rapids: Eerdmans, 1977), 165.

[53] Comp. Westcott, 151. Sugerido acertadamente por Marshall, 146.

[54] Hewitt, 110-111; comp. también Homer A. Kent, Jr., *The Epistle to the Hebrews: A Commentary* (Grand Rapids: Baker, 1972) 113-114. En realidad, Kent

Hewitt sostiene que el texto es hipotético porque, de lo contrario, la admonición contradiría la gracia electiva y preservadora de Dios.

Punto de vista de la Tensión irresoluble

El último punto de vista puede explicarse muy brevemente. Esta interpretación es presentada de forma dinámica por Gerald Borchert.[55] Borchert sostiene que existe una tensión entre los pasajes de seguridad y los de advertencia que debe mantenerse. De hecho, afirma que todos los intentos por resolver el dilema planteado por estos dos tipos de pasajes diferentes acaba negando los textos de seguridad o de advertencia. Por tanto, para ser bíblicos, debemos admitir que no podemos explicar cómo se resuelve la división entre las promesas de Dios y sus amenazas. Cuando intentamos resolver la ambigüedad, o bien tergiversamos las afirmaciones de seguridad, o bien omitimos lo que el texto dice a modo de advertencia. La intención de Dios no es ayudarnos a resolver la relación entre la soberanía de Dios y la responsabilidad humana. Por el contrario, tanto los textos de advertencia como los de seguridad deben ocupar el lugar y el papel que les corresponden. Como pueblo de Dios, necesitamos tanto amonestación como consuelo. Descuidar cualquiera de los dos es dejar de lado una parte de la Palabra de Dios, y todas las partes de las Escrituras son vitales para nuestra fe y nuestro crecimiento en la piedad. Una auténtica teología bíblica, por tanto, deja que ambos mensajes vayan juntos, proclama ambas verdades y no intenta resolver cómo encajan. Tales resoluciones son inadecuadas, porque inevitablemente comprimen las promesas de Dios o sus amenazas.[56]

---

explica su punto de vista de un modo superior al de Hewitt. Desgraciadamente, no distingue suficientemente su punto de vista del de Hewitt.

[55] Gerald L. Borchert, *Assurance and Warning* (Nashville: Broadman, 1987).

[56] Borchert ha indicado en una conversación privada que no era su intención resolver la tensión entre la seguridad y las advertencias en su libro, y que en última instancia los verdaderos creyentes no pueden perder su salvación.

Crítica de los puntos de vista

Crítica al punto de vista de la pérdida de la salvación

El punto fuerte de esta postura es que las advertencias se toman en serio como advertencias. Este punto de vista también es correcto al decir que la vida eterna y el juicio eterno están en juego (para una defensa de esto véase la crítica del siguiente punto de vista). El lenguaje de Dale Moody es muy colorido y fuerte, pero tiene razón al decir que algunas personas que se aferran a la seguridad eterna no toman para nada en serio las advertencias y amenazas de las Escrituras. También tiene razón al decir que algunas de las exégesis expuestas por quienes defienden la seguridad eterna son bastante extravagantes. Yo también creo (en contra del punto de vista número tres, véase más adelante) que este punto de vista es correcto al decir que las advertencias se dirigen a los creyentes. Por lo tanto, los puntos fuertes de este punto de vista son realmente notables. Las amenazas se perciben como verdaderas amenazas. El peligro se aprecia correctamente como juicio eterno, y las advertencias se disciernen correctamente como dirigidas a los creyentes. No es sorprendente que muchos creyentes hayan adoptado este punto de vista en la historia de la Iglesia. Aunque este punto de vista tiene mucho que elogiar, no se proporciona una solución satisfactoria de los pasajes sobre la seguridad. Scot McKnight, por ejemplo, ni siquiera se aventura a explicar otros textos, y esto es excusable ya que su intención es proporcionar una exégesis de los textos en Hebreos. Wayne Grudem se queja con razón de que una solución orbital completa tiene que explicar todos los textos de manera satisfactoria.

Los argumentos de Dale Moody son más unilaterales. Toma los pasajes de advertencia con seriedad, pero su tratamiento de los pasajes sobre la seguridad y las promesas de Dios es inadecuado. En cualquier texto que enseña la seguridad inyecta la noción de que nuestra salvación está asegurada *si perseveramos*. Su método no difiere del calvinista que borra todos los pasajes de advertencia insistiendo de antemano en que nadie podría perder su salvación. Por supuesto, todos tenemos que dar cuenta de los textos que cuestionan nuestra síntesis, pero Moody lo hace parecer como si la tarea fuera notablemente fácil. No puedo examinar aquí el punto de vista de Moody sobre la presciencia, así que apelo a los volúmenes que coedité con Bruce Ware para una respuesta exhaustiva a sus objeciones.[57] Su explicación de la presciencia es rechazada por la mayoría de los comentaristas, y se da un tratamiento mucho más satisfactorio en la obra de Stephen Baugh.[58] El sesgo en el punto de vista de Moody se hace evidente cuando él examina 1 Juan 2:19. Opina que el sentido del versículo es que los que abandonaron la comunidad «ya no estaban» con nosotros. Tal interpretación es poco persuasiva, porque la palabra «ya no» (*ouketi*) no se encuentra en el texto griego. Lo que Juan dice es que «ya no eran (*ouk*) de los nuestros». No se da ninguna indicación de que Juan considerara auténticos creyentes a los que abandonaron la comunidad. Por el contrario, dice: «Salieron de entre nosotros, pero no eran de nosotros, porque si hubiesen sido de nosotros, habrían permanecido con nosotros; pero salieron para que se manifestase que no todos son de nosotros». Claramente, Juan enseña aquí que aquellos que han dejado la comunidad nunca fueron parte de la Iglesia de Cristo. Al dejar la Iglesia, revelaron que eran falsos desde el principio. Podemos concluir que Moody considera seriamente los pasajes de advertencia, pero no tiene una explicación satisfactoria de las promesas de Dios relativas a la perseverancia.

La de Marshall es una interpretación arminiana mucho más matizada, pero su idea de que los creyentes genuinos pueden apostatar tampoco es

---

[57] Véase especialmente, *The Grace of God, the Bondage of the Will: Biblical and Practical Perspectives on Calvinism, Volume One,* ed. Thomas R. Schreiner y Bruce A. Ware (Grand Rapids: Baker, 1995).

[58] S. M. Baugh, «The Meaning of Foreknowledge», en *The Grace of God, the Bondage of the Will: Biblical and Practical Perspectives on Calvinism, Volume One*, ed. Thomas R. Schreiner y Bruce A. Ware (Grand Rapids: Baker, 1995), 183-200.

convincente.[59] Pedro dice que los creyentes son guardados por el poder de Dios mediante la fe para una salvación que está lista «para ser manifestada en el tiempo postrero» (1 P. 1:5). La salvación aquí prevista es escatológica, ya que «se manifestará en el tiempo postrero». Los términos «reservada» (*tetereménen*, 1 P. 1:4) y «ser guardados» (*froureoménos*, 1 P. 1:5) son simplemente formas alternativas de comunicar la idea de que Dios preserva la herencia para los creyentes.[60] Por supuesto, el texto dice que estamos protegidos por el poder de Dios «mediante la fe». Podemos concluir, pues, que no se salvará finalmente ningún creyente que no siga ejerciendo la fe.[61] Pedro no se limita al acto inicial de fe, sino que concibe una fe que dura hasta el final. ¿Está diciendo el versículo, entonces, que Dios y los seres humanos desempeñan papeles coordinados? Dios protege a las personas con su poder, y los seres humanos ejercen la fe. ¿Podemos concluir entonces, como hacen algunos, que no hay garantía de que nuestra fe persista hasta el final, pues la fe es nuestra contribución al proceso de salvación? Debemos ser muy prudentes en este punto, ya que la fe es, sin duda, algo que ejercemos como seres humanos. El texto también enseña que la fe *es una condición* para obtener la herencia escatológica. Sin embargo, es un error concluir que, en última instancia, podemos separar el poder de Dios para guardarnos de nuestra responsabilidad de creer. Sin duda, debemos creer, pero la pregunta es: «¿Juega el poder de Dios algún papel en que sigamos creyendo?». Si no lo hace, es difícil decidir lo que Su poder realmente logra, ya que 1 Pedro nos informa que los creyentes no se libran de la persecución, el sufrimiento y la muerte. El sentido de 1 Pedro 1:5 es que el poder de Dios es el medio por el que seguimos creyendo. De lo contrario, Su poder se reduce a una cifra que no sirve para nada. Ernest Best dice con razón que Dios debe ser quien

---

[59] Para un análisis más amplio, véase el capítulo 5, nota 1 del libro *Run to Win the Prize*, (Wheaton, IL: Crossway, 2010).

[60] J. Ramsey Michaels, *1 Peter*, WBC (Waco, TX: Word, 1988), 22.

[61] Michaels observa acertadamente (*1 Peter*, 23) que, puesto que la fe está vinculada a nuestra herencia final, es evidente que la fe «se entiende como confianza o fidelidad continuas».

sostenga nuestra fe, porque de lo contrario la referencia al poder de Dios «es innecesaria y no proporciona ninguna seguridad al creyente, ya que de lo que duda es de su propio poder para aferrarse a Dios en la prueba».[62] Los arminianos tienen razón al insistir en que debemos seguir ejerciendo la fe para ser salvos, pero no ven que Dios promete sostener nuestra fe hasta el final.

Juan 6:37-40 es otro texto crucial sobre la preservación de los creyentes. Allí Jesús declara que todos los que son dados por el Padre al Hijo «vendrán» al Hijo. Este venir al Hijo equivale a creer en el Hijo, pues Juan 6:35 dice: «Yo soy el pan de vida; el que viene a Mí no tendrá hambre, y el que cree en Mí nunca tendrá sed». El paralelismo establece que *viene* y *cree* son sinónimos. Así, decir que los dados por el Padre «vendrán» al Hijo significa también que «creerán» en el Hijo. Puesto que no *todos* creen o vienen al Hijo, se deduce que solo algunos son dados por el Padre al Hijo. Y son precisamente los que son dados los que creerán y resucitarán en el último día (Jn. 6.39). En este contexto, la resurrección en el último día se refiere al siglo venidero, al cielo mismo. Este mismo tema se expone desde otra perspectiva en Juan 6:44: «Nadie puede venir a Mí si no lo trae el Padre que me envió, y Yo le resucitaré en el día final». En Juan 6:37-40 se enfatiza que los que vienen y creen lo hacen por la gracia de Dios. Aquí Jesús señala que los que no vienen no han experimentado el poder de atracción de la gracia de Dios. Solo los que han recibido esta gracia vienen y creen y experimentan la resurrección salvadora del último día.

¿Es verdad que *todos* los que han sido dados por el Padre siguen creyendo hasta el día de la resurrección? ¿No demuestra el caso de Judas que algunos de los elegidos apostatan? Al fin y al cabo, Jesús mismo dice que Judas fue elegido y que era un demonio (Jn. 6:70-71). Un examen más detenido del caso de Judas revela que no se trata de una auténtica excepción. Después del discurso del pan de vida, Juan ofrece un comentario editorial para explicar la perspectiva de Jesús sobre los que habían dejado

---

[62] Ernest Best, *1 Peter*, NCB (Grand Rapids: Eerdmans, 1971), 77.

de seguirle. Dice que Jesús sabía desde el principio quién lo abandonaría y quién lo traicionaría (Jn. 6:64). Tal observación parece indicar una simple presciencia, y a primera vista apoyaría el punto de vista arminiano. Pero Juan 6:65 aclara por qué Jesús sabía que algunos lo abandonarían. La estrecha conexión entre los vv. 64 y 65 queda forjada por las palabras «Por eso» (*diá toúto*). La razón por la que Jesús sabía de antemano quién iba a desertar es porque sabía desde el principio a quién Dios había concedido la capacidad de venir a Jesús. El v. 65 verifica esta interpretación: «También decía: Por eso (*diá toúto*) les he dicho que nadie puede venir a Mí si no se lo ha concedido el Padre». En otras palabras, el poder de creer y venir a Jesús nunca les había sido concedido a Judas y a los otros que abandonaron a Jesús.

El incidente del lavatorio de pies en Juan 13 proporciona apoyo adicional a la noción de que Judas nunca formó parte genuinamente del pueblo de Dios. Cuando Jesús lava los pies de los discípulos, simboliza la limpieza de sus pecados. La negativa de Pedro a ser lavado no es un asunto trivial, pues Jesús le dice: «Si no te lavo, no tienes parte conmigo» (Jn. 13:8). Es decir, la herencia salvadora (*méros*) de Pedro está condicionada a ser lavado. El carácter simbólico de la actividad se revela en las palabras pronunciadas después del lavado: «y ustedes están limpios, pero no todos. Porque sabía quién lo iba a entregar; por eso dijo: "No todos están limpios"» (Jn. 13:10-11).[63] Obviamente, Jesús no quiso decir que lavara mal los pies de algunos discípulos. Aunque Judas fue lavado por Jesús, no estaba realmente limpio, pues Jesús sabía desde el principio quién no formaba parte del pueblo de Dios. Juan enfatiza que la traición de Judas cumple las Escrituras y lo que Dios predijo que ocurriría (Jn. 6:64; 13:1-3,18-19; 17:12; 18:1-4,9-11). Judas estaba predestinado a traicionar a Jesús. Juan no concluye de ello que Judas esté exento de responsabilidad por sus actos. Los escritores bíblicos nunca llegan a la

[63] Hay un problema textual en este versículo que lo hace bastante difícil de interpretar, pero lo que se desprende del texto se mantiene independientemente de cómo se resuelva el problema textual o se interprete la dificultad que entraña.

conclusión de que si las decisiones humanas están predestinadas, entonces no somos responsables de lo que ocurre (véase Hch. 2:23; 4:27-28). En resumen, Judas no es una auténtica excepción de la promesa de que Dios mantendrá en la fe a todos los que el Padre entregue al Hijo. Por el contrario, Judas refleja la verdad de 1 Juan 2:19. Al abandonar el grupo de discípulos de Jesús, revela que nunca formó parte del verdadero pueblo de Dios.[64]

Se podrían citar varios textos de Pablo sobre nuestra conservación. El que comenzó la buena obra la continuará hasta el día final (Fil. 1:6). El que nos llamó inicialmente a la comunión con el Hijo es fiel para conservar su obra hasta el fin (1 Co. 1:8-9; comp. 1 Ts. 5:24). Todos los conocidos, predestinados, llamados y justificados serán glorificados (Ro. 8:28-30). Nada interviene para romper los eslabones de «la cadena de oro». Aquellos que son justificados ciertamente serán librados de la ira de Dios en el último día (Ro. 5:9). Los sellados por el Espíritu obtendrán con seguridad la redención escatológica (Ef. 1:14; 4:30). Por supuesto, los intérpretes arminianos inyectan calificaciones en todas estas promesas, pero tales calificaciones no son persuasivas.

Quizá la mejor manera de ilustrar este hecho sea examinar más detenidamente uno de los textos en los que Pablo enseña la preservación de los creyentes hasta el final. En Romanos 8:35-39 Pablo celebra la inviolabilidad de la relación del creyente con Cristo.

> ¿Quién nos separará del amor de Cristo? ¿Tribulación, o angustia, o persecución, o hambre, o desnudez, o peligro, o espada? Como está escrito: Por causa de ti somos muertos todo el tiempo; somos contados como ovejas de matadero. Antes, en todas estas cosas somos más que vencedores por medio de aquel que nos amó. Por lo cual estoy seguro de que ni la muerte, ni la vida, ni ángeles, ni principados, ni potestades, ni lo presente, ni lo por

---

[64] Juan 17 también podría aducirse para enseñar la misma verdad. Por razones de espacio se omitirá aquí. El texto se examina en el libro *Run to Win the Prize* (Wheaton, IL: Crossway, 2010). Véase n. 1.

> venir, ni lo alto, ni lo profundo, ni ninguna otra cosa creada nos podrá separar del amor de Dios, que es en Cristo Jesús Señor nuestro. (RVR 1960)

Pablo reflexiona sobre lo que podría separarnos del amor de Cristo, y presenta las cosas que con mayor probabilidad nos apartarían de Su salvación: las presiones de la vida, la persecución, la falta de alimento y vestido, la perspectiva de la muerte, los poderes angélicos, etc. Se contempla lo peor que la vida nos puede deparar, pues son precisamente estas cosas las que con mayor probabilidad nos separarían del amor de Cristo. Pablo afirma con confianza, sin embargo, que ninguna de estas cosas prevalecerá sobre el amor de Dios y de Cristo. Está convencido de que no hay nada en el mundo creado que pueda separarnos de Cristo. De hecho, somos «más que vencedores» por Cristo. Somos «más que vencedores» porque Dios convierte a nuestros enemigos en Sus servidores y los utiliza en nuestro beneficio. Un Dios que utiliza incluso las cosas más terribles para nuestro bien se encargará de que ninguna de ellas nos aleje de Su amor. Es más, las utilizará para hacernos sentir Su amor más profunda y hondamente.

Algunos se oponen a la interpretación planteada diciendo que ninguna de estas cosas externas puede separarnos del amor de Cristo, pero nosotros mismos, con el poder de nuestra libre elección, podemos separarnos de Su amor.[65] Tal interpretación es errónea porque Pablo reflexiona sobre las mismas cosas que impulsarían a los creyentes a negar a Cristo. Pablo introduce la persecución, el hambre, la posibilidad del martirio y los problemas presentes y futuros porque son los elementos de la vida que conspiran para apagar la fe de los creyentes. Estas son las cosas que se burlan de los creyentes con el horrible pensamiento de que a Dios no le importan, que Cristo no los ama. El alejamiento de la fe no se produce en el vacío. Los sufrimientos de la vida cotidiana y sus presiones son las cosas que podrían hacer que los creyentes renunciaran a Cristo. Pero lo que

[65] Marshall, 94, 114.

Pablo quiere decir aquí es que las cosas más terribles que se puedan concebir no tendrán ese efecto en la vida de los creyentes. Nunca renegarán de Cristo ni se apartarán de Él. No «resistirán» por la fuerza de su voluntad y su valor indomable en medio de las dificultades y los sufrimientos. Persistirán porque el amor de Dios nunca los dejará ir. Perseverarán en la fe porque el amor de Dios los ha agarrado y los sostendrá con seguridad en medio de las vicisitudes de la vida. Si este sabio pasaje se limita a decir que Dios ama a los creyentes pase lo que pase, pero que aún así podemos apartarnos de Su amor, entonces la verdad es que es una frase fría. Nuestra principal preocupación no es que Dios deje de amarnos. Sabemos que será fiel hasta el final. Lo que nos preocupa es que le neguemos, que demos la espalda a la fe y renunciemos a nuestra primera confesión. Este texto nos asegura que no lo haremos. Permaneceremos fieles a Dios, no porque seamos tan nobles, sino porque Cristo es tan amoroso. Nada, ni siquiera nosotros mismos, podrá hacernos renunciar al amor de Dios que ha invadido nuestras vidas.[66]

En conclusión, el punto de vista de la pérdida de la salvación no es persuasivo porque las Escrituras enseñan claramente que aquellos que son escogidos nunca apostatarán. Lo que Dios ha comenzado lo completará. Aquellos que abandonan la comunidad de fe nunca fueron parte del pueblo de Dios.

Crítica al punto de vista de la pérdida de recompensas

El punto de vista de la pérdida de recompensas es correcto al mantener que la seguridad es el sentido de la fe, y argumentan con razón que el don de la salvación es inviolable. Sin embargo, cometen un error muy grave al separar la persistencia en la fe y las buenas obras de la salvación. El punto

[66] En apoyo de la interpretación aquí sugerida véase Judith M. Gundry Volf, *Paul and Perseverance: Staying in and Falling Away* (Louisville: Westminster/John Knox, 1990), 57-58; Eaton, 194. La obra de Gundry Volf es una excelente defensa de la noción de que Dios preservará a los creyentes. Su explicación de los textos de advertencia, en mi opinión, no es tan persuasiva.

de vista de la pérdida de recompensas enseña que el arrepentimiento no es necesario para la salvación, pero el primer *kerigma* cristiano argumenta lo contrario. Cuando Pedro proclama el evangelio en Hechos, llama al arrepentimiento «para el perdón de sus pecados» (Hch. 2:38) y «para que sus pecados sean borrados» (Hch. 3:19). Pablo llama a los atenienses al arrepentimiento (Hch. 17:30) e incluye el arrepentimiento en el mensaje que proclama a los demás gentiles (Hch. 26:20). La forma más plausible y de sentido común de entender estos textos es tomarlos al pie de la letra. El arrepentimiento es necesario para la vida eterna (comp. 2 Ti. 2:25).

El punto de vista de la pérdida de recompensas también adolece de incapacidad para captar el carácter ya-pero-todavía-no de la escatología neotestamentaria, en la que los dones del final de los tiempos han penetrado en la presente era maligna. Así, se ven obligados a argumentar que el mismo término «vida eterna» tiene diferentes sentidos, de modo que unas veces se refiere al cielo y otras a una vida fructífera en la tierra o a la recompensa en el cielo. Por supuesto, el significado de las palabras puede variar según el contexto. Sin embargo, parece que las definiciones ofrecidas por quienes apoyan el punto de vista de la pérdida de la salvación no surgen de una evaluación cuidadosa del contexto en el que se utilizan los términos. Lo que les impulsa a plantear las diferentes definiciones es una teología prefabricada. Así, «vida eterna» no puede referirse al cielo en ningún pasaje que vincule la vida eterna con las obras, pues en su opinión eso comprometería el carácter de gracia de la salvación. De este modo, desvirtúan la fuerza de la advertencia de Gálatas 6:8-9, que amenaza con la destrucción a los que siembran para la carne, mientras que promete la vida eterna a los que siembran para el Espíritu. Se aduce una razón *contextual* por la que «vida eterna» no tiene su significado habitual en este texto. Hodges, como hemos visto, se limita a objetar que tal lectura implica un mérito. La objeción revela que su definición de vida eterna no está contextualmente fundamentada aquí. La forma más natural de leer el texto es ver el contraste entre «corrupción» y «vida eterna» como una indicación de que el cielo mismo está en juego en esta advertencia, no meramente recompensas o una vida cristiana fructífera. Está claro que la necesidad de sembrar en el Espíritu para la vida eterna no es más «meritoria» que la necesidad de creer para salvarse.

Son notables los extremos a los que llegan los defensores de este punto de vista para preservar su teología. Así, la insistencia de Santiago (2:14-26) en que la fe sin obras está muerta y es ociosa (vv. 17, 20, 26), que la fe sin obras no *salva* (*sósai*, v. 14) y que la fe sin obras no justifica (*dikaióo*, vv. 21, 24, 25 y *dikaiosúne*, v. 23) se entiende que se refiere a las consecuencias mortales del pecado en esta vida. Se trata de un movimiento sorprendente, ya que la salvación y la justificación suelen asociarse en el Nuevo Testamento con la entrada en el cielo. Y uno sospecha que un *a priori* hermenéutico dicta su exclusión en Santiago. Eaton argumenta incluso que la descripción de la fe de Abraham en Romanos 4:17-22 se refiere a recompensas y no a la vida eterna, ya que el texto hace hincapié en la persistencia y la calidad inquebrantable de su fe. Romanos 4:17-22, el mismo texto en el que la fe de Abraham sirve como modelo del tipo de fe que salva, se convierte ahora en un texto sobre recompensas. Tal exégesis viola el carácter del capítulo cuatro, ya que incluso en el esquema de Eaton la primera parte del capítulo describe la fe *salvadora* de Abraham; y la última sección, la fe que le dio una recompensa. Una lectura más sencilla es preferible. En la primera parte de Romanos 4, Pablo explica que Abraham se salvó por la fe y no por las obras meritorias, y en la última parte del capítulo se explica la naturaleza de la *fe salvadora* de Abraham.

Del mismo modo, el punto de vista de la pérdida de la salvación separa el discipulado de la salvación, de modo que el discipulado se relaciona con recompensas y una vida cristiana fructífera. Las buenas obras son necesarias para entrar en el reino de Dios (Gá. 5:21; 1 Co. 6:9-11), pero se entiende que el reino de Dios se refiere a las recompensas y al progreso significativo en la fe cristiana en esta vida. El examen de cada uno de los textos que se utilizan para defender tales distinciones requeriría al menos un libro. En este punto, el texto sobre el joven rico de Marcos 10:17-27 puede servir como breve caso de prueba (Mt. 19:16-30; Lc. 18:18-30). El joven pregunta qué puede hacer para «heredar la vida eterna» (10:17). Jesús le exhorta a obedecer los mandamientos y cita algunos mandamientos de la segunda tabla. Cuando el hombre responde que ha guardado esos mandamientos, Jesús le dice que para que tenga un tesoro en el cielo debe venderlo todo, dar sus bienes a los pobres y seguir a Jesús. Algunos han entendido que tesoro en el cielo (v. 21) se refiere a recompensas, pero la narración posterior descarta tal interpretación. Jesús, reflexionando sobre la negativa del joven a renunciar a todo, comenta que es muy difícil para los ricos «entrar en el reino de Dios» (vv. 24-25). Los discípulos se quedan atónitos ante las palabras de Jesús y preguntan: «¿Y quién podrá salvarse?» (v. 26). Si Jesús sostuviera el punto de vista de la pérdida de la salvación, esperaríamos que dijera: «No confundan el asunto. Aquí no estamos hablando de salvación, sino de recompensas. Ciertamente este hombre está salvado. Pero no vivirá una vida muy fructífera ni experimentará las recompensas de otros cristianos». Por supuesto, Jesús no dice ninguna de estas cosas. Responde a la pregunta de Sus discípulos diciendo: «Para los hombres es imposible, pero no para Dios, porque todas las cosas son posibles para Dios» (v. 27). En otras palabras, la salvación es un milagro de Dios que hace que las personas amen tanto a Dios que están dispuestas a ponerlo en primer lugar en sus vidas. Obsérvese que los términos «vida eterna» (v. 17), «reino de Dios» (vv. 24-25) y «salvarse» (v. 26) son sinónimos en este texto. No hay ningún indicio para distinguirlos. De hecho, en este pasaje «tesoro en el cielo» también es un término para la vida eterna (v. 21). Es interesante que Hodges interprete el pasaje en términos de recompensas, y diga que Jesús está siendo sutil aquí, enviando al hombre a reflexionar sobre lo que es necesario para obtener recompensas por encima y más allá de la vida eterna.[67] En respuesta, no puedo imaginar por qué Jesús sería tan confuso si sostuviera el punto de vista de Hodges. Tuvo una oportunidad de oro para distinguir claramente entre las recompensas y el acceso al cielo, y despidió al hombre sin establecer claramente las distinciones necesarias. De hecho, da la impresión de que el rico debe renunciar a sus posesiones para obtener la vida eterna, la entrada en el reino y la salvación. En *contra*

---

[67] Hodges, *Absolutamente gratis*, 186.

de Hodges, yo sugiero que tal impresión se da porque Jesús quería decir exactamente lo que decía, y en la mente de Jesús (y de Marcos) tales afirmaciones no comprometían el carácter misericordioso de la salvación.

Otro caso de prueba para el punto de vista de la pérdida de la salvación son los pasajes de advertencia en Hebreos. Sostienen con razón que las advertencias se dirigen a los creyentes, pero también sostienen que los castigos descritos se refieren a la pérdida de recompensas y no a la pérdida de la vida eterna. Es precisamente aquí donde el estudio de McKnight es tan valioso, pues correlaciona los pasajes de advertencia de modo que funcionen en una manera de interpretación mutua. Es decir, no hay que estudiar las advertencias aisladamente. Hay que leerlas juntas para discernir lo que el autor quiere decir. McKnight también tiene razón al decir que las advertencias se refieren al infierno, a la destrucción eterna. Sin duda, no todos estarán de acuerdo con estos textos tan controvertidos. Por mi parte, me resulta imposible creer que el castigo sea algo inferior al infierno si uno «pisoteare al Hijo de Dios, y tuviere por inmunda la sangre del pacto en el cual fue santificado, e hiciere afrenta al Espíritu de gracia» (He. 10:29, RVR 1960). Si uno pisotea con repulsión al Hijo de Dios, considera profanada la sangre de Jesús y se burla y desprecia al Espíritu de gracia, entonces la pena es el juicio eterno. La feroz venganza de Dios (He. 10:30) y Su fuego consumidor (He. 12:29) son descripciones del castigo eterno. Si alguien crucifica al Hijo de Dios y lo avergüenza abiertamente, entonces no pertenece a Dios (He. 6:6). Ser «reprobado» (*adókimos*, He. 6:8) es estar destinado a la maldición. Y nótese que no es solo el fruto lo que se quema (He. 6:8), sino la tierra (*ge*) que produce la cosecha. El destino de los justos no es otro que el descanso de Dios (He. 3:11), que el pueblo de Dios disfruta ahora y heredará en su totalidad en el día de la salvación (He. 4:3,9).

El punto de vista de la pérdida de recompensas es atractivo porque da una gran seguridad al creyente; pero destruye la conexión inseparable entre fe y obras, introduce exégesis improbables y forzadas en un texto tras otro, y minimiza la grandeza de las advertencias del Nuevo Testamento. También se da el caso de que este punto de vista no interpreta correctamente los textos retrospectivos del Nuevo Testamento, por lo que se puede dar una falsa seguridad a aquellos que se dirigen a la destrucción eterna. Se trata aquí del corazón mismo del evangelio, la relación entre la fe y las obras, y al decir que no hay necesidad alguna de obras niegan lo que las Escrituras insisten en que es necesario.

Crítica al punto de vista de las pruebas de autenticidad

Aunque ofrezco una crítica a este punto de vista, en cierto modo es el más cercano al mío, por lo que creo que de alguna manera es la más sólida de las posturas alternativas. Los partidarios de esta interpretación enseñan con razón que las promesas de Dios son inquebrantables. Los que Dios ha elegido, predestinado, llamado y justificado serán glorificados. Ningún creyente genuino apostatará jamás, no por sus propias fuerzas, sino por la gracia sustentante de Dios. La relación entre la fe y las obras también se expone de forma útil. La fe y las obras son, en última instancia, inseparables, porque las obras son el fruto del cual la fe es la raíz. Así, Santiago exige obras para ser justificado, pero son obras que brotan de la fe. La insistencia en que las obras son una prueba de la verdadera salvación no implica ningún compromiso ni contradicción con la *sola fide* o la *sola gratia*. Por último, el carácter retrospectivo de algunos de los textos del Nuevo Testamento es incontrovertible. Cuando Juan considera a los que han abandonado la comunidad salvada, aclara que nunca formaron verdaderamente parte del pueblo de Dios (1 Jn. 2:19). Del mismo modo, Pablo observa que Himeneo y Fileto han «trastornado así la fe de algunos» (2 Ti. 2:18). Pero, en última instancia, la fe de los que se han marchado es superficial y no auténtica, pues «El Señor conoce a los que son Suyos» (2 Ti. 2:19). La perseverancia es el medio por el que discernimos si una profesión de fe es auténtica. El evangelio de Juan apoya la misma tesis. Algunos «creen» en Jesús (Jn. 2:23-25; 6:60-71; 8:31-59), pero esa fe que no es auténtica fe salvadora es manifestada en su incapacidad para permanecer en Jesús. El punto de vista de las pruebas de autenticidad discierne correctamente que la persistencia en la fe es la evidencia de que uno verdaderamente pertenece al pueblo de Dios. Cuando uno apostata, es porque nunca fue genuinamente cristiano. Estos textos nos dan una perspectiva retrospectiva para que podamos mirar hacia atrás y discernir el verdadero estado de fe en las vidas de aquellos que han abandonado la fe.

Esta perspectiva nos ayuda a entender lo que quieren decir las Escrituras cuando hablan de Himeneo y Alejandro como náufragos de su fe (1 Ti. 1:19-20), de Demas como abandonando a Pablo y amando el mundo presente (2 Ti. 4:10), y de Himeneo y Fileto como abandonando la verdad del evangelio (2 Ti. 2:17-18). Estos versículos no deben interpretarse en el sentido de que estas personas han apostatado, que eran verdaderos cristianos que han renunciado a la fe. El lenguaje que emplea Pablo es fenomenológico, ya que las personas en cuestión daban todos los indicios de formar parte de la comunidad redimida. Sin embargo, el hecho de que no permanecieran en la verdad revela que su «profesión» de fe no era válida. Retrospectivamente percibimos que nunca formaron parte del pueblo de Dios. Sin embargo, Pablo habla de un naufragio de la fe y de abandonar la verdad porque dieron algunos indicios de conversión genuina. El punto de vista de las pruebas de autenticidad percibe correctamente que hay algunos en la Iglesia que han experimentado una serie de bendiciones y han tenido alguna experiencia de las cosas espirituales, sin haber sido salvos. La explicación de Jesús de la parábola del sembrador (Mt. 13:18-23) confirma esta idea. Algunos responden inicialmente a la Palabra con alegría y la reciben como verdad, pero se apartan cuando la persecución y las preocupaciones del mundo los afectan. Tales personas, aunque den pruebas iniciales de conversión, nunca formaron parte del pueblo de Dios. Solo los que persisten en la fe y dan buenos frutos forman parte de la comunidad redimida. El punto de vista de las pruebas de autenticidad dice correctamente que la perseverancia es el signo de autenticidad, y que dicha prueba debe aplicarse retroactivamente. Cuando miramos retrospectivamente a los que han dejado de correr la carrera, percibimos que eran lobos en medio de las ovejas.

En términos de coherencia general y persuasión, la opinión de las pruebas de autenticidad supera a todas las demás. Sin embargo, este punto de vista adolece de una grave debilidad que lo hace poco convincente en cuanto a su interpretación de los pasajes de advertencia. Esta debilidad puede detectarse mejor respondiendo a la interpretación de S. Lewis Johnson de Colosenses 1:21-23 y la interpretación propuesta para los pasajes de advertencia en Hebreos. Colosenses 1:21-23 dice que uno será presentado ante la presencia de Dios en el último día *si* permanece en la fe. Johnson entiende esta palabra como una prueba para los que profesan la fe. Los que no cumplen la advertencia revelan que nunca fueron creyentes. En otras palabras, la advertencia funciona *retroactivamente* para determinar si la profesión de fe inicial fue genuina. Ya he indicado que tales textos retrospectivos están de hecho en las Escrituras. Sin embargo, el error que Johnson comete aquí es suponer que Colosenses 1:21-23 debe entenderse retrospectivamente. Colosenses 1:21-23 es un texto *prospectivo*. No dice: «Su perseverancia revela que realmente forman parte del pueblo de Dios». Se limita a decir: «Si permanecen en la fe, serán presentados ante la presencia de Dios sin culpa alguna».[68] Al invertir el texto, Johnson falla en comunicar el propósito de la advertencia, porque Pablo no nos emplaza a mirar hacia atrás para ver si somos auténticamente cristianos. Nos llama a permanecer fieles a Cristo en el futuro y nos amenaza con la destrucción eterna si apostatamos.[69] El punto de

[68] Las comillas representan mi paráfrasis del texto. No se trata de una cita exacta.

[69] Johnson tampoco tiene razón al afirmar que el «si» presupone que la condición ya se ha cumplido. Las cláusulas condicionales han sido objeto de un estudio intensivo desde que Johnson escribió, y la idea de que las condiciones de primera clase siempre denotan una condición cumplida ha sido decisivamente refutada (véase especialmente la serie de artículos de James L. Boyer en el *Grace Theological Journal*, «First Class Conditions: What Do They Mean?» 2 [1981] 75-114; «Second Class Conditions in New Testament Greek», 3 [1982] 81-88; «Third (and Fourth) Class Conditions», 3 [1982] 163-175; «Other Conditional Elements in New Testament Greek», 4 [1983] 173-188; comp. también Daniel B. Wallace, *Greek Grammar Beyond the Basics: An Exegetical Syntax of the New*

vista de las pruebas de autenticidad subvierte la función de los textos de advertencia en las Escrituras al despojarlos de su papel prospectivo. Pablo en Colosenses 1:21-23, y en muchos otros textos, advierte a los creyentes que, si no persisten en la fe, serán condenados. En contra de la opinión de las pruebas de autenticidad, creo que Pablo quiere decir exactamente lo que dice: «Si nos apartamos de Cristo, nos enfrentaremos a la destrucción eterna». Ese mensaje debe ser predicado desde nuestros púlpitos, enseñado en nuestros seminarios y universidades, y reflexionado en devociones privadas.

Los pasajes de advertencia en Hebreos también funcionan como un punto de divergencia entre los que defienden el punto de vista de las pruebas de autenticidad y yo. Investigar estos textos es útil, porque la forma en que manejamos las advertencias en Hebreos es paradigmática para otros textos de advertencia en las Escrituras. Vimos que Wayne Grudem es un defensor particularmente elocuente de la opinión de que los advertidos contra la apostasía son «casi cristianos». Él muestra que tal lectura es una *posible* lectura de las advertencias. En el breve espacio que se me concede aquí, apenas puedo responder en detalle a la excelente defensa que hace Grudem de ese punto de vista. Solo puedo indicar por qué la interpretación de Grudem, aunque posible, no parece ser la lectura más *plausible* del pasaje. Después de todo, pueden ser posibles varias interpretaciones, pero nuestra tarea como intérpretes es seleccionar la interpretación que más probablemente haya sido prevista por el autor. El corazón y el alma del punto de vista de Grudem se encuentra en su explicación de los términos utilizados para describir a los lectores en las advertencias de Hebreos 6:4-6 y 10:26-29. Los lectores han sido santificados, han llegado a conocer la verdad, están iluminados, han llegado a ser partícipes del Espíritu Santo, han probado el don celestial, la Palabra

---

Testament [Grand Rapids: Zondervan, 1996] 679-712). De hecho, es probable que la traducción de «puesto que» por la palabra «si» nunca sea adecuada. Para una defensa de este punto de vista, véase la ponencia de Ardel Caneday presentada en las reuniones anuales de 1997 de la Evangelical Theological Society en San Francisco.

de Dios y los poderes de la era venidera. A pesar de todas estas ventajas, no son, según Grudem, cristianos genuinos. Si el autor hubiera querido decir claramente que son cristianos, habría dicho que sus pecados les han sido perdonados, que sus conciencias están limpias, etc.

En respuesta, no puedo evitar pensar que Grudem ha manipulado las categorías para que los descritos en Hebreos 6:4-6 y 10:26-29 queden excluidos como auténticos cristianos. Erige dos categorías diferentes en las que un conjunto de términos se refiere ciertamente a los creyentes y el otro conjunto de términos no describe necesariamente a los verdaderos cristianos. Metodológicamente, la base sobre la que Grudem coloca los elementos en las categorías de seguros o no seguros es poco clara y poco persuasiva.[70] ¿Sobre qué base metodológica podemos decir que los que han recibido el perdón de los pecados, ejercitado la fe, la esperanza y el amor, y han sido limpiados en conciencia son ciertamente cristianos, pero los que son partícipes del Espíritu Santo y santificados no lo son? ¿No podría darse la vuelta a la prueba para decir que algunos de los hebreos han ejercitado un poco de fe, esperanza y amor, pero su «fe, esperanza y amor» no son salvíficos, puesto que no persistieron en la fe?[71] Por ejemplo, Grudem sugiere que la santificación descrita en Hebreos 10:29 es externa y ceremonial, ya que se produce en un contexto en el que se compara con los sacrificios levíticos.[72] Pero se podría hacer un argumento similar con respecto a la limpieza de la conciencia (He. 10:22), ya que el autor contrasta la limpieza de la conciencia con la proporcionada por el sistema levítico. Así pues, en los propios términos de Grudem es metodológicamente posible que la purificación de la conciencia también es

[70] Grudem también argumenta, como vimos antes, que «las cosas mejores que acompañan a la salvación» en Hebreos 6:9 deben distinguirse de las experiencias ambiguas relatadas en Hebreos 6:4-5. *Contra* Grudem, entiendo que el escritor está diciendo que «las cosas mejores que acompañan a la salvación» deben contrastarse con la maldición amenazada en el contexto anterior.

[71] Para que el lector no se equivoque, se trata de un estado hipotético, no de mi visión del texto.

[72] Grudem, 177.

externa y no salva. En mi opinión, sin embargo, Grudem malinterpreta la referencia a la santificación del creyente en Hebreos 10:29. El contraste con la santificación levítica pretende enfatizar la superioridad de la obra de Cristo. El contraste y comparación con el sistema levítico no significa que la santificación provista por Cristo sea meramente externa, pues a lo largo de Hebreos el antiguo pacto simboliza externamente lo que ahora es una realidad interna por medio de Cristo. Grudem, al relegar la santificación en Hebreos 10:29 a la santificación ceremonial, en realidad contraviene uno de los temas principales de Hebreos, a saber, lo que se anticipó en forma de sombra en el Antiguo Testamento ahora se ha convertido en una realidad en y a través del sacrificio de Cristo. La cuestión principal que se plantea es que no existe una base firme sobre la que podamos afirmar que las descripciones del público en Hebreos 6:4-6 y 10:26-31 son distintas de los términos utilizados para describir a los lectores como cristianos en Hebreos. Es probable que Grudem introduzca tal distinción para preservar la idea de que los creyentes no pueden perder su salvación. Lamentablemente, el propio texto de Hebreos no apoya la idea de que los destinatarios de los pasajes de advertencia sean «casi cristianos». Cuando el texto dice que los lectores han sido iluminados, han sido hechos partícipes del Espíritu Santo, han llegado al conocimiento de la verdad y han sido santificados, la intención es decir que son cristianos.[73]

Que el texto se dirija a cristianos es muy importante para la interpretación y aplicación de las advertencias. Desde el punto de vista de las pruebas de autenticidad, la advertencia no se dirige en absoluto a los auténticos creyentes, ya que los destinatarios no son realmente creyentes. Según este punto de vista, si las advertencias se dirigen de hecho a los creyentes, entonces los creyentes podrían apostatar. Pero como están convencidos de que los elegidos nunca apostatan, concluyen que las advertencias

[73] No niego que hubiera algunos lobos entre las ovejas. Mi punto es que el autor no tiene la intención de plantear tal tema en la advertencia. Quiere advertir a la comunidad entera y, por tanto, advierte a toda la Iglesia como creyentes en Cristo.

son para los que *casi llegan a ser creyentes, que han tenido muchas experiencias espirituales poderosas, sin ser salvos.* Así, la función de las advertencias es doble para los que sostienen este punto de vista. En primer lugar, se pide a los lectores que disciernan si su conversión es auténtica. En segundo lugar, las advertencias vuelven a tener una función retrospectiva. Si apostatas, revelas que nunca fuiste un cristiano auténtico. Creo que ambos temas se encuentran en el Nuevo Testamento. Segunda de Corintios 13:5 dice que examinemos si somos auténticos creyentes, y antes he argumentado que los textos retrospectivos están presentes en las Escrituras. Las advertencias en Hebreos no tienen ninguna de estas funciones, por lo que se nos roba la contribución de las advertencias al canon si las damos por sentado en los dos temas anteriores. Las amenazas en Hebreos no están diseñadas para forzarnos a considerar si nuestra experiencia de conversión fue real, ni están diseñadas como pruebas *retrospectivas* de nuestra salvación. Las advertencias son *prospectivas.* Hebreos advierte a los creyentes que *si* apostatan, serán condenados. Es interesante ver que algunos escritores, como Nicole y Grudem,[74] argumentan que algunos de los lectores ya han cometido el pecado de apostasía contra el que se advierte en Hebreos. Tal conclusión es un grave error. El texto no dice en ningún momento que alguno de los lectores *haya cometido* apostasía. Les advierte *que no lo hagan.* Leer los «si» como si significaran «ya que» viola las reglas básicas de la gramática. El condicional «si» es el lenguaje de la suposición y la hipótesis. El autor advierte a los redimidos que *si* cometen apostasía, serán condenados. Nunca dice *que hayan* cometido apostasía.

En resumen, las pruebas de autenticidad perciben correctamente muchos elementos de la enseñanza bíblica. Sin embargo, su comprensión de los textos de advertencia es poco convincente. Aplican lentes retrospectivos a textos prospectivos, y no ven que los pasajes de advertencia se dirigen a los cristianos.

---

[74] Grudem (173) dice que «las personas en este pasaje que experimentaron muchas bendiciones y luego se apartaron nunca habían sido verdaderamente salvas en primer lugar».

Crítica al punto de vista de la visión hipotética

El punto de vista hipotético que estamos considerando es el presentado por Thomas Hewitt. Marshall, aunque aplaude el trabajo de G. C. Berkouwer, lo coloca en la misma categoría que Hewitt.[75] Berkouwer, en última instancia, ve las advertencias y amonestaciones como hipotéticas, pero la función de las advertencias se entiende de una manera radicalmente diferente a la de Hewitt, y por lo tanto Berkouwer debe ser colocado en una categoría diferente a la de Hewitt. Berkouwer encaja mejor en el «punto de vista de los medios de salvación». La propia interpretación de Hewitt es completamente inadecuada, ya que la advertencia solo funciona para corregir «ideas erróneas». Si el autor deseaba corregir las ideas de los lectores, disponía de otros vehículos que la amonestación y la advertencia para lograr su propósito. Una simple explicación de que la apostasía era imposible habría sido suficiente.[76] La única función de las advertencias en opinión de Hewitt es intelectual y, por tanto, la razón de su presencia es difícil de discernir. Creo que se puede afirmar con seguridad que la interpretación de Hewitt de las advertencias nunca ganará muchos adeptos. No se asigna ninguna función convincente a las amonestaciones, por lo que su presencia sigue siendo un misterio.

Crítica al punto de vista de la tensión irresoluble

Este punto de vista, propuesto por Gerald Borchert, es uno de los más atractivos. La ventaja de este punto de vista es que ni las advertencias ni las promesas se atenúan. A ambas se les permite su función, y la relación lógica entre ellas es declarada como misteriosa. Los creyentes toman tanto las amenazas como las promesas de las Escrituras como la Palabra de Dios

---

[75] Marshall, 204-205.

[76] Hewitt (106-108) no se compromete en cuanto a si las advertencias iban dirigidas a creyentes auténticos. Por otra parte, su exposición de Hebreos 10:26-31 indica que acepta la opinión de Owen y otros de que los destinatarios no eran realmente creyentes.

para ellos, y no cancelan un lado del testimonio bíblico para sostener el punto de vista que les resulte más atractivo. También hay que decir que somos propensos a construir un sistema allí donde las Escrituras no lo hacen. Por lo tanto, debemos estar abiertos a la posibilidad de que no exista una solución a la tensión entre advertencia y asombro. Decir esto no es abrazar el irracionalismo. Simplemente sabemos que las Escrituras enseñan algunas verdades que van más allá de nuestras capacidades racionales actuales, comprendiendo que Dios nunca tuvo la intención de explicárnoslo todo en este mundo. Otras doctrinas bíblicas, como la Trinidad y las dos naturalezas de Cristo, son misterios. Tales doctrinas no son irracionales, sino suprarracionales. Del mismo modo, es posible que la relación entre las promesas y las amenazas de Dios esté más allá de nuestra comprensión racional. Por supuesto, no debemos optar por el misterio en el momento en que las doctrinas bíblicas se vuelvan difíciles de comprender, pues es importante situar un misterio en el lugar donde el testimonio bíblico lo hace. De lo contrario, podemos encontrarnos apelando al misterio antes de completar el duro trabajo de reflexionar sobre la enseñanza bíblica, y podemos ser culpables de plantear un misterio donde no existe. También hay que señalar que Borchert me ha dicho en una conversación privada que está convencido de que los auténticos creyentes nunca apostatarán. Sin embargo, señala que la literatura juanina indica que a menudo es difícil precisar cuándo alguien es verdaderamente creyente.[77] Para los propósitos de mi crítica, voy a abordar la cuestión de si la tensión entre las promesas y las amenazas no puede conciliarse.

No se puede descartar la idea de que existe una tensión insalvable entre las advertencias y las promesas de Dios, pues ciertamente hay tensión entre las amenazas y las promesas de las Escrituras. Sin embargo, es

---

[77] La cuestión de cuándo la creencia es genuina es ciertamente una de las cuestiones que deben tenerse en cuenta al construir la propia visión de la perseverancia. No dispongo de espacio para abordar esta cuestión aquí. El Evangelio de Juan nos informa de que hay algunos que «creen», pero su fe no salva (Jn. 2:23-25; 8:31-59). Por otra parte, Juan quiere que los que creen sepan que tienen vida eterna (1 Jn. 5:13).

poco probable que la polaridad sea tal que no exista una solución lógica. De hecho, en este caso es difícil ver cómo se pueden mantener ambas ideas sin incurrir en una contradicción lógica. Pues si tanto las advertencias como las promesas se toman de tal manera, parece que habría que decir: 1) «Los creyentes nunca perderán su salvación»; y 2) «Los creyentes pueden apostatar y de hecho lo hacen». Si uno se preguntara cómo es que ambas proposiciones son verdaderas, la respuesta sería: «Es un misterio o paradoja más allá de nuestro entendimiento». En este caso, la apelación al misterio simplemente no funciona. Si los creyentes genuinos pueden verdaderamente apostatar y perder su salvación, entonces es simplemente falso que los creyentes nunca puedan perder su salvación. Alternativamente, si los creyentes genuinos nunca pueden perder su salvación, entonces la apostasía es imposible. La situación sería diferente si se dijera que los que apostataron solo *aparentaban* ser creyentes. Pero esta no es la posición del misterio, pues sostiene *que tanto la apostasía como la seguridad son verdaderas*. ¿Cómo puede un individuo, sin embargo, al mismo tiempo estar seguro de que nunca apostatará, y también creer que puede cometer apostasía? Inevitablemente, un lado de la tensión emergerá en la posición dominante. Sospecho que en la mayoría de los casos se enseñará que la apostasía es posible pero rara. En otras palabras, en la práctica, la posición será probablemente bastante cercana a la argumentada por I. Howard Marshall. Para concluir, el punto de vista de la tensión irresoluble no es creíble porque acaba abrazando una contradicción.

El punto de vista de los medios de salvación: Una propuesta

La interpretación que apoyo es la que denomino la visión de los medios de salvación. Varios elementos de mi punto de vista se desprenden de mi evaluación de otras posturas y no se defenderán en detalle aquí. Para resumir, creo que aquellos que son elegidos, llamados y justificados ciertamente serán glorificados. Ningún creyente genuino apostatará jamás. Sin embargo, los pasajes de advertencia en las Escrituras se dirigen a los *creyentes*, y se les amenaza con la destrucción eterna (no la pérdida de recompensas) si cometen apostasía. Se podría deducir de ello que yo propugno alguna forma de misterio al relacionar las promesas y amenazas de Dios, pero una apelación al misterio no funciona en este caso, ya que las nociones de que los creyentes nunca caerán y también de que es posible que caigan ¡no pueden ser ambas verdaderas! Contrariamente a la visión hipotética explicada por Hewitt, las advertencias del texto son reales y serias. Debemos prestar atención a las advertencias para ser salvos en el día del Señor.

El último punto requiere una mayor elaboración. ¿Cómo recibimos los creyentes los pasajes de advertencia? En nuestro caminar en la vida cristiana, los recibimos simplemente por lo que dicen. Cuando leemos las advertencias en Hebreos, 1 Juan, Apocalipsis 2–3, etc., tomamos en serio la amenaza de que si cometemos apostasía, seremos condenados eternamente. Las advertencias nos recuerdan que alejarnos del Dios vivo tiene consecuencias eternas. Nos gritan «¡Peligro!». Son como una señal en la carretera que dice: «Pare. Acantilado escarpado». Cualquier conductor que quiera preservar su vida hace caso de la advertencia y se da la vuelta. Del mismo modo, las advertencias y amonestaciones de las Escrituras nos llaman: «¡Peligro! No te alejes del Dios vivo. Si lo niegas, Él te negará a ti». Precisamente tomando en serio las advertencias evitamos la destrucción eterna.[78] La etiqueta «¡Veneno!» en una botella capta nuestra atención y nos alerta del peligro que nos espera si ingerimos su contenido. Por eso

---

[78] William Cunningham (*Historical Theology: A Review of the Principal Doctrinal Discussions in the Christian Church Since the Apostolic Age, Volume Two* [Carlisle, PA: Banner of Truth Trust, 1994], 500-501) defiende una postura similar en relación con las advertencias, afirmando que «es evidente que *su efecto prioritario* es poner de manifiesto, de la manera más impresionante, el gran principio de la invariabilidad de la conexión que Dios ha establecido entre la perseverancia, en oposición a la apostasía, como medio, y la salvación como fin; y así operar como un medio para efectuar el fin que Dios ha determinado realizar, de capacitar a los creyentes para perseverar, o preservarlos de la apostasía; y efectuar esto en completa concordancia con los principios de su constitución moral, produciendo constante humildad, vigilancia y diligencia».

tenemos especial cuidado al manipular un recipiente así y no lo ponemos en el mismo armario que los refrescos. Las advertencias de las Escrituras también pretenden sacarnos del letargo e impulsarnos por el camino de la fe. Provocan un temor sano (¡He. 4:1!), para que no nos quedemos despreocupados y relajados a la hora de entrar en el descanso celestial. Por supuesto, este temor no es lo mismo que el temor paralizante que suprime toda actividad (1 Jn. 4:18). Es el mismo tipo de miedo que nos hace ponernos el cinturón de seguridad cuando conducimos y que nos hace colocar barandillas donde una caída sería mortal. En estos casos, el miedo no nos paraliza, sino que contribuye a nuestra confianza al conducir o escalar. Del mismo modo, escuchar y obedecer las advertencias de las Escrituras no nos priva de confianza y seguridad. Es el camino hacia la plena seguridad en la fe.[79]

Lo que sostengo, en otras palabras, es que la adhesión a las advertencias es el medio por el cual se obtiene la salvación en el día final. Algunos protestan que esto es justicia por obras, pero tal objeción no ve que tal perseverancia es fruto de la fe y se basa en la gracia sustentadora y electiva de Dios. Sí, las obras son necesarias para salvarse. No, esto no

---

[79] La posición mantenida aquí es similar en varios aspectos a la argumentada por Richard Baxter. Véase Timothy K. Beougher, «Conversion: The Teaching and Practice of the Puritan Pastor Richard Baxter with Regard to Becoming a "True Christian"», disertación doctoral en Trinity Evangelical Divinity School, 1990, 77-104. Beougher (80), comentando la opinión de Baxter, dice: «Las obras, pues, la expresión prescrita de la fe, son absolutamente necesarias para la justificación en el juicio final». También dice (85) que Baxter enfatiza «la necesidad de actos continuos de fe para llevarnos con seguridad a la justificación última en el juicio final». Baxter también dice: «Dios, al ordenar la fe y el arrepentimiento, y haciéndolos condiciones necesarias para la Justificación, y al ordenar la perseverancia, y amenazar a los Justificados y Santificados con la condenación si se apartan, y al hacer de la perseverancia una condición para la Salvación, provee de esta manera un medio conveniente para el cumplimiento de Su propio Decreto, de dar Fe y Arrepentimiento y perseverancia a Sus Electos; porque Él efectúa Sus fines por medios morales adecuados; y tal es esta Ley y Pacto, para provocar al hombre al debido temor, y cuidado y obediencia, para que sea obrado como hombre». La cita está tomada de Beougher, 94.

es justicia por obras, porque las obras no son meritorias. La gracia de Dios es tan poderosa que no solo nos concede la salvación al margen de nuestros méritos, sino que también nos transforma. Los cristianos no solo son declarados justos, sino que también experimentan un cambio observable y significativo en sus vidas. Quienes sostienen que la gracia nos deja en el mismo estado en el que fuimos llamados no han entendido realmente a Pablo (Gá. 5:21; 1 Co. 6:9-11), por no hablar de Santiago (Stg. 2:14-26) y del mensaje del sermón de la montaña (Mt. 5:1-7, 29). La vida que comienza en la fe continúa también en la fe, pues la existencia cristiana se caracteriza por «la obediencia de la fe» (Ro. 1:5; 16:26). Esta fe no se limita a la versión inicial, sino que impregna la vida de los llamados por la gracia de Dios. Los que gritan «justicia por las obras» no ven el carácter dinámico y permanente de la fe, pues así como la fe que inicia la vida cristiana no es meritoria, tampoco la fe que continúa en el camino hacia la ciudad celestial es legalista.[80] Admoniciones y gracia no son enemigas, sino amigas. Berkouwer dice con razón: «Lo sorprendente de las Escrituras es que los pasajes sobre la firmeza de la fidelidad de Dios y los pasajes con amonestaciones son inseparables. No encontramos ni un solo pasaje que permita a nadie dar por sentada la inmutabilidad de la gracia de Dios en Cristo».[81] Judas exhorta a los creyentes: «consérvense en el amor de Dios» (Jud. 21). El imperativo revela que esta es nuestra responsabilidad. Para librarnos de la ira de Dios en el último día, debemos mantenernos en el amor de Dios y, sin embargo, esa conservación no es

---

[80] G. C. Berkouwer añade: «De lo anterior se desprende que cualquiera que vea una contradicción entre la doctrina de la perseverancia y las innumerables amonestaciones de las Sagradas Escrituras ha abstraído la perseverancia de la fe. La fe misma no puede hacer otra cosa que escuchar esas amonestaciones y recorrer así el camino de la permanencia en Él» (*Faith and Perseverance*, trad. R. D. Knudsen [Grand Rapids: Eerdmans, 1958], 116-117).

[81] *Ibid.*, 97. Continúa diciendo: «En las Escrituras, pues, no hay aparentemente ninguna tensión u oposición insoportable entre la fidelidad misericordiosa de Dios y la dinámica de la vida, porque es en la espesura de la dinámica de la lucha real de la vida donde la Escritura habla de la perseverancia en la gracia» (99).

obra nuestra, sino de Dios, pues es Él quien nos protege de la caída para que estemos ante Su presencia con gran alegría (Jud. 24-25). Una vez más, Berkouwer explica claramente la relación entre estos dos versículos diferentes de Judas.

> Nunca podremos entender estas palabras si vemos la preservación divina y nuestra preservación de nosotros mismos como mutuamente excluyentes o como en una cooperación sintética. La conservación de nosotros mismos no es algo independiente que se añade paradójicamente a la conservación divina. La preservación de Dios y nuestra autoconservación no están en mera coordinación, sino que de un modo maravilloso están en correlación. Se puede formular mejor así: *nuestra* conservación de nosotros mismos está totalmente orientada a la conservación *que Dios hace* de nosotros.[82]

La gracia preservadora de Dios es ciertamente definitiva y, sin embargo, no podemos concluir de ello que las exhortaciones y amonestaciones sean superfluas. Tampoco es legítimo minimizar el sentido de urgencia que impregnan las advertencias. Aunque Dios fundamenta todos nuestros esfuerzos, no es menos cierto que debemos hacer lo que mandan las Escrituras.

A otros puede preocuparles que la llamada a la perseverancia implique perfeccionismo. Sin embargo, perseverancia y perfección no son lo mismo. Todos pecamos de muchas maneras (Stg. 3:2). Mientras caminamos en la luz, la sangre de Jesús nos limpia del pecado (1 Jn. 1:7), por lo que caminar en la luz difícilmente puede implicar perfección. De lo contrario, ¡no habría necesidad de la limpieza del pecado! Pablo

---

[82] Berkouwer, 104. También afirma: «Conservarnos no implica que nosotros aportemos nuestra parte y que Dios aporte la Suya. Nuestra conservación está orientada a la Suya, y está incluida en ella. La fe nunca puede decir, y nunca dirá, "Esta es nuestra parte"» (105). Continúa: «Un enfoque racionalista nunca será capaz de entender esta historia. Siempre acabará con una visión que pone la salvación en última instancia en manos del hombre» (106).

era plenamente consciente de que aún no había alcanzado la perfección que le correspondería en el *eschaton* (Fil. 3:12-14). Pero también sería un error adoptar una postura de todo o nada. Aunque los creyentes no seamos perfectos, se producen cambios significativos en nuestras vidas. Pablo describe el camino de la fe como «la obediencia de la fe» (Ro. 1:5; 16:26). Nuestra elección y vocación se confirman cuando vivimos de manera piadosa (2 P. 1:10-11). No estoy abogando por la perfección, pero hay una dirección piadosa. Aquellos que son llamados y elegidos continúan en el camino de la fe y manifiestan de manera sustancial y significativa el carácter de su Padre celestial y hermano mayor, Jesús (Ro. 8:29).

La objeción más común es que las advertencias difícilmente pueden tomarse en serio si, de hecho, nadie puede perder su salvación. Mi tesis es que los elegidos siempre, sin excepción, hacen caso de las advertencias y obtienen así la vida eterna. La mayoría responde que las advertencias carecen de sentido si no se puede apostatar. No advertimos a la gente sobre peligros que nunca pueden materializarse. Las palabras de Roger Nicole resumen perfectamente esta objeción.

> Pero, sin querer minimizar la importancia de las admoniciones escriturales y su eficacia en el plan de Dios, parecería extraño que esta, y solo esta, fuera entonces eficaz, cuando otras exhortaciones y advertencias divinas son, de hecho, ocasionalmente desoídas por el hombre. Sería un fenómeno muy extraño. Si, de hecho, el pecado contemplado en Hebreos 6 simplemente no puede cometerse, parecería absurdo que el autor se detuviera en él precisamente en el momento en que afirma que «seguirá adelante». Cuando existe una barrera infranqueable, no es necesario advertir de los peligros del otro lado. Este tipo de interpretación muestra una sana consideración por la fuerza de la doctrina bíblica de la perseverancia, pero tiende a la artificialidad.[83]

---

[83] Nicole, 356.

En contra de Nicole, sostengo que la interpretación propuesta aquí no es artificial en absoluto, ya que prestar atención a las advertencias es el medio por el cual se obtiene la promesa. Es bastante sorprendente que un calvinista, como Nicole, plantee esta objeción, ya que cabría esperarla de un arminiano. Los arminianos, después de todo, están convencidos de que el llamamiento a creer en las Escrituras indica que creer se debe en última instancia a la voluntad humana. Los calvinistas, en cambio, aunque no minimizan la responsabilidad humana de creer, insisten en que la fe es, en definitiva, un don de Dios.[84] Sugiero que las advertencias funcionan de la misma manera que la fe salvadora inicial. La fe humana es el medio o instrumento necesario para la salvación, pero para el calvinista esa fe es cierta en la vida de los elegidos, pues Dios ha elegido a quienes tendrán esa fe antes de la fundación del mundo.[85] Sin embargo, la elección incondicional de Dios no pasa por alto los medios humanos, sino que los emplea. Es decir, la decisión de Dios de elegir a algunos incondicionalmente se hace realidad en la historia a través de la fe humana. Además, cuando se proclama el evangelio, el mensaje que se proclama no es: «Mira si Dios te ha dado fe». Al contrario, se insta a los oyentes a «arrepentirse y creer». Se nos convoca a creer en Cristo y a apartarnos del pecado. Si se ejerce la fe salvadora, es en última instancia un don de Dios (Ef. 2:8-9), y no hay un solo caso en que la gracia electiva de Dios se vea frustrada. Los elegidos siempre ejercen la fe necesaria para la salvación. De esto no se deduce que la llamada a la fe salvadora sea superflua. Todo lo contrario. La gracia electiva de Dios siempre utiliza los medios de la fe humana para asegurar la salvación. Así también, la perseverancia de los

---

[84] Soy consciente de que el argumento que expongo a continuación no convencería a ningún arminiano. Mi argumento aquí está dirigido a aquellos, como Nicole, que son calvinistas pero encuentran artificial la teoría propuesta aquí.

[85] Berkouwer (90-91) señala acertadamente: «Si algo es cierto, es que, según las Escrituras, la gracia de Dios no se detiene ante los límites de la libertad humana de elección. Quien afirme esto está obligado a ver la fe y la gracia como dos elementos de la salvación que se excluyen y limitan mutuamente, y está obligado a salir con una doctrina de la gracia que en principio es sinérgica».

santos es segura debido a la gracia preservadora de Dios. No fallará ni en un solo caso. Y las advertencias y admoniciones de las Escrituras son uno de los medios por los cuales esta gracia preservadora se hace realidad en la vida de los creyentes. Decir que las advertencias no vienen al caso y son artificiales si nadie puede cometer apostasía es como decir que el llamado a creer es una pantomima si todos los elegidos ciertamente creerán. Puedo ver por qué un arminiano encontraría persuasivo este argumento, pero no debería convencer a ningún calvinista.

¿Hay algún ejemplo bíblico en el que la promesa de Dios sea inquebrantable y, sin embargo, la advertencia deba tomarse en serio? Por supuesto, sostengo que las Escrituras están repletas de ejemplos de este tipo. Pero tal vez nos ayude ilustrar este tema a partir de un texto que no es de naturaleza soteriológica.[86] La historia del naufragio en Hechos 27 es una de las más pintorescas de las Escrituras. La tormenta azotó con tal furia que todos a bordo perdieron las esperanzas de sobrevivir (Hch. 27:13-19). Pablo, sin embargo, recibió la palabra del Señor de que cada persona del barco se salvaría, es decir, que la vida de cada persona sería preservada (27:20-26). La palabra de que todos a bordo vivirían era una promesa divina que garantizaba la seguridad de todos. Algunos de nosotros podríamos relajarnos y «tranquilizarnos» tras recibir semejante promesa. Pablo, en cambio, no creía que tal promesa excluyera la necesidad de amonestaciones y advertencias. Esto queda claro a medida que avanzamos en la narración. Los marineros fingieron que solo estaban echando las anclas, cuando en realidad pretendían arriar el bote salvavidas y escapar del barco (Hch. 27:29-32). Pablo respondió advirtiendo al centurión que si los marineros abandonaban la nave, no se preservaría la vida de los que iban a bordo. ¿Por qué se molestaría Pablo en amonestar al centurión sobre el plan de los marineros? Después de todo, ya había recibido la promesa de un ángel de que todos los que estaban en el barco escaparían con vida. Pablo no razonó como muchos de nosotros lo hacemos hoy: «Dios ha prometido que las vidas de todos se salvarán, por lo tanto, cualquier

---

[86] Este ejemplo me lo sugirió Ardel Caneday.

advertencia es superflua». No, la advertencia urgente era el medio mismo por el que se aseguraba la promesa. La promesa no se cumplió al margen de la advertencia, sino a través de ella.[87] Este mismo enfoque debe aplicarse a las promesas y amenazas de las Escrituras con respecto a nuestra salvación. Es mediante la toma de las advertencias seriamente como la promesa de nuestra salvación está asegurada.

Un segundo ejemplo, del discurso escatológico de Marcos 13, puede ser útil. En este capítulo, Jesús hace hincapié en la intensa aflicción que se producirá en el futuro. De hecho, la angustia será tan grande que ninguna aflicción anterior podrá compararse con ella (13:19). Se advierte urgentemente a los discípulos que se cuiden (*blépete*) de ser engañados, ya que surgirán pretendientes mesiánicos (Mr. 13:5-6). A la luz de la persecución que se avecina, Jesús vuelve a pedir a Sus discípulos que estén en guardia (*blépete*, Mr. 13:9). Sin duda, Jesús está advirtiendo a Sus discípulos contra la apostasía, pues se verán tentados a alinearse con falsos Cristos cuando el sufrimiento aumente. Que la salvación está en juego lo confirma Marcos 13:13 con las palabras: «pero el que persevere hasta el fin, este será salvo». La salvación escatológica pertenece solo a los que perseveran en la fe hasta el final. No obstante, el Señor hará una provisión especial para Sus elegidos, acortando los días para que se salven (Mr. 13:20). La salvación descrita en el v. 20 puede limitarse a la conservación física; al menos así lo creen muchos comentaristas. Sin embargo, parece que su preservación física es un emblema de la preservación espiritual de los elegidos. El Señor acorta el tiempo de aflicción para que los elegidos no apostaten.

Independientemente de que tal lectura encaje o no en el v. 20, es ciertamente *apropiada* en los vv. 21-23. «Entonces si alguno os dijere: Mirad, aquí está el Cristo; o, mirad, allí está, no le creáis. Porque se levantarán

---

[87] Soy consciente de que quienes creen que Dios no conoce la mayoría de las decisiones futuras y libres de los seres humanos explicarían este texto en términos radicalmente distintos. No tengo espacio aquí para responder a tal postura, plagada de dificultades bíblicas y teológicas.

falsos Cristos y falsos profetas, y harán señales y prodigios, para engañar, si fuese posible, aun a los escogidos. Mas vosotros mirad; os lo he dicho todo antes» (Mr. 13:21-23, RVR 1960). Los creyentes se verán tentados a sucumbir a las pretensiones de tales falsos Cristos y profetas porque se aducen señales y prodigios para apoyar sus afirmaciones. Si los creyentes fueran engañados, esto no sería un asunto trivial, porque la adhesión a falsos Cristos y falsos profetas es nada menos que apostasía. Ningún creyente adora a otro Cristo que no sea Jesús el Mesías. Sin embargo, Marcos aclara que los elegidos no serán engañados. Si fuera posible que los elegidos de Dios fueran engañados, entonces serían cautivados por tales falsos Cristos. Sin embargo, tal engaño de los elegidos es *imposible*, y los elegidos de Dios ciertamente discernirán a los falsos profetas y a los pretendientes mesiánicos. Aunque los elegidos nunca serán engañados y aunque es imposible que sean engañados, se les exhorta a que «miren» o «tengan cuidado» (*blépete*, Mr. 13:23). La exhortación a «mirar» o «tener cuidado» se encuentra en este texto cuatro veces (13:5,9,23,33), y ya hemos visto que solo a los que aguanten hasta el final se les promete la salvación (13:13). El discurso escatológico de Marcos contiene las advertencias urgentes: «Mira, velad y orad» (*blépete*, *agrupneite*, Mr. 13:33). En el v. 37, Marcos utiliza otro verbo que significa «velad» (*gregoreite*), y el texto concluye con el mismo verbo, exigiendo una vigilancia constante: «Y lo que a vosotros digo, a todos lo digo: Velad» (*gregoreite*, Mr. 13:37, RVR 1960). Se exhorta a los creyentes a que se mantengan alerta y vigilantes para que no cometan apostasía y abracen a pretendientes mesiánicos y falsos profetas en el futuro día de angustia.

Podríamos estar pensando: *¿Pero por qué son necesarias tales advertencias, ya que Jesús ha dicho que los elegidos nunca serán engañados por tales falsos Cristos? No necesitamos que nos adviertan sobre algo que nunca puede suceder.* Tales reflexiones son ajenas a la enseñanza de las Escrituras, pues Jesús mismo dice que los elegidos nunca serán engañados por falsos Cristos, *y amonesta a Sus seguidores en los términos más enérgicos para que no se dejen engañar por pretendientes mesiánicos.* Concluyo que las advertencias son el medio por el cual se lleva a cabo la futura preservación de los elegidos. Tomar las advertencias con la mayor seriedad es el camino hacia la vida eterna. Ningún *a priori* filosófico debería desechar las advertencias sobre la base de que la salvación futura de los elegidos es segura. Aquellos que dicen que las advertencias son superfluas si los creyentes no pueden apostatar tendrán dificultades para cuadrar este texto con tal teoría, porque Jesús mismo enseña que engañar a los elegidos es imposible, y advierte urgentemente a los creyentes que estén en guardia contra la apostasía.

Las Escrituras están llenas de advertencias y amenazas sobre la entrada en la ciudad celestial. Debemos recordar que estas advertencias son prospectivas. «Si» te apartas, entonces serás condenado. No necesitamos negar la fuerza de la apódosis en tales frases. Si tú o yo apostatamos, seremos condenados. Así también, si no creemos en Jesús, no seremos salvos. Debemos cuidarnos de leer las declaraciones condicionales como si fueran una realidad. Se debe permitir que las declaraciones prospectivas de la Escritura hablen a la gente en sus propios términos. Por lo tanto, debemos predicar y enseñar las advertencias por lo que dicen. Debemos decir lo que las Escrituras dicen una y otra vez: «Si apostatas, si niegas a Cristo, si le das la espalda al evangelio, perecerás». Muchos inmediatamente pensarán que estamos negando la realidad de la perseverancia. Desafortunadamente, ellos están convirtiendo los «si» de las Escrituras en «eso». Convertir declaraciones hipotéticas en indicativos es un grave error gramatical y exegético. Juan 21:21-23 revela que tal error tiene raíces antiguas.[88] Jesús le habla a Pedro sobre Juan y le dice: «*Si* Yo quiero que él se quede hasta que Yo venga, ¿a ti qué?» (Jn. 21:22). Algunos respondieron a tal afirmación concluyendo *que* Juan ¡nunca moriría! (Jn. 21:23). Leyeron el «si» de Jesús como si fuera un «que». Por eso Juan aclara que Jesús no dijo que Juan viviría hasta el regreso de Jesús, sino solo: «Si Yo quiero que se quede hasta que Yo venga, ¿a ti, qué?» (Jn. 21:23). No estoy

---

[88] Este ejemplo me fue sugerido por Ardel Caneday, y es una parte prominente de su ponencia presentada en la reunión de la Evangelical Theological Society de 1997.

sugiriendo que ningún «si» se convierta nunca en «entonces». En algunas circunstancias la condición se cumple, y el «entonces» se hace realidad. Sin embargo, sostengo que la gramática de un enunciado «si-entonces» en sí misma no nos dice nada sobre si el «entonces» es una posibilidad.[89] La función de un enunciado «si» es prospectiva, y es un error gramatical leerlo en otros términos. Para que no se malinterprete lo que acabo de decir, sostengo que en los textos que hablan de apostasía, el «si» nunca se convierte en una realidad. El Dios que elige incondicionalmente preserva a los creyentes hasta el final; pero los creyentes no llegan sanos y salvos al puerto divino sin aprovechar los medios que Dios les ha proporcionado para ello. Prestan atención a las advertencias para no hacer naufragar su fe.

La posición que aquí se propone ha sido defendida por G. C. Berkouwer. Según él:

> Cualquiera que le quitara a la doctrina de la perseverancia de los santos algo de esta tensión, de esta admonición completamente auditiva, de esta advertencia polifacética, le haría un gran daño a las Escrituras y arrojaría a la Iglesia al error de la negligencia y la pereza.
>
> La doctrina de la perseverancia de los santos no puede convertirse nunca en una garantía *a priori* en la vida de los creyentes que les permita desenvolverse sin amonestaciones y advertencias. Debido a la naturaleza de la relación entre fe y perseverancia, todo el evangelio debe abundar en amonestaciones. Tiene que hablar así, porque la perseverancia no es algo que simplemente se nos transmite, sino algo que solo se realiza en el *camino de la fe*. Por tanto, las amonestaciones más serias y alarmantes no

---

[89] Se podría objetar que las condiciones de segunda clase contradicen mi argumento. Para ser precisos, solo me refiero a las condiciones de segunda y tercera clase. En cualquier caso, las condiciones de segunda clase no tienen nada que ver con la controversia sobre las advertencias.

> pueden considerarse en sí mismas como una prueba contra la doctrina de la perseverancia. Pensar en la amonestación y la perseverancia como opuestos, como contradictorios, solo es posible si malinterpretamos la naturaleza de la perseverancia y la tratamos aisladamente de su correlación con la fe. Para una correcta comprensión de la correlación entre fe y perseverancia, son significativas precisamente estas amonestaciones, que nos permiten comprender mejor la naturaleza de la perseverancia.[90]

Las amonestaciones, como hemos visto, son prospectivas. Por supuesto, los pasajes retrospectivos también están en las Escrituras. Aquellos que no perseveran nunca fueron verdaderamente parte del pueblo de Dios. Pero no debemos permitir que esos textos retrospectivos se traguen los textos prospectivos. Ambos forman parte del testimonio bíblico y ambos deben predicarse. He enfatizado el papel de las advertencias simplemente porque su función es a menudo menospreciada en el esquema calvinista, mientras que los calvinistas a menudo y con razón aplican la perspectiva retrospectiva. Debemos permitir que los textos retrospectivos cumplan su función: los que apostatan nunca fueron cristianos. Al mismo tiempo, también necesitamos los textos prospectivos. Nuestro Padre es tan amoroso que nos ha amonestado sobre muchos caminos falsos en nuestro viaje a la ciudad celestial. Nos salvaremos en el día del Señor, no ignorando estas amenazas, sino tomándolas con la mayor seriedad.

Permítanme hacer un comentario personal sobre mi teología para concluir. Si no estuviera convencido de la elección incondicional, seguramente sería arminiano. Los pasajes de advertencia son tan fuertes que puedo entender por qué muchos piensan que los creyentes pueden perder su salvación. Lo que me parece interesante es que haya tantos creyentes que rechazan la elección incondicional y, sin embargo, se aferran a la

[90] Berkouwer, 110-111. Además dice: «Estas amonestaciones también tienen como fin la conservación de la Iglesia, que precisamente así se establece en esa única dirección, que es y debe ser irreversible: la dirección de la muerte a la vida» (121).

seguridad eterna. Tal posición, sugeriría, es la más inconsistente de todas. Creo que se mantiene no en virtud de una exégesis detallada, sino como un *a priori* teológico. Que se me perdone por pensar que tal postura fluye más del corazón que de la cabeza. Tales personas desean tanto creer en la seguridad eterna que saltan por encima de los pasajes de advertencia y sostienen su creencia en la seguridad eterna. Personalmente, encuentro el punto de vista arminiano de que los creyentes pueden perder y pierden su salvación mucho más coherente bíblicamente que tal posición. Por supuesto, estoy convencido de que ambas posturas son erróneas, porque estoy convencido de que las Escrituras enseñan la elección no condicional, y que la gracia electiva y sustentadora de Dios es tal que Sus ovejas nunca perecerán. Nunca perecen precisamente porque escuchan la voz del Buen Pastor, que las amonesta y advierte eficazmente para que no dejen de seguirle y perezcan.

Capítulo 9

Nehemías 12

Restaurando la ciudad de Dios o cómo predicar sobre una lista de nombres

por Peter J. Gentry

Introducción

Durante los últimos cuarenta años he escuchado muchos sermones sobre Nehemías. Aunque la Iglesia ha descuidado el Antiguo Testamento en general, el libro de Nehemías no fue excluido por este marcionismo práctico. Probablemente la atención que recibió se debió al hecho de que se trata de una parte del Antiguo Testamento que el predicador o maestro promedio podría considerar fácilmente comprensible. El libro era eminentemente práctico y las aplicaciones eran inmediatas, ya se tratara de ayudar e instigar un programa de construcción de una iglesia, o de encontrar principios para inspirar a una iglesia en mal estado espiritual a trabajar unida frente a diversos tipos de oposición interna y externa y lograr grandes cosas para Dios. Algunos se han centrado en consejos de liderazgo. Sin embargo, no he escuchado ni un solo sermón sobre Nehemías 12.

Es una lista árida y polvorienta de cosas que no se han hecho. Sus secas y polvorientas listas de nombres impronunciables seguían siendo tan opacas a la comprensión como otras partes del Antiguo Testamento y totalmente irrelevantes para la Iglesia cristiana, a menos que uno viera un paralelismo entre ellas y las listas de miembros fundadores debidamente registradas y encajadas en la piedra angular de un edificio de la iglesia: «Construida para la gloria de Dios, 1964».

Tal enfoque, sin embargo, desmiente nuestras pretensiones de inspiración bíblica e inerrancia y revela, en términos prácticos, poca visión de las Escrituras. «Toda palabra de Dios es perfecta», dice Agur (Pr. 30:5, PDT), y Nehemías 12 no es una excepción. Es una palabra poderosa del Señor, especialmente para la Iglesia de hoy. Después de repasar brevemente el contexto histórico y literario del capítulo 12 y dedicar cierta atención a sus contenidos, este breve estudio tratará de identificar su mensaje correlacionando el capítulo con el libro de Nehemías en su conjunto y con todo el flujo de la teología bíblica.

Resumen de Nehemías 12

A. Una nueva generación de líderes 12:1-26

1. Sacerdotes en la generación del retorno 12:1-7
2. Los levitas en la generación del retorno 12:8-9
3. Línea sacerdotal después del exilio 12:10-11
4. Una nueva generación de sacerdotes 12:12-21
5. Una nueva generación de levitas 12:22-25a
6. Una nueva generación de porteros 12:25b-26

B. Nueva dedicación de la ciudad de Dios para adorar 12:27–13:3

1. Preparación de los sacerdotes y levitas 12:27-32
2. Procesión A 12:33-37
3. Procesión B (Coro antifonal) 12:38-42
4. Ceremonia de consagración 12:42-43
5. Apoyo al servicio de Dios 12:44-47
6. Exclusión de extranjeros 13:1-3

Cronología

538 a. C. Decreto de Ciro el Persa permitiendo el regreso del exilio.
Regreso bajo Sesbasar, Zorobabel y Jesúa (sumo sacerdote).
537 a. C. Reconstrucción del altar.
536 a. C. Comienzo de las obras del templo.
520 a. C. Reanudación de las obras del templo.
516 a. C. Terminación y dedicación del templo.
458 a. C. Regreso bajo Esdras, sacerdote y escriba.[1]
445–432 a. C. Nehemías, gobernador de Judá.
Posterior regreso de Nehemías.

Contexto histórico

En el éxodo de Egipto, Dios creó a Israel como nación y el pueblo entró voluntariamente en un acuerdo, una relación de pacto, cuando la Ley/Torá fue dada en el Sinaí. Por la lealtad y la obediencia había bendiciones en la tierra, y por la desobediencia había maldiciones, a menudo el exilio. La historia posterior demostró la violación inmediata y repetida del pacto por parte del pueblo de Dios.

Se rebelaron contra la realeza de Dios, desobedeciendo Sus directrices para una relación correcta con Él y para relaciones correctas con los demás que mostraran dignidad, honestidad, amor y respeto. En lugar de seguir los caminos establecidos en el pacto, intentaron apoderarse de la buena vida por medio de la extorsión, de injusticias de todo tipo, de la opresión de los pobres y de los que carecían de poder, y de la violencia. Ahora el estilo de vida de la gente contradecía el significado de sus servicios en el templo y su culto se volvió hueco e hipócrita. Ellos deshonraron el templo por muchas prácticas corruptas y malvadas. Por todo esto —y

---

[1] Existe debate sobre si Esdras precedió a Nehemías o no. Para una breve discusión, véase E. Merrill, *Kingdom of Priests* (Grand Rapids: Baker, 1987), 502-514. Aquí se adopta la visión tradicional de la cronología (Esdras precedió a Nehemías).

no hasta que fueron repetidamente advertidos a lo largo de los años por los profetas— el juicio de Dios cayó sobre ellos.

En una serie de tres ataques separados, realizados en los años 605, 597 y 587 a. C., Nabucodonosor II, rey de Babilonia, conquistó Judá, destruyó la ciudad de Jerusalén y su templo, y se llevó al pueblo al exilio. Durante setenta años estuvieron en Babilonia bajo la disciplina y el castigo de Dios. Pero después del juicio vino la restauración. (Es maravilloso que la última palabra del Antiguo Testamento sea restauración en lugar de juicio). En 538 a. C., Ciro el Grande, rey de Persia, dio el decreto que permitía a los judíos regresar a Judá y Jerusalén.

Hubo varias etapas en el retorno. Inmediatamente, en 538 a. C., un gran número regresó bajo el liderazgo de Sesbasar, Zorobabel y Jesúa, el sumo sacerdote, como se detalla en Esdras 1–2 y Nehemías 7. Primero reconstruyeron el altar en 537 y luego pusieron los cimientos del templo en 536. Más tarde, en 520, después de que el trabajo se paralizara durante algún tiempo debido a la oposición, los profetas Hageo y Zacarías incitaron al pueblo a terminar el templo dirigido por Zorobabel y el sumo sacerdote Jesúa.

Unos ochenta años después del primer retorno, otro grupo regresó bajo el liderazgo de Esdras, sacerdote y escriba (véase Esdras 8). De 445–332, Nehemías fue nombrado gobernador de Judá por Artajerjes I (Neh. 5:14), y bajo su dirección se reconstruyeron los muros de la ciudad en 52 días.

Contexto literario

Nehemías es un libro sobre la reconstrucción y restauración de la ciudad de Dios. Mientras que los capítulos 1–6 se centran en la restauración de la ciudad en términos físicos, los capítulos 7–13 se centran en la restauración de la ciudad como un grupo de personas dedicadas al servicio y la adoración de su Dios. Los capítulos 7 y 11 tratan sobre la repoblación de Judá y Jerusalén, respectivamente. A continuación, los capítulos 8–10 tratan de la vuelta a la Torá (la Palabra de Dios) y a la adoración a Dios (cap. 8), al arrepentimiento y la confesión del pecado (cap. 9), y de la renovación del compromiso del pacto (cap. 10). El capítulo 11 se refiere cinco veces a Jerusalén como la Santa Ciudad. Se hace hincapié en una ciudad dedicada una vez más a Dios y a Su servicio. Israel cumplirá el propósito de Dios expresado en el Sinaí de convertirse en una nación santa y un reino de sacerdotes (Ex. 19:6). Nehemías 12 es, por tanto, culminante en su posición en el libro, ya que se centra en la renovación del liderazgo y la dedicación de los muros, es decir, de la ciudad, la adoración a Dios.

Dieter Böhler muestra que los capítulos de Nehemías están dispuestos en círculos quiásticos concéntricos, con la lectura y la enseñanza de la Palabra de Dios y la vuelta a la adoración en el centro:[2]

Murallas:	Neh. 1-6				Neh. 12:27-13:3
Repoblación:		Neh. 7		Neh. 11	
Torá/Adoración			Neh. 8-10		

Esta estructura concéntrica centrada en la Palabra de Dios y la adoración coincide con el mismo énfasis en el clímax del capítulo 12.

Detalles del capítulo 12

El capítulo se divide aproximadamente en dos partes (véase el esquema anterior). La primera mitad presenta una serie de listas de nombres que representan el paso de la antorcha a una nueva generación de líderes espirituales: sacerdotes, levitas y porteros. La segunda mitad describe una ceremonia de celebración y dedicación: dos coros desfilan por encima de

[2] Adaptado en parte de D. Böhler, «On the Relationship Between Textual and Literary Criticism: The Two Recensions of the Book of Ezra: Ezra–Neh (MT) and 1 Ezra (LXX)», en *The Earliest Text of the Hebrew Bible: The Relationship Between the Masoretic Text and the Hebrew Base of the Septuagint Reconsidered*, ed. Adrian Schenker (Septuagint and Cognate Studies 52; Atlanta: Scholars Press, 2003), 35-50.

las murallas y se reúnen en el templo para alabar y dar gracias a Dios por una ciudad cuyas murallas han sido restauradas y para dedicar la ciudad al servicio y la adoración a Dios. Nehemías 12:44-47 trata del establecimiento de los administradores de los almacenes donde se guardaban las ofrendas y los diezmos, el sustento de los sacerdotes, levitas y guardianes de la puerta y el mantenimiento del culto según las normas establecidas por el rey David. La exclusión de los extranjeros, un aspecto del mantenimiento de la pureza en el trabajo, se aborda en 13:1-3. Así pues, cuando se unen todas las partes, el objetivo central es restaurar la ciudad de Dios como lugar dedicado a la adoración a Dios.

Aunque existen varias dificultades en cuestiones históricas y aspectos de la transmisión del texto, los puntos principales están claros. La primera mitad del capítulo 12 está organizada como sigue:

Generación de sacerdotes recién llegados 12:1-7
Generación de levitas recién llegados 12:8-9
Cronología: Sumo Sacerdote
Línea después del exilio 12:10-11
Generación posterior de sacerdotes 12:12-21
Cronología: Líderes de sacerdotes y levitas inscritos 12:22-23
Generación posterior de levitas y porteros 12:24-25

Un marco cronológico es provisto por la línea familiar del sumo sacerdote que aparece en 12:10-11 y la información adicional sobre los sumos sacerdotes en 12:22-23. La genealogía de 12:10-11 sitúa las listas de 12:1-9 en la época del primer retorno. Nehemías 12:22-23 proporciona una lista de sumos sacerdotes de la época del segundo retorno y posteriores, y señala cuándo se registraron las listas de sacerdotes y levitas. Esta información adicional puede utilizarse para determinar la cronología de las listas de 12:12-21 y 12:24-25. Así, la línea familiar del sumo sacerdote es un ancla para las listas de nombres.

Jesúa, o Josué, como se lo llama en los libros de Hageo y Zacarías, era el sumo sacerdote en el momento del primer retorno, cuando el altar y el templo fueron reconstruidos. Eliasib fue sumo sacerdote en 445 a. C. porque, según 3:1,20-21 ayudó a construir parte del muro con Nehemías y tenía una casa en Jerusalén en esa época. Esto deja a Joiacim entre Jesúa y Eliasib. Sin embargo, en 12:10, Joiada y Jonatán aparecen después de Eliasib, pero en 12:22 aparecen Joiada y Johanán. Esta discrepancia puede resolverse señalando que, según 12:10-11 y 13:28, Joiada era hijo de Eliasib, y Jonatán, hijo de Joiada. Según 12:23, Johanán también era hijo de Eliasib y, por tanto, tío de Jonás.[3] Es posible que ambos hijos de Eliasib ocuparan el cargo de sumo sacerdote antes de pasar a Jonatán en la siguiente generación. Así pues, la línea genealógica de 12:10-11 solo ofrece la espina dorsal de la genealogía y no enumera a todos los que fueron sumos sacerdotes.

Es posible que la línea familiar se remonte hasta aproximadamente el año 400 o incluso hasta el 330, dependiendo de cómo se interprete a Darío el Persa en 12:23. Hubo tres reyes con el nombre de Darío: Darío I (Histaspes), 522–486; Darío II (Noto), 423–405; y Darío III (Codomano), 335–330 a. C.[4] Si se refiere a Darío I, entonces el v. 22 está diciendo que los sacerdotes fueron registrados por cabezas de familia en la época de Darío I y los levitas por cabezas de familia más tarde en la época de Eliasib a Jadúa. Es posible que se designe a Darío «el persa» para diferenciarlo de Darío el medo (Dn. 5:31).[5] Por otra parte, el versículo puede estar diciendo que las listas de sacerdotes se registraron en tiempos de Darío II o III.[6]

---

[3] Véase H. G. M. Williamson, *Ezra, Nehemiah* (Word Biblical Commentary 16; Waco, TX: Word, 1985), 363.

[4] E. M. Yamauchi, *Persia and the Bible* (Grand Rapids: Baker, 1990), 129.

[5] Véase Williamson, *Ezra, Nehemiah*, 364-365.

[6] Véase D. Kidner, *Ezra & Nehemiah* (*Tyndale Old Testament Commentaries* 11; Downers Grove: InterVarsity, 1979), 123-124, 143-146. El asunto es controvertido y no carece de importancia; no obstante, la interpretación que se da aquí no se ve muy afectada en ninguno de los dos sentidos. Los únicos sacerdotes enumerados en el capítulo 12 son todos de la época de Darío I o anteriores.

Las listas restantes comparan y contrastan listas de sacerdotes y levitas de la generación del primer retorno con listas de sacerdotes, levitas y porteros de una generación posterior (es decir, durante el tiempo de Joacim, el siguiente sumo sacerdote para los sacerdotes y durante el tiempo de Eliasib a Jadúa para los levitas). Las listas de 10:2-8 y 10:9-13 muestran a los sacerdotes y levitas de la generación de Nehemías. Estas últimas listas pueden ser posteriores a la última generación de sacerdotes de 12:12-21 y anteriores a los levitas de 12:24-25.[7]

Cuando se comparan las listas de sacerdotes de 12:1-7 y 12:12-21, la correspondencia es más estrecha de lo que parece en nuestro texto hebreo actual, ya que se han producido problemas en el curso de la transmisión textual (véase la Tabla 1, página siguiente). La familia de Hatús parece faltar en la generación posterior y, o bien Mijamín no tiene jefe de familia en la segunda lista, o bien Piltai es el jefe de las familias de Mijamín y Maadías. El punto principal es que hay continuidad y, por lo tanto, legitimidad y pureza en el liderazgo cualificado para la siguiente generación.

Primera de Crónicas 24:6-18 da una lista de veinticuatro divisiones de sacerdotes tal como estaban organizados en tiempos del rey David. Los sacerdotes eran esencialmente agricultores. Una organización de veinticuatro divisiones permitía a cada una de ellas ir a Jerusalén y ejercer su ministerio solo durante dos semanas y trabajar en sus granjas el resto del año. De este modo, el culto en el templo siempre contaba con sacerdotes que se mantenían con su propio trabajo y con las ofrendas. Se discute la relación entre las listas de Nehemías 12 y 1 Crónicas 24,[8] pero el punto principal es que la organización establecida por David está, en general, intacta, y los exiliados retornados han logrado de nuevo mantener la continuidad en el liderazgo de la adoración.

---

[7] Los asteriscos en el Cuadro 1 señalan nombres que son únicos, es decir, no de la generación de los que volvieron a casa ni de la posterior.

[8] Véase Williamson, *Ezra, Nehemiah*, 361-62.

	Generación de los que volvieron a casa	Generación posterior		Generación de Nehemías
	12:1b-7a	12:12-21	12:12-21	10:2-8
1	Seraías	Seraías	Merías	Seraías
2	Jeremías	Jeremías	Hananías	Azarías
3	Esdras	Esdras	Mesulam	Jeremías
4	Amarías	Amarías	Johanán	Pasur*
5	Maluc	Melicú[9]	Jonatán	Amarías
6	Hatús			Malquías*
7	Secanías	Sebanías[10]	José	Hatús
8	Rehum	Harim[11]	Adna	Sebanías
9	Meremot	Meraías[12]	Helcai	Maluc
10	Iddo	Iddo[13]	Zacarías	Harim
11	Gineto[14]	Ginetón	Mesulam	Meremot
12	Abías	Abías	Zicri	Obadías*
13	Mijamín	Miniamín[15]	?	Daniel*
14	Maadías	Moadías[16]	Piltai	Ginetón
15	Bilga	Bilga	Samúa	Baruc*
16	Semaías	Semaías	Jonatán	Mesulam
17	Joiarib	Joiarib	Matenai	Abías
18	Jedaías	Jedaías	Uzi	Mijamín
19	Salú	Salai [17]	Calai	Maazías

[9] Melicú se debe a la duplografía de *yod*.

[10] Confusión de *beth* y *kaph*.

[11] Trasposición de *het* y *resh*.

[12] Evidentemente, el nombre es el mismo; posible confusión paleográfica de *yod* y *mem*.

[13] Confusión de *yod* y *waw*. Iddo es correcto.

[14] Confusión de *yod* y *nun* definitivo. Muchos MSS tienen Ginnethon; comp. 10:7(6) y 12:16.

[15] La asimilación de *nun* en Mijamin es normal.

[16] Diferencia en la vocalización.

[17] Confusión de *yod* y *waw*. Sallu es correcto.

20	Amoc	Amoc	Eber	Bilgai
21	Hilcías	Hilcías	Hasabías	Semaías
22	Jedaías	Jedaías	Natanael	

Cuadro 1

Las listas de los levitas no son tan detalladas como las de los sacerdotes. Lo que se nos da son los líderes de los coros de trabajo dispuestos como un coro principal y un coro antifonal o de respuesta. Esta disposición se remonta a la época del rey David, que era un hombre conforme al corazón de Dios (1 S. 13:14), porque fue el primer hombre que gobernó sobre el pueblo de Dios como rey y al mismo tiempo comprendió la prioridad de la adoración. Esto es lo que Dios había previsto para Adán desde el principio. Génesis 1 describe a la humanidad hecha a imagen divina para gobernar como rey bajo Dios, y Génesis 2 muestra que la primera prioridad en esta tarea es la adoración, ya que Dios coloca a Adán como rey-sacerdote en el santuario del jardín.[18]

El hecho de que algunos nombres de una generación posterior de levitas sean los mismos que los de una generación anterior demuestra que, en estas famosas familias que dirigían el culto, los hijos se llamaban como los padres. Del mismo modo, los historiadores estadounidenses de dentro de 1000 años pueden tener dificultades para distinguir a dos presidentes que se llamen George Bush. Los levitas tocaban instrumentos musicales y dirigían los cánticos de alabanza y acción de gracias, según 12:27-29. De nuevo, el punto principal es la continuidad en líderes de adoración calificados. Los hombres que llevan el nombre de sus padres continúan fielmente la obra de una generación anterior de líderes.

---

[18] Véase W. J. Dumbrell, *The Search for Order* (Grand Rapids: Baker, 1994), 24-25; y Gordon J. Wenham, «Sanctuary Symbolism in the Garden of Eden Story», en *I Studied Inscriptions From Before the Flood*, ed. Richard S. Hess y David Toshio Tsumura (Winona Lake: Eisenbrauns, 1994), 399-404.

La división entre los versículos 24 y 25 presenta un problema. El v. 24 debe traducirse como sigue: «Y los jefes de los levitas eran Hasabías, Serebías, Jesúa hijo de Cadmiel, y sus asociados frente a ellos (para dar alabanzas y gracias según el mandato de David, el hombre de Dios, grupo de adoración correspondiente a grupo de culto), a saber, Matanías, Bacbuquías y Obadías». Así, Hasabías, Serebías y Josué dirigían el coro principal, y Matanías, Bacbuquías y Abdías el coro antifonal. De este modo, los vv. 24-25a concuerdan mejor con los vv. 8-9. Mesulam, Talmón y Acub inician, pues, la lista de porteros en el v. 25b.

En 12:1-9 no se da una lista de porteros para la generación de los que volvieron a casa, pero el v. 25b los enumera para una generación posterior. Podemos encontrar la lista para la generación de los que volvieron a casa en Esdras 2:42. Aquí también, nombres famosos como Acub y Talmón se transmiten a hijos que mantuvieron la tradición familiar. Los porteros eran una parte vital del culto a Dios, porque cerraban las puertas de la ciudad para el comercio y los negocios en el sábat (véase 13:15-22) y así garantizaban que el culto se centrara en lo esencial.

El mensaje central de la primera mitad del capítulo 12 es claro. La ciudad de Dios no puede dedicarse a la adoración a menos que haya líderes espirituales que conduzcan al pueblo a adorar a Dios.

La segunda mitad del capítulo 12 describe una ceremonia de celebración y dedicación. Los versículos 27-32 describen a los jefes levitas del culto que son convocados y reunidos en Jerusalén desde las zonas periféricas y los pueblos de los alrededores de la ciudad donde vivían. Se prepararon para el culto purificándose a sí mismos y al pueblo.

A continuación, se describe la ceremonia de dedicación en tres etapas. Nehemías reúne dos coros según el modelo de coro principal y coro de respuesta. Los dos coros se incorporan a dos procesiones cuyos itinerarios se detallan. Cada una de las dos procesiones comienza en la puerta del Muladar, en el lado suroeste de la muralla, y avanzan en direcciones opuestas alrededor de la muralla hasta que se encuentran en el templo. La tercera etapa consiste en un servicio de celebración, adoración y dedicación celebrado en el templo.

La descripción de las dos primeras etapas, las dos procesiones, está dispuesta en un patrón quiástico o A-B-B-A de Procesión-A (31b-36), Itinerario-B (37), Itinerario-B (38-40a), Procesión-A (41-42). Las dos procesiones también están dispuestas simétricamente de la siguiente manera:[19]

(1) Coro de acción de gracias (vv. 31 y 38)
(2) Un destacado líder laico: Josías (v. 32) y Nehemías (vv. 38 y 40)
(3) La mitad de los líderes laicos (vv. 32 y 40)[20]
(4) Siete sacerdotes con trompetas[21] (vv. 33-35a y 41)
(5) Un director/líder de adoración: Zacarías (v. 35b) e Izrahías (v. 42b)
(6) Ocho músicos levitas (vv. 36 y 42)

El sacerdote Esdras iba delante de la primera procesión, mientras que el gobernador Nehemías iba detrás de la segunda (vv. 36 y 38). Hay, pues, belleza, orden y significado simbólico en un servicio de celebración, dedicación y culto cuidadosamente preparado. Nada es casual. En la segunda mitad de Nehemías 12 se mantiene el tema de la continuidad, la legitimidad y la pureza en el liderazgo, pues vemos que Zacarías puede remontar su ascendencia hasta Asaf, uno de los principales líderes de adoración en tiempos del rey David y autor de once salmos canónicos (73–83).

Mientras los dos coros/procesiones marchaban alrededor sobre la muralla, uno en un sentido y el otro en el otro, y encontrarse ambos en el templo, estaban reclamando simbólicamente estos troncos y piedras, estas puertas y murallas para el Señor Dios. De hecho, estaban dedicando

---

[19] Adaptado de Williamson, *Ezra, Nehemiah*, 371.

[20] «Pueblo» en el v. 38 se refiere a los oficiales de la comunidad y no al pueblo común, véase D. Barthélemy y otros, *Critique Textuelle de l'Ancien Testament*, 1, Josué, Juges, Ruth, Samuel, Rois, Chroniques, Esdras, Néhemie, Esther (Orbis Biblicus et Orientalis 50/1; Göttingen: Vandenhoeck & Ruprecht, 1982), 574.

[21] La palabra hebrea empleada aquí es «definitivamente una trompeta hecha de plata batida o martillada (Nm. 10:2) de aproximadamente un codo de largo (40 cm) con un cuerpo estrecho y un extremo ancho en forma de campana (Josefo, *Ant.* iii. 12.6)». J. Braun, *Music in Ancient Israel/Palestine* (Grand Rapids: Eerdmans, 2002), 14.

toda la ciudad una vez más al servicio y adoración de Dios. El servicio en el templo incluía sacrificios, celebración (regocijo) y dedicación, acompañados de cantos de agradecimiento con instrumentos musicales (címbalos, laúdes y liras).

Nehemías 12 y el flujo de la teología bíblica

La palabra «dedicación» en hebreo implica iniciar o usar algo por primera vez, así como dedicarlo a un propósito o uso particular. Sin embargo, el significado completo de dedicar la ciudad de Dios solo puede entenderse dentro de la historia más amplia de la teología bíblica. Ahora solo podemos esbozar las líneas maestras de esta para intentar situar Nehemías 12 dentro de ella.

En el principio, Dios creó al ser humano a Su imagen y semejanza (Gn. 1:26-28). La imagen divina implica una relación de pacto entre nosotros y el Dios creador, por una parte, y entre nosotros y la creación, por otra. La relación con Dios debe caracterizarse por el amor, la confianza y, sobre todo, la obediencia, y se resume en la calidad de ser hijos. Nuestra relación con la creación consiste en poner en práctica el gobierno divino en el mundo y se resume en la realeza y la servidumbre. En resumen, Dios establece Su reino mediante un pacto.

Génesis 2 procede a mostrar cómo el hombre ha de poner en práctica el gobierno divino en el mundo. El jardín del Edén se presenta no solo como un centro de bendición en el mundo, sino también como un santuario divino, el punto donde la presencia divina se experimentaba y disfrutaba de forma cercana e inmediata. Lo que la narración está diciendo es lo siguiente: el hombre es creado en el mundo y se le da dominio sobre él, pero inmediatamente es abstraído del mundo y colocado directamente en la presencia divina.[22] El ser humano debía controlar el mundo, no principalmente sumergiéndose en las tareas de ordenarlo, sino

---

[22] Véase W. J. Dumbrell, *Covenant and Creation: A Theology of Old Testament Covenants* (Nashville: Thomas Nelson, 1984), 35-36.

reconociendo que había un sistema de prioridades por el que debía regirse toda la vida. Si se relacionaba correctamente con su Creador, entonces respondería correctamente a la creación. El pacto incluía una ordenación de las relaciones entre hombres y mujeres y de la vida familiar, de modo que parte de la respuesta correcta a la creación era la verdadera humanidad definida en formas adecuadas de tratarse unos a otros. Así, el reino de Dios se fomenta manteniendo la prioridad de la adoración.

Tras la caída de Génesis 3, Dios vuelve a empezar con Noé. Pero esto también termina en caos y pérdida en Babel. Otro nuevo comienzo se produce con Abram y su familia. La llamada de Abram en Génesis 12 retoma los hilos de Génesis 1 y 2. Obsérvese, en particular, que la primera de las seis promesas de 12:1-2 es que Dios hará de Abram una gran nación (*goi*); la última es que a través de él serán bendecidos todos los clanes (*mishpakjot*) de la tierra.

Estas dos palabras hebreas, nación y clan, se eligen y utilizan con gran propósito y significado. El significado básico de *goi* es una comunidad *organizada* de personas que tiene estructura *gubernamental*, *política* y *social*. Por definición, un *goi* es un grupo gobernado por un rey.[23] Esto contrasta con el hecho de que las demás naciones se denominan simplemente clanes (*mishpakjá*). La palabra se refiere a un grupo amorfo de parientes más grande que una familia extensa y más pequeño que una tribu, sin un líder o estructura gubernamental particular. El lenguaje del texto subraya que Abram y su familia se convertirán en un reino, el reino de Dios, mientras que los otros grupos de personas que normalmente consideramos grandes naciones no llegarán a ser nada duradero en el gran esquema de las cosas.

Cuando la familia de Abram se convierte en nación y toma posesión de Canaán, la ciudad de Sión conquistada por el rey David subsume expresiones anteriores del reino de Dios. Sion es la ciudad donde Dios

---

[23] Véase D. I. Block, «The Foundations of National Identity: A Study in Ancient Northwest Semitic Perceptions» (tesis doctoral, University of Liverpool, 1981), 120, 493-509.

vive en medio de Su pueblo como rey. La ciudad debe caracterizarse por unas relaciones justas con Dios y por la justicia social, es decir, por un trato verdaderamente humano y una buena administración de los recursos de la tierra.

La ciudad de Dios se celebra no solo en los Salmos (por ej., 46 y 87), sino también en Isaías. La visión amplia y grandiosa del profeta comienza con la Sion terrenal de la antigua creación, donde la ciudad de la fidelidad/verdad se ha convertido en una prostituta, una ramera (Is. 1:21), y termina con la Sion de la nueva creación, una comunidad de pacto cuyo distintivo es la justicia social. En Isaías 2 y 4 se vislumbra esta futura Sion. Se amplía en los oráculos a las naciones extranjeras de Isaías 13–27, que se dividen en tres ciclos de cinco. Los últimos cinco en Isaías 23–27 resumen los reinos de este mundo levantados en orgullo y rebelión contra el Creador como la ciudad del hombre en contraste con la futura ciudad de Dios. Cuatro veces se refiere a la ciudad del hombre (24:12; 25:2 [2x]; 27:10) y una vez a la ciudad de Dios (26:1), haciendo coincidir las cinco secciones en cada una de las tres divisiones. Es aquí donde Isaías alcanza una cima extremadamente alta en su visión del futuro con el banquete en la montaña del capítulo 25, donde desaparecen la muerte y las lágrimas, y el canto que celebra la fuerte ciudad de Dios en el capítulo 26.

El profeta Zacarías, casi contemporáneo de Nehemías, toma prestado directamente de la visión de Isaías y ve la ciudad ramera restaurada como la ciudad de la verdad (Zac. 8). Y la primera prioridad de la ciudad de Dios es la adoración. Por eso Nehemías 12 hace tantas referencias a lo que preescribió el rey David o se remonta a Asaf. Es porque el rey David es un modelo de lo que Dios pretendía para Adán al extender el gobierno divino; es una figura adámica al ver la prioridad de la adoración en el reino o la ciudad de Dios.

Nehemías 12 y la Iglesia de hoy

Para aplicar las verdades de Nehemías 12 a nuestras vidas debemos preguntarnos, en primer lugar, dónde nos encontramos en la historia de la irrupción del reino de Dios en este mundo. Esta gran historia solo puede esbozarse brevemente.

Daniel 9 muestra que el regreso del exilio para el pueblo de Dios requerirá no setenta años, sino setenta semanas de años. Una cosa es sacar a Su pueblo de Babilonia, pero ¿cómo sacar a Babilonia del pueblo? Tomará mucho más que setenta años. Los profetas describen este regreso del exilio utilizando el lenguaje del éxodo: Dios traerá un nuevo éxodo que se ocupará eficazmente del pecado y sus consecuencias (Dn. 9:27). Marcos 1:1-3 muestra que este nuevo éxodo comienza con la primera venida de Jesucristo, cuando anuncia el comienzo del éxodo aplicando Isaías 40:3 a la historia de Juan y Jesús. La cita de Isaías anuncia una salvación futura utilizando el lenguaje del éxodo (que incluía la travesía del desierto). Según Pablo, en 1 Tesalonicenses 4, el regreso del exilio se producirá en la segunda venida de Cristo, cuando suene la trompeta de Dios. Se trata de una referencia directa a Isaías 27:12-13, donde se toca la trompeta para traer a todos los exiliados a casa. En este punto de Isaías también queda claro que los exiliados incluyen a los gentiles en el único pueblo de Dios (véase Is. 19:25). Estamos entonces en el periodo del ya y todavía no, cuando Dios ha comenzado el nuevo éxodo pero no ha completado la reunión de los exiliados.

Ahora estamos en condiciones de aplicar el capítulo 12 de Nehemías. El capítulo lleva el enfoque del libro a un clímax. La ciudad de Dios debe ser restaurada y la clave para ello es (1) mantener la continuidad, la legitimidad y la pureza en el liderazgo y (2) volver a la prioridad de la verdadera adoración, centrada en la escucha y la comprensión de la Palabra de Dios.

Al igual que el mundo fue creado por la palabra de Dios, Israel se constituyó como pueblo de Dios al escuchar Su palabra en el Sinaí. La adoración posterior de Israel implicaba viajar a Jerusalén tres veces al año. En esencia, estaban recreando el Sinaí cuando se reunían para escuchar su Torá en los festivales anuales. En el Nuevo Testamento, los cristianos se reúnen en torno a Cristo para escuchar Su Palabra. Esta es al menos la imagen que Mateo da de la Iglesia en Mateo 28:16-20. Así pues, la lectura y la enseñanza de la Palabra de Dios en Cristo constituyen el núcleo del culto cristiano. Así es como avanza la ciudad de Dios.

Nuestra propia denominación ha fracasado a la hora de formar una nueva generación de líderes eclesiásticos. Años de liberalismo han pasado factura. Cuando los líderes mayores mueren, encontrar sustitutos buenos y piadosos en el rango de edad de 35-55 es problemático. Hemos hecho poco para detener la ola de analfabetismo bíblico en nuestras iglesias, ya que nuestros músicos y predicadores no centran su culto en la Palabra de Dios. Los estilos musicales y la oratoria se valoran más que el contenido bíblico. Nehemías 12 es una poderosa palabra del Señor para la Iglesia de hoy, si queremos ser fieles como agentes en la renovación de la ciudad de Dios.

Capítulo 10

Bautizarse y convertirse en cristiano en el Nuevo Testamento

por Robert H. Stein

El propósito de este artículo[1] es investigar cómo se relaciona el bautismo con la experiencia de conversión en el Nuevo Testamento. En consecuencia, no trataré los siguientes temas importantes: el significado del término «bautizar» (se admite generalmente que *baptízein* significa «sumergir o sumergirse»); el origen del bautismo cristiano (probablemente no depende del bautismo de prosélitos judíos, ya que no hay pruebas de esta práctica antes del año 70 d. C. y el bautismo de prosélitos era autoadministrado; es poco probable que tenga relación directa con las ilustraciones de Qumrán [1 QS 3:4-9, 6:14-23]; probablemente depende del bautismo de Juan el Bautista [Jn. 3:22; 4:1-3], pero se desconoce el origen del bautismo de Juan); la relación de la «imposición de manos» con la recepción del Espíritu, etc.

[1] Todas las citas bíblicas son de la Nueva Versión Internacional.

Para facilitar el debate, expondré una tesis general sobre la relación del bautismo en el Nuevo Testamento con la experiencia de la conversión. Aunque esta tesis, como cualquier otra, no puede ser «probada», intentaré demostrar que es capaz de explicar la mayoría de las evidencias neotestamentarias bastante bien. La tesis es la siguiente:

> En el Nuevo Testamento, la conversión incluye cinco componentes o aspectos integralmente relacionados, todos los cuales tienen lugar al mismo tiempo, normalmente el mismo día. Estos cinco componentes son el arrepentimiento, la fe y la confesión por parte del individuo, la regeneración, o la concesión del Espíritu Santo por parte de Dios, y el bautismo por parte de los representantes de la comunidad cristiana.

Cabe señalar que el individuo es el «hacedor» de los tres primeros componentes. Se arrepiente, cree y confiesa. En los otros dos componentes, sin embargo, el individuo es el receptor y se actúa sobre él. Recibe o le es dado el Espíritu por Dios y es bautizado por la Iglesia.

Intentaré demostrar esta tesis de tres maneras. En primer lugar, demostraré que el Nuevo Testamento presenta estos cinco elementos en diversas combinaciones como si estuvieran íntimamente interrelacionados y se dieran al mismo tiempo, por lo que debemos suponer que van juntos. En segundo lugar, demostraré que se señalan distintos componentes que producen el mismo resultado. En tercer lugar, presentaré una situación hipotética en la que interviene un cristiano del siglo I para ver si esta tesis tiene sentido tanto en relación con los materiales del Nuevo Testamento como con la experiencia de los primeros cristianos.

Combinaciones de los componentes en el Nuevo Testamento

Parece claro, por la variedad de agrupaciones de estos aspectos en el Nuevo Testamento, que la experiencia de la conversión se consideraba que implicaba los cinco componentes, que normalmente se daban al mismo tiempo. En consecuencia, cuando uno o más de estos aspectos no aparecen en un pasaje específico o en un relato de conversión, debemos suponer que, aunque no se mencionen, se dan por supuestos.

Fe y bautismo asociados entre sí

Esta combinación se da en varios lugares. Por ejemplo, Gálatas 3:26-27 dice: «Todos ustedes son hijos de Dios mediante la fe en Cristo Jesús, porque todos los que han sido bautizados en Cristo se han revestido de Cristo». Hay que señalar que Pablo utiliza «fe» y «bautismo» indistintamente en este pasaje. Los cristianos gentiles son hijos de Dios por la fe, una declaración apoyada por el hecho de que fueron bautizados. Esto no plantea ningún problema si estos dos aspectos de la conversión se produjeron al mismo tiempo en la experiencia de los cristianos gálatas, pero si se separaron en el tiempo surge inmediatamente un problema. ¿Los gálatas se convirtieron en cristianos cuando creyeron o cuando fueron bautizados? Pablo no vislumbraba tal problema en el pensamiento de los gálatas, porque la fe y el bautismo ocurrían generalmente al mismo tiempo. No se suponía que existiera una brecha temporal entre estos dos componentes de la experiencia de conversión. La posibilidad de que uno pudiera tener fe pero no ser bautizado ni siquiera era percibida como una opción por Pablo. En este pasaje, Pablo no exalta la fe a expensas del bautismo ni el bautismo a expensas de la fe. Están íntegramente relacionados, y cada uno asume al otro.

Este mismo binomio de fe y bautismo aparece en Colosenses 2:11-12: «Además, en él fueron circuncidados, no por mano humana, sino con la circuncisión que consiste en despojarse del cuerpo pecaminoso. Esta circuncisión la efectuó Cristo. Ustedes la recibieron al ser sepultados con él en el bautismo. En él también fueron resucitados mediante la fe en el poder de Dios, quien lo resucitó de entre los muertos». Una vez más, fe y bautismo están íntegramente relacionados. La fe está implicada en el rito del bautismo, porque en la experiencia del bautismo uno resucita del agua «por la fe». Se pueden encontrar ejemplos adicionales en Hechos 8:12, 16:31-33 y 18:8, así como en Efesios 5:26 y Hechos 8:35-36, donde el lavamiento del bautismo se asocia con el oír la «palabra».

Arrepentimiento y bautismo asociados entre sí

Era un firme principio de la comunidad de Qumrán que los «bautismos» o lustraciones de la comunidad no tenían valor alguno aparte del arrepentimiento (1 QS 2:25 ss.). Del mismo modo, el bautismo de Juan asociaba íntimamente estos dos componentes: «Así se presentó Juan, bautizando en el desierto y predicando el bautismo de arrepentimiento para el perdón de pecados» (Mr. 1:4; Mt. 3:2-6; Lc. 3:3; Hch. 19:4; comp. Josefo, *Antigüedades* 18.116-119). Esta asociación continuó también en la proclama cristiana (comp. Hch 2:38; 11:15-18).

Fe y regeneración (es decir, la recepción del Espíritu Santo) asociados entre sí

En Gálatas 3:2 encontramos un ejemplo de esta combinación. Tratando de demostrar que los gálatas estaban justificados por la fe y no necesitaban ninguna «obra» de circuncisión, Pablo les pregunta: «Solo quiero que me respondan a esto: ¿Recibieron el Espíritu por las obras que demanda la Ley o por la fe con que aceptaron el mensaje?». Se supone que los gálatas recibieron el Espíritu, experimentaron la regeneración o «nacieron de nuevo» cuando creyeron. Puesto que recibieron el Espíritu, el sello de la aprobación de Dios por la fe, Pablo demuestra que Dios los aceptó aparte de la circuncisión.

En el mismo capítulo, Pablo señala que, con Su muerte, Cristo cargó con la maldición del creyente para que «la bendición prometida a Abraham llegara a las naciones, y para que por la fe recibiéramos el Espíritu según la promesa» (v. 14). Una asociación similar entre fe y regeneración se hace en Efesios 1:13.

Bautismo y regeneración (es decir, la recepción del Espíritu) asociados entre sí

En Tito 3:4, tras describir lo que era el cristiano antes de depositar su fe en Cristo, Pablo añade un importante (y típicamente paulino) «pero» y en el siguiente versículo afirma que «nos salvó, no por nuestras propias obras de justicia, sino por su misericordia. Nos salvó mediante el lavamiento de la regeneración y de la renovación por el Espíritu Santo, que él derramó sobre nosotros abundantemente por medio de Jesucristo nuestro Salvador».

Dado que todos los lectores de Tito habían sido bautizados y que tal rito tenía claramente matices de lavamiento (comp. Hch. 22:16, 1 Co. 6:11, Ef. 5:26), la expresión «lavamiento de la regeneración» se entiende mejor como referida a la experiencia de conversión de los lectores cuando fueron bautizados y recibieron el Espíritu Santo. También es probable que las expresiones «lavamiento de la regeneración» y «renovación por el Espíritu Santo» sean expresiones sinónimas y se refieran a la misma experiencia, porque ambas están regidas por la única preposición «a través de» (*diá*). En consecuencia, tal vez sea mejor traducir estas expresiones como «el lavamiento del nuevo nacimiento», esto es, la renovación del Espíritu Santo.

Otros ejemplos de esta combinación son los siete pasajes del Nuevo Testamento que se refieren al «bautismo del Espíritu». Se encuentran en Mateo 3:11, Marcos 1:8, Lucas 3:16, Juan 1:33, Hechos 1:5, 11:16 y 1 Corintios 12:13. El contexto de las seis primeras referencias implica una comparación explícita entre el bautismo de Juan el Bautista y el de Jesús, el Cristo. El bautismo de Juan se describe como un bautismo caracterizado por el arrepentimiento. El bautismo de Cristo, sin embargo, se distingue del de Juan. Lo que lo distingue no es la omisión del arrepentimiento, pues esto también forma parte del bautismo cristiano (comp. Hch 2:38; 11:18). Lo que diferencia el bautismo de Jesús del de Juan es el don del Espíritu. En estos seis pasajes, el término «bautismo» no significa dos cosas distintas. Al contrario, el bautismo de agua de Juan, asociado al arrepentimiento, se contrapone al bautismo de agua de Cristo, asociado a la venida del Espíritu. El bautismo y la regeneración, que implica la venida del Espíritu a la vida del creyente, están íntimamente asociados en estos versículos. En la experiencia de la primera comunidad cristiana, esta asociación no planteó ningún problema importante, porque estos dos aspectos de la experiencia de conversión no estaban separados en el tiempo.

En cuanto a 1 Corintios 12:13, no hay razón para distinguir el bautismo del Espíritu al que se hace referencia aquí de las otras seis referencias, especialmente porque se utiliza la misma frase preposicional (*en jeni pneúmati* [en/por el único Espíritu]) que en las otras seis referencias (*en pneumati jágio* [en/por el Espíritu]). La única diferencia es el uso de un adjetivo distinto: «uno» en lugar de «santo».

Romanos 6:4 también puede mencionarse a este respecto. Aquí Pablo afirma: «Por tanto, mediante el bautismo fuimos sepultados con él en su muerte. De modo que, así como Cristo resucitó por el glorioso poder del Padre, también nosotros andemos [literalmente] en una vida nueva». Aunque el «Espíritu» no se menciona explícitamente en este versículo, el bautismo se asocia con morir con Cristo y caminar en «vida nueva». En Romanos 7:6 se utiliza la expresión «nuevo poder que nos da el Espíritu», y estos son los dos únicos lugares en los escritos de Pablo donde se utiliza este término «nuevo» o *kainótes*. Por tanto, parece razonable concluir que «vida nueva», que se asocia con el bautismo, y «nuevo poder que nos da el Espíritu» son expresiones esencialmente sinónimas. Otros ejemplos de la relación entre bautismo y regeneración se encuentran en Hechos 9:17-18, 10:44-48, y Juan 3:3 y 5.

Aunque el Nuevo Testamento indica que existe una relación íntima entre el bautismo y la regeneración, esto no significa que esta relación sea de naturaleza causal. En Pentecostés, el Espíritu vino a la iglesia primitiva independientemente del bautismo (Hch. 2:1-4; comp. también Jn. 20:19-22), lo que también ocurrió en Samaria (Hch. 8:14-17). Cornelio recibió el Espíritu antes del bautismo. De hecho, el bautismo de Cornelio dependía de su experiencia previa de haber recibido el Espíritu Santo (Hch. 10:44-48). Pablo entendía que el bautismo no garantizaba la salvación (1 Co. 10:1-5) y que la recepción del Espíritu se producía *por* la fe (Gá. 3:2-5). Sin embargo, por lo regular, el bautismo y la regeneración estaban íntimamente asociados porque ocurrían juntos en el tiempo.

La fe y la confesión van unidas entre sí

Esto se ve claramente en Romanos 10:9, donde Pablo afirma: «Si confiesas con tu boca que Jesús es el Señor y crees en tu corazón que Dios lo levantó de entre los muertos, serás salvo». Aquí encontramos la confesión y la fe íntimamente asociadas. También es importante señalar que un estudio reciente ha señalado que Pablo probablemente está citando aquí una fórmula confesional asociada al bautismo.

El bautismo y la confesión asociados entre sí

En Hechos 22:16 Ananías le dice a Saulo de Tarso: «Y ahora, ¿qué esperas? Levántate, bautízate y lávate de tus pecados, invocando su nombre».

Fe y arrepentimiento asociados entre sí

En Marcos 1:14-15, el evangelista ofrece un resumen inicial del mensaje de Jesús: «Después de que encarcelaron a Juan, Jesús se fue a Galilea a anunciar las buenas noticias de Dios. "Se ha cumplido el tiempo —decía—. El reino de Dios está cerca. ¡Arrepiéntanse y crean las buenas noticias!"». Para Jesús (y Marcos), el arrepentimiento y la fe estaban íntimamente relacionados. En Hechos 20:21, Pablo dirige sus palabras de despedida a los ancianos de Éfeso y les recuerda: «A los judíos y a los que no son judíos les he instado a arrepentirse ante Dios y a creer en nuestro Señor Jesús».

Arrepentimiento, bautismo y regeneración asociados entre sí

En Hechos 2:37-38 Lucas afirma que, tras el sermón de Pentecostés de Pedro, todos los presentes, «conmovidos», preguntaron a Pedro y a los demás apóstoles: «¿Qué debemos hacer?». Pedro respondió: «Arrepiéntase y bautícese cada uno de ustedes en el nombre de Jesucristo para perdón de sus pecados, y recibirán el don del Espíritu Santo». Pedro (y Lucas) enseñan que el arrepentimiento es una respuesta humana necesaria en la experiencia de conversión, y también enseñan que a esto seguiría el bautismo por parte de la comunidad cristiana y la respuesta divina de la regeneración. Esta última se describe aquí como la recepción del don del Espíritu Santo.

Otro ejemplo en el que se asocian estas tres dimensiones de la experiencia de conversión es Hechos 11:1-18. Aquí Pedro explica a los cristianos judíos de Jerusalén cómo bautizó a un gentil llamado Cornelio porque había recibido el Espíritu Santo (11:15-17). Al oír esto, la iglesia de Jerusalén concluyó: «¡Así que también a los no judíos ha concedido Dios el arrepentimiento para vida!» (11:18). Cabe señalar que en 11:17 la experiencia de arrepentimiento, regeneración y bautismo de Cornelio se asemeja a la experiencia de fe y regeneración de la audiencia de Pedro, así como a la del propio Pedro («nosotros al creer»).

Fe, bautismo, regeneración y arrepentimiento asociados entre sí

Hechos 19 describe el encuentro de Pablo con ciertos «discípulos» en la ciudad de Éfeso. La pregunta más clara que se le ocurrió hacer para determinar si estos «discípulos» eran cristianos fue: «¿Recibieron ustedes el Espíritu Santo cuando creyeron?» (19:2). Cuando respondieron negativamente diciendo que ni siquiera habían oído hablar del Espíritu, les preguntó: «Entonces, ¿qué bautismo recibieron?» (19:3). Respondieron que habían experimentado el bautismo asociado con Juan el Bautista. Pablo les predicó entonces el mensaje cristiano (19:4b), y al oírlo respondieron positivamente, se bautizaron «en el nombre del Señor Jesús» (19:5) y recibieron el Espíritu Santo (19:6). En este pasaje debemos observar que Pablo (y Lucas) asumieron la validez de la llamada al arrepentimiento proclamada por Juan. Pablo amplió su comprensión de lo que les había enseñado Juan cuando les explicó la necesidad de la fe en Jesús y los bautizó. (El hecho de que Pablo bautizara a estos «discípulos» hace evidente que en su mente no eran cristianos). Entonces recibieron el don del Espíritu y se regeneraron.

A la luz de los diversos ejemplos citados anteriormente, parece razonable concluir que los cinco componentes (arrepentimiento, fe, confesión, regeneración y bautismo) fueron entendidos por los escritores como involucrados en la experiencia de conversión. Son inseparables. A veces se omiten uno o varios de ellos, según el énfasis del escritor, pero aunque no se mencione un componente, queda implícito y asumido.

Esto puede verse en Hechos 2:38. Cuando Pedro responde: «Arrepiéntase y bautícese cada uno de ustedes en el nombre de Jesucristo para perdón de sus pecados, y recibirán el don del Espíritu Santo», no menciona la necesidad de fe. Sin embargo, hay que suponer que esta también era necesaria para la conversión. Negar esto significaría que Pedro estaba diciendo: «¡Para ser perdonado y recibir el don del Espíritu no necesitas creer en Jesús mientras te arrepientas y te bautices!». Según cualquier norma del Nuevo Testamento, esto es claramente absurdo, porque ¿en nombre de quién sería uno bautizado entonces? ¿En el nombre de alguien en quien no se cree? Del mismo modo, en Romanos 10:9, cuando Pablo dice: «Si confiesas con tu boca que Jesús es el Señor y crees en tu corazón que Dios lo levantó de entre los muertos, serás salvo», no está diciendo que la confesión y la fe no acompañadas del arrepentimiento, el bautismo y la obra regeneradora del Espíritu salvarán. Estas tres últimas, aunque no se mencionan, ¡se dan por supuestas!

Diferentes componentes producen los mismos resultados

En varias ocasiones se describen distintos componentes de la experiencia de conversión como portadores de salvación o de justificación. Estos componentes se entienden mejor como integralmente relacionados en la experiencia de conversión, y como temporalmente relacionados, es decir, esencialmente ocurriendo al mismo tiempo.

La «salvación» y los cinco componentes

La salvación viene a través del arrepentimiento

Segunda de Pedro 3:9 dice: «El Señor no tarda en cumplir su promesa, según entienden algunos la tardanza. Más bien, él tiene paciencia con ustedes, porque no quiere que nadie perezca, sino que todos se arrepientan». Mientras que la falta de arrepentimiento lleva a «perecer», el arrepentimiento lleva a la salvación. Esto es evidente en 3:15, donde la paciencia del Señor se asocia con la salvación. En 2 Corintios 7:10, Pablo también afirma que «la tristeza que proviene de Dios produce el arrepentimiento que lleva a la salvación». Otros ejemplos que asocian arrepentimiento y salvación son Lucas 13:3, Hechos 3:19 y 11:18.

La salvación viene a través de la fe

Así lo demuestran los siguientes pasajes:

> Porque por gracia ustedes han sido salvados mediante la fe. Esto no procede de ustedes, sino que es el regalo de Dios y no por obras, para que nadie se jacte. (Ef. 2:8-9)
>
> Cree en el Señor Jesús; así tú y tu familia serán salvos. (Hch. 16:31)
>
> Porque tanto amó Dios al mundo que dio a su Hijo único, para que todo el que cree en él no se pierda, sino que tenga vida eterna.

> Dios no envió a su Hijo al mundo para condenar al mundo, sino para salvarlo por medio de él. (Jn. 3:16-17)

La salvación viene a través de la confesión

El pasaje más famoso que ilustra esto es Romanos 10:9, donde se hace la promesa de que una fe sincera asociada a la confesión de Jesús como Señor tendrá como resultado la salvación. En el v. 13, Pablo, citando a Joel 3:5, continúa: «Todo el que invoque el nombre del Señor será salvo».

La salvación viene a través de la regeneración

En Tito 3:5, Pablo afirma que Dios «nos salvó, no por nuestras propias obras de justicia, sino por su misericordia. Nos salvó mediante el lavamiento de la regeneración y de la renovación por el Espíritu Santo». Independientemente de cómo se interprete la expresión «lavamiento de la regeneración», en este versículo está claro que la salvación está asociada a la «renovación» o regeneración por el Espíritu Santo. También se puede comparar aquí Juan 3:3 y 5, donde entrar en el «reino de Dios», que es un sinónimo de la salvación o vida eterna de la que se habla en Juan 3:15ss., requiere nacer de nuevo. (Véase también cómo «vida eterna» y el «reino de Dios» son sinónimos en Mr. 10:17 y 23).

La salvación viene a través del bautismo

Tomando como base la analogía anterior, Pedro afirma en 1 Pedro 3:21: «[Y esta agua] simboliza el bautismo que ahora los salva también a ustedes. El bautismo no consiste en la limpieza del cuerpo, sino en el compromiso de tener una buena conciencia delante de Dios. Esta salvación es posible por la resurrección de Jesucristo». Este versículo, que es notoriamente difícil para los no sacramentalistas, parece decir que la salvación viene a través del bautismo. Si los que leen este pasaje han experimentado una conversión de arrepentimiento-fe-confesión-regeneración-bautismo y todas estas dimensiones tuvieron lugar al mismo tiempo, este pasaje es bastante comprensible, y los intentos de interpretación que pretenden negar el significado normal del término «bautismo» no son necesarios.

Cabe señalar que los cinco componentes descritos en mi tesis (arrepentimiento, fe, confesión, regeneración y bautismo) se mencionan en el Nuevo Testamento como portadores de la salvación. En lugar de argüir que cada componente es un camino diferente hacia la salvación y que uno podría elegir el camino que más le guste, parece más sencillo y razonable suponer que los cinco componentes estaban presentes en la experiencia de conversión. A veces, la situación puede exigir que se dé más importancia a un componente que a otro, pero todos están relacionados y se dan por supuestos.

La «justificación» y sus diversos componentes

La justificación viene a través de la fe

En Romanos 3:28, Pablo escribe: «Porque sostenemos que todos somos justificados por la fe y no por las obras que la Ley exige» y en 5:1 dice: «Justificados mediante la fe, tenemos paz con Dios por medio de nuestro Señor Jesucristo». Se pueden encontrar numerosos ejemplos adicionales en Romanos 1–5 y Gálatas 2–5.

La justificación viene a través del bautismo

Después de describir el comportamiento del mundo no creyente, Pablo afirma en 1 Corintios 6:11: «Y eso eran algunos de ustedes. Pero ya han sido lavados, santificados y justificados en el nombre del Señor Jesucristo y por el Espíritu de nuestro Dios». La referencia en este pasaje a ser «lavados» no puede interpretarse como una metáfora que no tenga nada que ver con el bautismo, ya que la expresión «en el nombre del Señor Jesucristo» es una fórmula bautismal (comp. Hch. 10:48; 1 Co. 1:13-15, etc.). También hay que señalar que se menciona al Espíritu en relación con el lavamiento que produce la justificación. Es obvio que surgen todo tipo de dificultades con este versículo si separamos temporalmente la experiencia del bautismo de la justificación. Sin embargo, si como sostiene nuestra tesis, el bautismo estaba asociado en el tiempo al arrepentimiento-fe-confesión-regeneración, no hay dificultad en ver la justificación íntimamente asociada al bautismo. El tiempo pasado (aoristo) de los verbos «lavados», «santificados» y «justificados» apoyan la opinión de que todos ellos se refieren al acontecimiento en el pasado cuando los corintios se arrepintieron-creyeron-confesaron-se regeneraron-se bautizaron.

Hay otros ejemplos en los que se dice que el mismo resultado se produce tanto por el bautismo como por la fe. El perdón se asocia con el bautismo en Hechos 2:38 y 22:16, así como con la fe en Hechos 10:4; 26:18 y Romanos 4:3-8. Nótese también que el perdón viene a través del arrepentimiento en Lucas 24:47. La unión de un creyente con Cristo tiene lugar a través del bautismo según Romanos 6:3 y Gálatas 3:27, pero en Gálatas 2:20 y Efesios 3:17 esa unión se produce por la fe. La relación de hijo con Dios está relacionada con la fe en Gálatas 3:7 y 26, pero con el bautismo en Gálatas 3:27, y en Romanos 8:14 la relación de hijo resulta de haber sido regenerados por el Espíritu.

Comprensión del bautismo en el siglo I

En la mente de un cristiano del siglo I, estos cinco componentes estaban indisolublemente unidos en la conversión, al igual que lo estaban para los escritores del Nuevo Testamento. No había separación ni exclusión de ninguno de los elementos. Permítanme demostrar esta mentalidad en la siguiente entrevista hipotética con Isaac de Antioquía, un creyente del primer siglo.

Lunes, 5 de abril, año 49 d. C.

Entrevistador: «Isaac, ¿recuerdas el día que te convertiste?».

Isaac: «Oh, sí, recuerdo claramente que Bernabé predicó que yo era un pecador. Sin embargo, gracias a Jesucristo, si me apartaba de mi pecado, Dios me perdonaría. Así que, el 15 de agosto del año 44 d. C., *me arrepentí* de mi pecado y me hice cristiano».

Martes, 6 de abril, año 49 d. C.

Entrevistador: «Isaac, ¿recuerdas el día que te convertiste?».

Isaac: «Oh, sí, recuerdo claramente que Bernabé predicó que Dios había cumplido las promesas que hizo a nuestros padres y había enviado a Su Mesías, Jesucristo. Así que el 15 de agosto del año 44 d. C., *confesé* a Jesús como Mesías y Señor y me hice cristiano».

Miércoles, 7 de abril, año 49 d. C.

Entrevistador: «Isaac, ¿recuerdas el día que te convertiste?».

Isaac: «Oh, sí, recuerdo claramente que Bernabé me predicó que no podía salvarme por mis propios esfuerzos, porque todas mis obras eran como trapos de inmundicia. Me dijo que tenía que confiar en la gracia de Dios y simplemente creer en el evangelio porque Dios había hecho posible para mí la salvación en Cristo. Así, el 15 de agosto del año 44 d. C., *confié por fe* en la gracia de Dios y me hice cristiano».

Jueves, 8 de abril, año 49 d. C.

Entrevistador: «Isaac, ¿recuerdas el día que te convertiste?».

Isaac: «Oh, sí, recuerdo claramente que Bernabé predicó que yo necesitaba nacer de nuevo y que no debía maravillarme de que necesitaba ser hecho nuevo por el Espíritu Santo. Así que, el 15 de agosto del año 44 d. C., *nací de nuevo* por el Espíritu de Dios y me hice cristiano».

Viernes, 9 de abril, año 49 d. C.

Entrevistador: «Isaac, ¿recuerdas el día que te convertiste?».

Isaac: «Oh, sí, recuerdo claramente que Bernabé predicó que yo necesitaba morir, ser sepultado con Cristo y resucitar en novedad de vida. Así que, el 15 de agosto del año 44 d. C., fui *bautizado* en el nombre del Señor Jesucristo y me convertí en cristiano».

Entrevistador: «Pero Isaac, por favor, nos han contado cinco historias diferentes. ¿Cuál es la verdadera? ¿Cuándo te convertiste de verdad? ¿Cuándo y cómo te convertiste realmente en cristiano? ¿Fue cuando te arrepentiste? ¿Cuando creíste? ¿Cuando confesaste a Cristo? ¿Cuando naciste de nuevo? ¿O fue cuando te bautizaron?».

¿Cómo respondería Isaac a estas preguntas? Creo que respondería esencialmente de la siguiente manera: «Todo esto estaba relacionado con mi conversión al cristianismo. Cuando Bernabé me predicó, no solo habló de que yo era pecador y necesitaba arrepentirme, sino que también habló de mi necesidad de poner mi fe en Jesucristo, confesarlo como Señor y Cristo, nacer del Espíritu y ser bautizado. Todo esto tuvo lugar el 15 de agosto del año 44 d. C. Las cinco participaron en mi conversión».

Quizá una analogía pueda resultar útil. Si me preguntaran cuándo me casé, podría responder: «Cuando dije "sí, quiero"» o «Cuando puse un anillo en su dedo y ella puso uno en el mío» o «Cuando el pastor nos declaró "marido y mujer"» o «Cuando los testigos y el pastor firmaron el certificado de matrimonio» o «Cuando consumamos sexualmente nuestro matrimonio». Si me preguntaran cuál de ellas fue exactamente la que me hizo contraer matrimonio, respondería: «No se pueden separar. Todas formaron parte de mi matrimonio. Cuando mencionaba a alguna de ellas, ¡asumía las demás!».

Implicaciones para hoy

Permítanme recordarles la tesis de este artículo:

> En el Nuevo Testamento, la conversión implica cinco componentes o aspectos integralmente relacionados, todos los cuales tuvieron lugar al mismo tiempo, normalmente el mismo día. Estos cinco componentes son el arrepentimiento, la fe y la confesión por parte del individuo, la regeneración o donación del Espíritu Santo por parte de Dios y el bautismo por parte de los representantes de la comunidad cristiana.

En primer lugar, traté de apoyar esta tesis mostrando cómo el Nuevo Testamento asocia estos componentes en diversas combinaciones y que, al hacerlo, los descifra como parte de un único paquete. La conversión al cristianismo implicaba aceptar y experimentar todo este paquete, no solo algunos de sus elementos. A continuación, traté de demostrar esta tesis al evidenciar cómo se dice que distintos componentes producen los mismos resultados. Dado que el Nuevo Testamento presenta los cinco componentes como integralmente relacionados, puede afirmar que cualquiera de ellos produce la salvación. Puede decir que la fe, el arrepentimiento, confesar a Cristo, nacer de nuevo o el bautismo dan como resultado la justificación. Por último, traté de mostrar mediante un ejemplo hipotético cómo la tesis explica bien la experiencia de conversión de los cristianos del siglo I.

Si la tesis expuesta en este artículo es válida y explica los datos bíblicos mejor que ninguna otra, hay varias implicaciones que pueden ser relevantes para la actualidad. Una de ellas tiene que ver con la naturaleza comunitaria de la conversión en el Nuevo Testamento.

Bautismo y pertenencia a la Iglesia

Antes he aludido al hecho de que en la conversión intervienen tres partes. El participante humano responde arrepintiéndose del pecado, creyendo en el evangelio y confesando a Cristo como Señor. Dios participa en la experiencia de conversión haciendo que el individuo renazca, es decir, su regeneración a través del Espíritu Santo. La Iglesia participa en esta experiencia bautizando al individuo. El hecho de que la comunidad cristiana participe en la experiencia de la conversión impide que esta se convierta en algo privado. En el bautismo, uno es «bautizado [...] en un solo cuerpo». Uno es bautizado por la Iglesia y para la Iglesia. Así pues, el bautismo es más una iniciación en la comunidad creyente que un acto de adhesión al mundo. Esto se corrobora por el hecho de que podía realizarse a altas horas de la noche (Hch. 16:33) o cuando no había nadie presente (Hch. 8:26-40).

Existe una dimensión eclesiástica en la experiencia de conversión del Nuevo Testamento. Así, al menos en el Nuevo Testamento, la cuestión de si la pertenencia a la Iglesia requiere el bautismo o si el bautismo debe implicar la pertenencia a la Iglesia es discutible. Convertirse en cristiano en el Nuevo Testamento no permitía otra posibilidad. No se podía experimentar la conversión sin formar parte de la comunidad eclesiástica visible. Cuando se convertían en cristianos pertenecían a «la familia de la fe» (Gá. 6:10). En el Nuevo Testamento, esto significa «pertenencia» a la Iglesia visible, no solo a la invisible.

¿Es necesario el bautismo para la salvación?

¿Era necesario el bautismo para la salvación en el Nuevo Testamento? ¿Es necesario el bautismo para la salvación hoy en día? Estas dos preguntas deben responderse por separado. En el Nuevo Testamento una persona no era bautizada por una de dos razones. O no quería arrepentirse-creer-confesar a Cristo y por lo tanto no quería convertirse en cristiana, o se arrepentía-creía-confesaba a Cristo, pero era físicamente incapaz de ser bautizada. El ejemplo más famoso de esto último es el ladrón en la cruz (Lc. 23:39-43). Si el carcelero de Filipos hubiera muerto de un ataque al corazón antes de llegar a las aguas del bautismo en aquella noche llena de acontecimientos, habría sido un segundo ejemplo. Si uno tiene fe pero no tiene acceso al bautismo, ¡tiene a Cristo! En cambio, si uno tiene el bautismo, pero no tiene fe, ¡no tiene nada (1 Co. 10:1-5)!

Sin embargo, establecer un modelo de conversión normal basado en experiencias extremadamente raras o inusuales es enfatizar lo anormal. En general, una persona no podía convertirse a Cristo en el Nuevo Testamento sin el bautismo. Cuando los individuos del primer siglo escuchaban «Arrepiéntete y bautízate» o «Cree en el Señor Jesús y bautízate», ninguno de ellos pensaba: «¿Puedo hacer lo primero pero no lo segundo?». Nadie llegó a la experiencia de conversión preguntándose si el bautismo era necesario para convertirse en cristiano, porque la predicación apostólica afirmaba que debían bautizarse. Por lo tanto, ¡el rechazo del bautismo era un rechazo del programa divino para la conversión! Rechazar el bautismo era rechazar el mensaje del evangelio predicado por Pedro, Pablo y los otros apóstoles que hablaron de la necesidad del bautismo. Se hizo una provisión divina para aquellos que, como el ladrón en la cruz, no podían ser bautizados, pero rechazar el bautismo de la comunidad era lo mismo que rechazar al Cristo que la comunidad predicaba. Suponía una clara falta de voluntad para obedecer el evangelio predicado por los apóstoles. Para la Iglesia del Nuevo Testamento, la afirmación «Si no se bautizan, no pueden ser salvos» era simplemente otra forma de decir: «Si no creen, no pueden ser salvos».

Por otra parte, la situación actual es diferente. Como en el siglo I, Dios hace provisiones para aquellos que se vuelven a Él con fe, pero que no pueden ser bautizados físicamente. Así, la salvación es posible para el individuo encerrado en su celda del Gulag que se vuelve con fe a Jesucristo. La salvación es posible para el individuo aislado en el desierto o en el yermo que cree en Cristo, aunque no esté presente ningún individuo ni agua para realizar un bautismo.

Sin embargo, en nuestros días surge un problema importante, porque las personas sinceras tienen diferentes interpretaciones (o tal vez malinterpretaciones) de la enseñanza del Nuevo Testamento sobre el bautismo. Para ellos, la negativa a bautizarse en respuesta a una experiencia de arrepentimiento-fe-confesión-regeneración puede deberse a la confusión respecto a lo que Dios exige en este ámbito. La persona que fue llevada a Cristo por Pablo o Pedro en el primer siglo no tenía tal confusión. Los apóstoles no presentaron «varios puntos de vista» sobre el bautismo, ni sus conversos habían sido educados en tradiciones cristianas que tenían diferentes puntos de vista sobre este tema. Negarse al bautismo en el primer siglo era negarse consciente y voluntariamente a lo que Dios decía que debía y tenía que hacerse. Tal rebelión era condenable. Hoy en día, una persona puede rechazar el bautismo por confusión, ignorancia o incertidumbre, pero en el primer siglo tal confusión e ignorancia no existían. Las decisiones sobre el bautismo hoy en día a menudo no se toman sobre la base de la obediencia o la desobediencia, sino sobre la base de la formación errónea o la confusión. A falta del texto de la predicación y enseñanza apostólica, la comprensión de los datos bíblicos puede ser que «vemos de manera indirecta y velada, como un espejo» (1 Co. 13:12). Tal confusión no es condenable. Uno no se salva por un conocimiento perfecto, sino por la fe. Esta incomprensión parece estar detrás del añadido posterior de los escribas en Marcos 16:16, que dice: «El que crea y sea bautizado será salvo, pero el que no crea sea condenado».

Consecuencias de separar los cinco componentes de la conversión

El problema cardinal de la mayoría de los puntos de vista actuales sobre el bautismo es que los cinco componentes asociados integralmente con la conversión en el Nuevo Testamento están ahora separados en el tiempo. La teología católica romana, por ejemplo, reconoce que la regeneración y el bautismo van unidos. Enseña que el bautismo produce la regeneración y el perdón de los pecados, especialmente del pecado «original». Sin embargo, al hacerlo, separa el bautismo y la regeneración de los componentes humanos de la experiencia de conversión: arrepentimiento, fe y confesión. De este modo, se desvía gravemente del modelo neotestamentario.

La teología luterana también reconoce que el bautismo y la regeneración van de la mano. Al igual que la teología católica romana, cree en la regeneración bautismal. Sin embargo, también reconoce que en el Nuevo Testamento la fe no puede divorciarse de ninguno de los dos. Como resultado, debido a su apoyo al bautismo en la infancia, argumenta que Dios otorga de forma sobrenatural el don de la fe (*fides infantilis*) al niño bautizado. El punto de vista luterano tiene el problema de buscar una justificación exegética en el Nuevo Testamento para atribuir la fe salvadora a los lactantes. Sin embargo, incluso aparte de esto, sigue desviándose de la comprensión neotestamentaria porque separa el arrepentimiento y la confesión de los otros componentes de la conversión.

La teología reformada se desvía aún más significativamente del patrón neotestamentario al separar el bautismo de todos los demás componentes de la conversión. Basándose en las doctrinas de la predestinación y la elección divina, el bautismo se considera un «sello» del pacto de gracia e identifica a los receptores del bautismo infantil como miembros del cuerpo de Cristo. El bautismo de niños se hace con la visión y la esperanza de un futuro arrepentimiento-fe-confesión. El bautismo infantil, sin embargo, no puede garantizar que el arrepentimiento, la fe, la confesión y la regeneración seguirán, y en la mayoría de los casos en los que se bautiza a niños es evidente que no es así. Sin embargo, incluso si la práctica del bautismo de infantes pudiera garantizar que los otros componentes de la experiencia de conversión siguieran, y claramente no puede, la comprensión reformada del bautismo seguiría errando al separar lo que en el Nuevo Testamento se presenta como una unidad.

La teología bautista también se desvía del modelo neotestamentario. Aunque el arrepentimiento, la fe, la confesión y la regeneración están asociados al bautismo, este está separado en el tiempo de estos cuatro componentes. Así, el bautismo es un acto que da testimonio de una experiencia previa de arrepentimiento, fe, confesión y regeneración. Como resultado, pasajes como Romanos 6:4, 1 Pedro 3:21, Tito 3:5, Juan 3:3 y siguientes, y otros, que asocian el bautismo con la experiencia de la conversión, son embarazosos para muchos bautistas y a menudo reciben una exégesis forzada de sus manos.

Una alegoría final

Durante muchos siglos vivió en la lejana tierra de Allegoria la sociedad «del Anillo». Esta sociedad obtuvo su nombre debido a una antigua costumbre que dominó su cultura durante muchos siglos. Entre los «anillistas» existía una ley antigua, la «Ley del Anillo», que decretaba que nadie podía llevar un anillo en el dedo a menos que esa persona estuviera casada. También decretaba que uno debía llevar ese anillo si estaba casado y que debía colocárselo en la mano izquierda durante el rito matrimonial. Había distintas variantes del rito matrimonial, pero en todas ellas se colocaba un anillo en la mano izquierda del hombre y de la mujer que se casaban. Esta costumbre existió durante muchos siglos y fue tan influyente que casarse solía denominarse «ponerse el anillo».

Al cabo de un tiempo se impugnó la legalidad de la «Ley del Anillo», y como resultado el tribunal nacional de Allegoria declaró inválida esta ley. El uso del anillo ya no podía limitarse a las personas casadas. En consecuencia, en la sociedad «anillista» se produjo un auge económico inmediato entre los fabricantes de anillos, y pronto surgieron diversas prácticas. Surgió un grupo que se autodenominaba los «pre-anillistas». Colocaban anillos a sus hijos a una edad muy temprana. Cuando se les preguntaba por qué lo hacían, respondían que lo hacían con la esperanza de que algún día sus hijos se casaran y esto fomentara las futuras nupcias del niño. También surgió un grupo de «post-anillistas», que no llevaban anillos hasta al menos dos años después del matrimonio. Argumentaban que primero había que demostrar que un matrimonio era exitoso y estable antes de atreverse a llevar anillos y presentarse como ejemplo de lo que debe ser el matrimonio. Ni pensar que se les ocurriría poner un anillo en las manos de sus hijos. Por supuesto, había «anillistas tradicionales», que intentaban mantener la antigua práctica cultural anillista, pero este grupo se dividió sobre si el anillo debía llevarse en el segundo o en el tercer dedo de la mano izquierda. Uno de estos grupos experimentó una división adicional centrada en si el anillo podía estar hecho de otro material que no fuera oro. Ambas divisiones debilitaron aún más el punto de vista tradicional.

Con el paso del tiempo, los «anillistas tradicionales» se extinguieron y surgió un debate entre los «pre» y los «post» anillistas sobre cuál de sus prácticas era superior. Se realizaron estudios psicológicos sobre la influencia del uso del anillo en los niños. Se realizaron análisis sociológicos sobre el valor del uso del anillo para los niños criados en las denominaciones «pre-anillistas» y «post-anillistas».

Un día se descubrió un antiguo manuscrito procedente de la primera sociedad «anillista». Este manuscrito era muchos siglos más antiguo que cualquier manuscrito «anillista» existente. Cuando los eruditos comenzaron a estudiarlo, se encontraron con una expresión que causó gran confusión. Esa expresión era «ponerse el anillo». En la actualidad existe un animado debate entre los «pre» y los «post» anillistas sobre el significado de esta expresión.

Capítulo 11

Del estudio del pastor al púlpito

por Juan R. Sánchez

Todo predicador se enfrenta a la tensión entre conseguir que un texto bíblico sea «correcto» y que «se entienda».[1] Algunos predicadores pasan la mayor parte del tiempo en su estudio trabajando en conseguir la interpretación bíblica correcta. Esa es la inclinación normal de los que acaban de salir de la universidad bíblica, el seminario o la formación teológica. Otros pasan la mayor parte de su tiempo elaborando su sermón para que, cuando lleguen al púlpito, puedan ser atractivos y persuasivos en su aplicación. Estos predicadores pueden parecer comunicadores dotados, y muchos lo son, pero, en realidad, trabajan duro en su presentación. El peligro de enfatizar un aspecto de la preparación del sermón sobre el otro es que podemos predicar un sermón bíblicamente correcto, pero sin vida. O podemos predicar un sermón dinámico y conmovedor que no esté arraigado en el texto bíblico. Por estas razones,

[1] Estoy en deuda con David Helm, que me introdujo en el lenguaje de «hacerlo bien» y «transmitirlo».

si queremos predicar bien la Biblia, debemos interpretarla fielmente y comunicarla de forma persuasiva.

Para ayudarnos a pasar del estudio del pastor al púlpito, quiero ofrecer un enfoque de la preparación del sermón que nos permita mantenernos fieles al texto bíblico y, al mismo tiempo, nos ayude a escribir un sermón que tenga en cuenta a nuestra audiencia.[2] En primer lugar, consideraremos la parte del proceso de preparación del sermón que nos ayuda a acertar con el texto (teología exegética y bíblica). Aplicaremos este método a 1 Pedro 2:9 para ofrecer un ejemplo real. En segundo lugar, hablaremos de lo que debemos tener en cuenta para entender a nuestro auditorio y comunicar bien las verdades del texto bíblico (persuasión). Al fin y al cabo, somos responsables de interpretar correctamente el texto bíblico y de comunicarlo de forma convincente. Por último, concluiremos con una palabra de aliento y exhortación.

Hacerlo bien

Piense en el proceso hermenéutico como en un viaje. Queremos llegar del punto A (el texto bíblico) al punto B (nuestro auditorio). Eso nos da un punto de partida y un punto final. Comenzamos con el texto bíblico porque estamos convencidos de que es la Palabra de Dios (2 Ti. 3:16-17). Solo somos mensajeros, llamados por Dios para anunciar Su Palabra. Y el punto es la audiencia. Dios quiere anunciar Su Palabra a Su pueblo. En Su sabia providencia, Dios ha elegido hablar a través de mensajeros humanos débiles y frágiles. Si queremos ser fieles

---

[2] Este enfoque hermenéutico no es original mío. Lo aprendí del Charles Simeon Trust, un ministerio comprometido con equipar a pastores y profesores en el proceso de preparación de sermones recorriendo un «camino» que va de la exégesis a la teología bíblica y a la construcción del sermón. Para saber más sobre Simeon Trust, visite https://simeontrust.org. Ofrecen talleres en todo el mundo. También puede encontrar una explicación más detallada de cada aspecto de este proceso en David Helm, *Expository Preaching: How We Speak God's Word Today* (Wheaton, IL: Crossway, 2014).

a las Escrituras y útiles a nuestro público, necesitamos un mapa. No pretendo tener el único mapa que funciona, pero ofrezco un mapa que utilizo cada semana para llegar desde el texto bíblico hasta nuestro auditorio. Demos un paseo.

Al comenzar nuestro viaje, el primer paso es identificar el tipo de texto con el que estamos trabajando. Hay tres tipos de texto: discurso, narración y poesía. El discurso es la comunicación escrita u oral. Así es como hablamos entre nosotros o escribimos cartas a nuestros seres queridos. Nos comunicamos de manera lógica, intentando transmitir un punto de vista o argumentando. La narrativa es una historia. Nos encantan las historias, y todas las buenas historias tienen componentes que las hacen interesantes: un escenario, un conflicto creciente, un clímax, una resolución, un nuevo escenario, personajes, escenas. Por último, está la poesía. La poesía tiene ritmo y sus versos se unen en estrofas. La poesía bíblica comunica la verdad mediante la rima, el ritmo, las imágenes, los cambios de voz y el paralelismo. Así pues, la primera pregunta que se nos plantea es ¿qué es 1 Pedro? Como la mayoría de las epístolas, es un discurso. Es una comunicación escrita en la que el autor expone un argumento en beneficio de su audiencia. Las epístolas son cartas con una forma y estructura populares.

¿Por qué es importante saber a qué tipo de texto nos enfrentamos? Porque cada tipo de texto requiere herramientas particulares para discernir cómo un autor ha organizado su texto para exponer su punto de vista. Necesitamos discernir cómo el autor ha estructurado su argumento porque la estructura de un texto revela su énfasis, y para predicar con fidelidad, queremos predicar el énfasis del texto. Para discernir la estructura del discurso, debemos buscar palabras clave, como verbos y conjunciones. También debemos fijarnos en las palabras repetidas. Las palabras repetidas son importantes porque también nos dan pistas sobre el énfasis de un texto. Y queremos entender la fluidez del argumento del autor. Para ello, primero interpreto el texto bíblico desde la lengua original, identificando esas palabras clave y repetidas. Luego divido el texto en sus proposiciones individuales. Una vez hecho esto, trazo el flujo del argumento mediante un método llamado arco.[3] Aunque se trata de un solo versículo, podemos ver la estructura de 1 Pedro 2:9 de la siguiente manera:[4]

v. 9a: «Pero vosotros sois linaje escogido, real sacerdocio… pueblo adquirido para posesión de Dios».

- El «pero» es un adversativo; contrasta lo que viene antes (vv. 7-8).
  - En los vv. 7-8, los que rechazan a Jesús, la piedra angular, se enfrentan al juicio.
  - En el v. 9, los que creen contrastan con los que se enfrentan al juicio.
    - Los creyentes tienen un estatus especial ante Dios.
    - Este es el estatus que describe el v. 9a.

v. 9b: «a fin de que anunciéis las virtudes de aquel que os llamó de las tinieblas a su luz admirable».

- El «que» indica propósito; al pueblo de Dios se le concede un estatus especial «para que» (propósito) proclamen a Dios y las excelencias de Su salvación.

Discernir la estructura nos permite ver que el pueblo de Dios ha recibido de Dios un estatus especial para un propósito particular. La estructura revela el énfasis, y para ser predicadores fieles, debemos predicar el énfasis del texto.

Una de las razones por las que es tan difícil interpretar fielmente el texto bíblico es porque nos separan más de dos mil años del contexto original. Para entender el texto, debemos comprender lo que

---

[3] Para una introducción al arqueo, véase John Piper, «What is Arcing and Why is Important?», Desiring God Online, consultado el 23 de diciembre de 2023, https://www.desiringgod.org/interviews/what-is-arcing-and-why-is-it-important. También puede descargar una versión gratuita en PDF de «Biblical Exegesis» de John Piper, que explica el arqueo con mayor detalle en: https://cdn.desiringgod.org/pdf/booklets/BTBX.pdf

[4] A menos que se indique lo contrario, utilizo la traducción *de la English Standard Version*. N. del T. Para la traducción de este artículo se ha utilizado La Biblia de las Américas (LBLA).

significaba para el público original en su época. Es decir, queremos saber qué significaba para «ellos» en su «entonces». En consecuencia, debemos plantearnos preguntas sobre el contexto. Empezaremos preguntando por el contexto histórico: ¿para quién se escribió 1 Pedro y qué estaba ocurriendo en aquella época? Sabemos que Pedro dirigió su carta a los cristianos de Asia Menor (1:1). Y al leer la carta, nos enteramos de que estaban siendo discriminados social y relacionalmente por su fe. Por el contexto histórico, empezamos a entender que Pedro escribió su primera carta para animar a los cristianos que se enfrentaban al ostracismo social y a la posible pérdida de derechos por el mero hecho de ser cristianos (2:11-12). El contexto literario también puede arrojar luz sobre el significado de nuestro texto. Por lo tanto, queremos saber cómo lo que viene antes y después informa la comprensión de nuestro texto. En 1 Pedro 2:4-8, aprendemos que somos el templo de Dios que Él está construyendo con piedras vivas. Como lugar donde mora el Espíritu de Dios, servimos a Dios en Su presencia como sacerdotes para ofrecerle sacrificios espirituales (2:5). El fundamento de ese templo es Jesús (2:6-7). En los vv. 10-12 aprendemos que los gentiles que «no eran pueblo de Dios» se han convertido en «pueblo de Dios» por la fe en Jesús y deben vivir como extranjeros y forasteros en este mundo para dar testimonio de Dios glorificándolo mediante una vida santa. Una vez más, vemos que tenemos un estatus especial para un propósito especial. Por último, queremos entender cómo utiliza nuestro autor su propia Biblia. En otras palabras, ¿está citando las Escrituras? Y si es así, ¿cómo y por qué? Curiosamente, Pedro se refiere a dos pasajes de la Escritura: Isaías 43:20-21 y Éxodo 19:5-6. Pero es interesante cómo Pedro utiliza estos textos del Antiguo Testamento. Isaías 43 habla de la restauración de Israel mediante un nuevo éxodo que será tan grande que el pueblo de Dios olvidará el primero. Éxodo 19 registra cuando Dios llevó a Su pueblo a Su montaña en el Sinaí y les concedió un estatus especial después de rescatarlos de Egipto en el primer éxodo. Pedro une estos dos pasajes del Antiguo Testamento y los aplica a los cristianos de Asia Menor:

Isaías 43:20: «porque he puesto aguas en los desiertos y ríos en el yermo, para dar de beber a *mi pueblo escogido*».

- Éxodo 19:5-6: «Ahora, pues, si en verdad escucháis mi voz y guardáis mi pacto, seréis *mi especial tesoro* entre todos los pueblos, porque mía es toda la tierra; y vosotros seréis para mí un *reino de sacerdotes y una nación santa*».
- Isaías 43:21: «El pueblo que yo he formado para mí *proclamará mi alabanza*».

Al unir estos textos de esta manera, Pedro comunica que los cristianos de Asia Menor son el pueblo del nuevo éxodo, el pueblo especial del nuevo pacto de Dios, creado para el propósito especial de Dios. Esto es lo que 1 Pedro 2:9 significaba para ellos en aquel entonces. Este es el punto principal de Pedro en este texto. Pero ¿qué significa para nosotros hoy? Para continuar nuestro camino, pasamos ahora a la reflexión teológica o teología bíblica.

Puesto que somos creyentes del nuevo pacto, necesitamos entender cómo leer toda la Escritura a la luz de Jesús (Lc. 24:13-49). Jesús cumplió el antiguo pacto con Su vida, muerte y resurrección. Su muerte inauguró la era del nuevo pacto (Mt. 26:26-29). Ahora debemos interpretar la Biblia a través de la lente de Jesús. Sin duda, esto es más fácil de hacer en el Nuevo Testamento porque los autores hacen gran parte del trabajo por nosotros. Pero lo que queremos hacer es identificar cómo se conecta nuestro texto con la historia del evangelio. ¿Qué aspecto del evangelio señala nuestro pasaje? Otra forma de plantear la pregunta es: «¿Cómo puedo predicar el evangelio a partir de este texto?». Si hemos de ser predicadores cristianos, debemos predicar sermones cristianos. Cuando identificamos el uso que Pedro hace de Isaías y del Éxodo, aprendimos que ambos se refieren al primer éxodo, pero el pasaje de Isaías apuntaba a uno nuevo. La forma en que Pedro aplica estos textos a su audiencia original nos ayuda a ver que el pueblo de Dios del nuevo pacto es el pueblo del nuevo éxodo. Eso somos nosotros. Al seguir reflexionando sobre la progresión teológica del relato evangélico, también nos damos cuenta de que

Jesús inicia el nuevo éxodo prometido. Él es el nuevo y mejor Israel que deshace el pecado de Israel en el desierto yendo al desierto y luchando contra la tentación donde Israel fracasó (Mt. 4:1-11). Es el nuevo y mejor Moisés que no se limita a recibir la Ley. Interpreta la Ley (Mt. 5–7). Jesús saca a Su pueblo de la esclavitud del pecado, de la muerte y de Satanás al redimirnos mediante Su muerte y resurrección. Como afirma Pedro, ahora somos exiliados en esta tierra (1:2; 2:11), llamados a vivir como pueblo especial de Dios que da testimonio de la gran salvación de Dios en Su Hijo.

Una vez recorrido el camino que va de la exégesis a la reflexión teológica, estamos preparados para elaborar el sermón con el fin de persuadir. Queremos elaborar el sermón de tal manera que comuniquemos el mensaje de forma persuasiva.

Cómo transmitirlo

Comunicar de forma persuasiva requiere que argumentemos. Con demasiada frecuencia, los predicadores suponen que la fidelidad significa solo explicar un texto, como hace un comentario. Pero predicar no es transmitir información. Como dijo John Piper: «Predicar no es conversar. Predicar no es discutir. La predicación no es una charla informal sobre temas religiosos. Predicar no es simplemente enseñar. Predicar es anunciar un mensaje impregnado del sentido de la grandeza, majestad y santidad de Dios».[5] ¡Sí! Predicar es anunciar. Anunciamos un mensaje de buenas noticias sobre el rey que Dios ha colocado en Su trono. Estamos llamando a los incrédulos a arrepentirse y creer e inclinarse ante el rey Jesús (Salmo 2). Estamos llamando a los creyentes a vivir como ciudadanos celestiales en la tierra para gloria de Dios (1 P. 2:11-12). Y lo

---

[5] John Piper, «Why Expositional Preaching is Particularly Glorifying to God», sermón pronunciado en Together for the Gospel 2006, consultado en Internet el 29 de diciembre de 2023, https://www.desiringgod.org/messages/why-expositional-preaching-is-particularly-glorifying-to-god.

hacemos desde toda la Escritura. En el desarrollo de la revelación de Dios desde Génesis hasta Apocalipsis, Dios expone Sus argumentos a través de autores humanos inspirados por el Espíritu Santo. Al predicar, exponemos a nuestro auditorio el mismo argumento que el autor bíblico expuso al suyo, salvo que lo hacemos a la luz de Cristo, que vino a anunciar la llegada del reino y a inaugurar el nuevo pacto con Su muerte sacrificial. En 1 Pedro 2:9 concluimos a partir de nuestra exégesis y reflexión bíblico-teológica que nosotros, el pueblo de Dios del nuevo pacto, somos el pueblo del segundo éxodo al que Dios ha concedido un estatus especial con el fin de declarar Su gloria en la salvación. Ese es el punto principal. Ese es el argumento de Pedro. Queremos exponer este argumento a nuestro auditorio de la forma más clara, memorable, persuasiva y sucinta posible. Podríamos decirlo así: «Nuestra nueva condición de pueblo especial de Dios define nuestra misión». Para comunicar de forma persuasiva, nuestros puntos, subpuntos, aplicaciones e ilustraciones deben servir a nuestro argumento principal.

Una vez identificado nuestro argumento principal, estamos listos para organizar nuestro sermón. Recuerde, la estructura del texto revela el énfasis, y si vamos a predicar el texto fielmente, queremos predicar ese énfasis. Nuestro esquema exegético reveló que el pueblo de Dios del nuevo pacto es el pueblo especial de Dios (v. 9a). Y, como pueblo especial de Dios, debemos declarar las excelencias de la salvación de Dios (v. 9b). Esa es la estructura del texto. La estructura del autor bíblico debe conformar la estructura de nuestro sermón. Por tanto, nos limitaremos a exponerlo en el lenguaje de nuestros días a la luz de Cristo. Sugiero el siguiente esquema de sermón:

v. 9a: Nuestra nueva condición: Somos el tesoro especial de Dios.
v. 9b: Nuestra nueva misión: Proclamar la gloria de Dios en la salvación.

Es en este punto cuando el predicador puede caer en la tentación de pensar que ha trabajado lo suficiente en el estudio como para pronunciar un sermón fiel. Pero este es precisamente mi punto. Hasta ahora, solo hemos hecho el trabajo para «hacerlo bien». Si queremos ser predicadores persuasivos, debemos dedicar la cantidad de trabajo necesaria para «hacerlo entender». Para ello, primero debemos conocer a nuestra audiencia, hacer aplicaciones fieles y proporcionar ilustraciones útiles.

La predicación persuasiva tiene en cuenta a quién predicamos. Por ejemplo, no predicaremos de la misma manera a un grupo de niños que a un grupo de adultos. No expondremos las cosas de la misma manera a nuevos cristianos que a estudiantes de seminario. Si queremos predicar de forma persuasiva, debemos tener en cuenta a quién predicamos. En la mayoría de los contextos, predicaremos a hombres y mujeres, casados y solteros, jóvenes y viejos, ricos y pobres, educados y poco educados. Añádase a esto el hecho de que, en muchos casos, predicaremos a un público de orígenes, experiencias, culturas y etnias diversas. Piense por un momento en quiénes componen su iglesia. Escriba tantas descripciones como sea posible para dar cuenta de la diversidad de los miembros. Pero vayamos más allá de las observaciones superficiales. Por ejemplo, no solo hay parejas casadas. Hay parejas que acaban de casarse, parejas que tienen dificultades en el matrimonio y parejas que son felices o infelices. Los solteros también pertenecen a distintas categorías: solteros jóvenes, solteros mayores y solteros de nuevo por divorcio o viudez. E independientemente del tamaño de su iglesia, si hay familias con niños pequeños, habrá no creyentes en la congregación junto a creyentes. Luego considere las personalidades de esos individuos: complacientes, ansiosos, tímidos, débiles. Y, por supuesto, ya que todos estamos en diferentes niveles de madurez espiritual, todos lucharemos con varios ídolos culturales. Algunos de nosotros seremos propensos al legalismo, y otros al libertinaje. La mayoría de nosotros lucha contra el amor al mundo. Es un poco abrumador, ¿verdad? Aun así, cuando preparamos un sermón y nos esforzamos por hacer una aplicación fiel del texto, debemos considerar a quién le estamos predicando. Así que, cuando escriba su sermón, asegúrese de que sus aplicaciones se derivan del texto bíblico y se dirigen a su audiencia. En el v. 9a, por ejemplo, cuando hablamos de nuestro nuevo estatus, queremos explicar cómo cada descripción que Pedro utiliza se aplica a nuestra congregación, tanto colectiva como individualmente. Uno de los anhelos humanos universales es obtener un estatus. Algunos persiguen la educación para obtener el estatus de médico o abogado. Algunos trabajan duro en el gimnasio o en el campo de entrenamiento para obtener el estatus de atleta. Algunos soportan grandes sacrificios como artistas hambrientos para obtener el estatus de actor. En mi caso, cuando vine de Puerto Rico a la edad de ocho años, busqué desesperadamente encajar y ser aceptado como americano por la gente de esta cultura. Pero 1 Pedro 2:9 nos recuerda que, en Cristo, tenemos un estatus de Dios. Somos el pueblo que Él ha elegido. Somos una nueva «raza», ni judíos ni gentiles. Y somos un pueblo real que tiene el privilegio de servir en la presencia de Dios como sacerdotes. ¿Por qué? Porque Dios nos ha comprado con la sangre de Su Hijo. En otras palabras, somos posesión de Dios. Le pertenecemos. ¿Quién no necesita oír esta buena noticia de que tenemos un nuevo estatus en Cristo? ¿Por qué íbamos a buscar en otra parte una posición, un estatus o una autoestima?

Y no solo eso, sino que nuestra condición determina cómo nos relacionamos con este mundo. Dios nos eligió de este mundo, por eso somos un pueblo santo. Pero no seguimos siendo ciudadanos terrenales, pues nuestra ciudadanía está en el cielo. Por lo tanto, somos una nación santa que, como sacerdotes, está llamada a representar el gobierno de Dios en la tierra. Representamos el gobierno de Dios del mismo modo que los embajadores representan al rey o al presidente de una nación. Estamos llamados a ser diferentes de este mundo. Ya no vivimos para nosotros mismos ni consentimos nuestro pecado (1 P. 2:11-12). Por el contrario, con nuestras vidas debemos mostrar lo que es vivir como el pueblo celestial de Dios que habita en este mundo hostil y malvado.

Pero no solo glorificamos a Dios con nuestras vidas. Estamos llamados a glorificar a Dios con nuestros labios. Esa es nuestra misión: proclamar las excelencias del Dios que nos salvó y nos dio esta nueva condición. Debemos llamar a todos los pueblos del mundo a que se arrepientan y crean en el Hijo de Dios, Jesús. Todos los que crean en él serán salvados y se les concederá este nuevo estatus. La palabra de Dios está viva. Nos forma y nos moldea para parecernos cada vez más a Jesús. Este es el objetivo de Dios para nosotros. Y la predicación es un medio por el que Dios está moldeando a Su pueblo especial para la misión, nuestra alegría y Su gloria.

La verdad que no se aplica es una verdad que se pierde. Dios ha hablado, y actúa mediante Su Palabra y Su Espíritu, a través de Sus mensajeros, para conformar a Su pueblo a la imagen de Su Hijo. Así que, después de haber discernido la estructura, identificado el argumento del autor y reflexionado sobre el evangelio en nuestro texto, queremos esforzarnos por hacer una aplicación fiel y práctica de nuestro texto a nuestro pueblo. En el discurso, busque cualquier imperativo en el texto. Enumere tantas aplicaciones como sea posible. E incluya las aplicaciones en el esquema del sermón. Concéntrese en las aplicaciones primarias, las que provienen directamente del texto. Su argumento determinará qué aplicaciones son primarias. Solo entonces, considere las aplicaciones secundarias. Pero asegúrese de que todas sus aplicaciones se derivan del texto.

Por último, para predicar con eficacia y persuasión, adorne su texto adecuadamente. Es decir, ilustre sus puntos y aplicaciones. Las ilustraciones deben iluminar, no ocultar. Deben aclarar, no oscurecer. Son como las ventanas que dejan entrar la luz en una habitación.[6] Una habitación sin ventanas es oscura y lúgubre. Una habitación en la que todo son ventanas es estructuralmente insegura. Las ilustraciones pueden aclarar un punto o un subpunto. Pueden resaltar una aplicación concreta. Si hay demasiadas ilustraciones, el argumento puede caer en el olvido. Si no son suficientes, el argumento puede quedar oculto. Por tanto, utilice las ilustraciones con prudencia. Dedique el tiempo necesario a analizar sus puntos, subpuntos y aplicaciones para considerar la mejor manera de ilustrarlos de forma que refuercen su argumento principal. Si lo hace, su predicación será fiel, memorable y persuasiva.

---

[6] Charles Spurgeon, «Lecture 1: Illustrations in Preaching», en *Discurso a mis estudiantes*, vol 3, edición Kindle (Londres, Inglaterra, Passmore y Alabaster, Paternoster Buildings, 1894), ubicación 108.

Conclusión: una palabra de exhortación y aliento

Llegados a este punto, puede que esté pensando que si se limita a seguir este camino, sus sermones serán poderosos y persuasivos. Sería una suposición errónea. Nuestra predicación no es poderosa ni persuasiva simplemente por el método de preparación que utilizamos. Nuestra predicación es poderosa y persuasiva porque, en la providencia de Dios, el Espíritu asiste a la Palabra predicada. Como dijo el apóstol Pablo a los corintios: «Y ni mi mensaje ni mi predicación fueron con palabras persuasivas de sabiduría, sino con demostración del Espíritu y de poder, para que vuestra fe no descanse en la sabiduría de los hombres, sino en el poder de Dios» (1 Co. 2:4-5). La tarea de predicar es una tarea sobrenatural. Por tanto, la abordamos con dependencia y oración.

He esperado a propósito para decir esto al final y dejarlo como lo más reciente en su mente. Si queremos ser predicadores fieles y persuasivos, debemos ser guerreros de la oración. Jesús prometió edificar Su Iglesia sobre el fundamento del evangelio (Mt. 16:18; Ef. 2:20). En otras palabras, Jesús está edificando Su Iglesia sobre el fundamento de la enseñanza de los apóstoles, la palabra del evangelio. Esta es una buena noticia. Jesús no está construyendo Su Iglesia sobre nuestra personalidad. No está construyendo Su Iglesia sobre nuestros dones. No está edificando Su Iglesia sobre programas o ministerios. Él está construyendo Su Iglesia sobre la Palabra proclamada, escuchada y creída. Y es el Espíritu quien otorga nuevos corazones y hace que los espiritualmente muertos cobren vida. Así pues, anímese. Esfuércese por interpretar fielmente el texto bíblico para que lo entienda bien, sin decir ni más ni menos de lo que dice. Y esfuércese por pronunciar el sermón de manera persuasiva para que sea entendible. Pero empiece y termine con oración, sabiendo que Jesús edificará Su Iglesia y que Su Palabra no volverá vacía.

Capítulo 12

Comer carne sacrificada a los ídolos en Corinto

Principios duraderos de las instrucciones de Pablo

por Robert L. Plummer

Introducción

¿Son pertinentes hoy las instrucciones del apóstol Pablo sobre el consumo de carne sacrificada a los ídolos? Como ministros del Occidente moderno, la mayoría de nosotros debemos admitir que nunca hemos tenido que enseñar en nuestras iglesias sobre la ética de comer carne ofrecida a los ídolos.[1] En el siglo I, sin embargo, esta cuestión dividió a la joven y agitada iglesia de Corinto. De hecho, el tema causó tanto revuelo que los cristianos de Corinto escribieron a su fundador,

[1] Para los misioneros o los cristianos no occidentales, la cuestión puede ser muy diferente.

el apóstol Pablo, para pedirle consejo al respecto. Entre la respuesta de Pablo a las preguntas de los corintios sobre el matrimonio (7:1-40) y los comentarios del apóstol sobre el papel de la mujer en el culto (11:2-16), encontramos un extenso debate de Pablo sobre la respuesta cristiana adecuada a la carne sacrificada a ídolos paganos (en adelante, «carne de ídolos»).[2] El propósito de este artículo es explicar esta parte de la carta de Pablo y destacar las implicaciones de la enseñanza de Pablo para el ministerio cristiano moderno.

Comenzaré a continuación ofreciendo una breve introducción tanto al contexto cultural de la antigua Corinto como al contexto epistolar de las observaciones de Pablo sobre la carne de ídolo. Tras un breve resumen del argumento de Pablo en 1 Corintios 8:1–11:1, enumeraré y analizaré cinco principios teológicos extraídos de la discusión de Pablo.

Para empezar, debo advertir que este artículo no pretende ser un comentario sobre 1 Corintios 8:1–11:1. No trataré todas las cuestiones hermenéuticas de estos tres capítulos, sino que me centraré en los puntos principales y los principios duraderos del debate de Pablo. Tanto el formato de este libro como las limitaciones de espacio de este artículo me obligan a adoptar este enfoque.

---

[2] Algunos estudiosos han planteado la cuestión de si Pablo se refiere a todo tipo de alimentos consagrados a los ídolos o simplemente a la carne consagrada (por ej.: Peter D. Gooch, *Dangerous Food: 1 Corinthians 8-10 in Its Context* [Studies in Christianity and Judaism 5; Waterloo, Ontario: Wilfrid Laurier University Press, 1993]. 53-59). Tanto las observaciones de Pablo en el contexto más amplio (1 Co. 8:13) como la gama semántica de *eidolódsuton* apoyan la idea de que la discusión de Pablo se refiere principalmente, si no únicamente, a la carne de ídolo. Así Anthony C. Thiselton, *The First Epistle to the Corinthians* [New International Greek Testament Commentary 7; Grand Rapids: Eerdmans; Carlisle: Paternoster, 2000], 617). Sobre el término *eidolódsuton*, BDAG informa: «Se refiere a la carne del sacrificio, parte de la cual se quemaba en el altar como porción de las deidades (comp. Orig., C. Cels. 8, 30, 1: to *eidolódsuton dsuetai daimoníois*), parte se comía en una comida solemne en el templo, y parte se vendía en el mercado (así Artem. 5, 2) para uso doméstico» (BDAG 280).

El contexto social y religioso de la antigua Corinto

Antes de examinar las instrucciones de Pablo a los corintios, debemos salvar un gran abismo de tiempo y cultura para comprender la cuestión que estaba abordando. Corinto, al igual que otras grandes ciudades del antiguo Imperio romano, tenía numerosos templos paganos, que normalmente contenían uno o varios ídolos de algún tipo.[3] Una parte común de las festividades paganas era el sacrificio de animales a la deidad pagana y la posterior cocción y consumo de la carne consagrada por parte de los adoradores.[4]

Los antiguos templos paganos también cumplían una función civil y social que trascendía su propósito religioso fundacional. Los templos paganos ofrecían un lugar adecuado para grandes reuniones, con amplias instalaciones para celebrar funerales, bodas u otros acontecimientos sociales.[5] Los complejos de templos eran más o menos análogos (en su

---

[3] El arqueólogo John R. McRay informa que «abundaban los santuarios paganos en Corinto». McRay señala la presencia de lugares de culto para el culto imperial, Asclepio, Atenea, Afrodita, Deméter, Perséfone y otras deidades (John R. McRay, «Corinth», en *Dictionary of New Testament Backgrounds*, ed., Craig A. Evans y Stanley E. Porter [Downers Grove: InterVars Press, 2000] 228). Véase también J. Murphy O'Connor, «The Corinth that Saint Paul Saw», *Biblical Archaeologist* 48 (1984), 147-159; *Ibid.*, *St. Paul's Corinth: Texts and Archaeology* (Good News Studies 6; Wilmington, DE: Michael Glazier, 1983); *Ibid*, «Corinth», en *Anchor Bible Dictionary*, ed. David Noel Freedman y otros, David Noel Freedman y otros (Nueva York: Doubleday, 1992), 1:1134-1139; Robert L. Scranton, *Monuments in the Lower Agora and North of the Archaic Temple*, vol. 1, parte 3 de *Corinth: Results of Excavations Conducted by The American School of Classical Studies at Athens* (Princeton, NJ: American School of Classical Studies at Athens, 1951); Carl W. Blegen, «Excavations at the Summit» in *Acrocorinth: Excavations in 1926*, ed. C. Blegen y otros, vol. 3, parte 1 de *Corinth: Results of Excavations Conducted by The American School of Classical Studies at Athens* (Cambridge, MA: Harvard University Press, 1930), 3-28.

[4] Por ejemplo, Luciano *The Double Indictment* 10 (LCL 130:103).

[5] Véase Gooch, 1-46; Wendell Lee Willis, *Idol Meat in Corinth: The Pauline Argument in 1 Corinthians 8 and 10* (Chico, CA: Scholars Press, 1985) 63, n. 234; Ramsay MacMullen, *Paganism in the Roman Empire* (New Haven: Yale University Press, 1981), 36-42; Franz Poland, *Geschichte des griechischen*

doble funcionalidad) a una logia masónica moderna, es decir, un edificio que sirve como lugar de reunión para sus propietarios o adeptos, pero que a menudo es utilizado por la comunidad para actividades sociales. En las reuniones sociales que se celebraban en los templos de la antigüedad se comía carne consagrada a una deidad pagana, pero las reuniones en sí no solían interpretarse como verdaderos servicios religiosos.

Otro elemento importante que se debe tener en cuenta es que la mayor parte de la carne vendida en el antiguo mercado de carne había sido sacrificada originalmente a una deidad pagana. Se puede entender el sentido práctico de esta costumbre desde la perspectiva de un antiguo carnicero pagano, que probablemente pertenecía a un gremio relacionado con un templo pagano.[6] Un distribuidor de carne podía tanto buscar el favor de una deidad como vender sus mercancías. Tal era la práctica habitual en la mayoría de las antiguas ciudades grecorromanas, de modo que comprar carne en el mercado público era casi con toda seguridad comprar carne que originalmente había sido sacrificada en un templo pagano.

La excepción notable a esta práctica se encontraba entre los judíos del antiguo Imperio romano. Los judíos, tanto en defensa de su monoteísmo como preocupados por la limpieza de sus alimentos (de acuerdo con las

---

Vereinswesens (Leipzig: B. G. Teubner, 1909), 503-513. Gordon Fee cree que el tema en 1 Corintios 8:1–10:22 es «el consumo de alimentos de sacrificio en las comidas de culto en los templos paganos», pero esa lectura no parece explicar las declaraciones de acompañamiento de Pablo en el capítulo 8 (Gordon D. Fee, *The First Epistle to the Corinthians* New International Commentary on the New Testament (Grand Rapids: Eerdmans, 1987), 359-360).

[6] D. A. Carson escribe: «Parece que la mayor parte de la carne se mataba en conexión con un gremio del templo y se vendía justo a las puertas del templo» (D. A. Carson, *The Cross and Christian Ministry: An Exposition of Passages from 1 Corinthians* [Grand Rapids: Baker; Leicester: InterVarsity Press, 1993] 123). N. T. Wright afirma: «... sigue siendo probable que la mayor parte de la carne disponible hubiera sido ofrecida en el culto a los ídolos, y que en una ciudad como Corinto los templos paganos sirvieran de equivalente a los restaurantes modernos» (N. T. Wright, *The Climax of the Covenant: Christ and the Law in Pauline Theology* [Edimburgo: T & T Clark, 1991], 126, n. 14).

leyes dietéticas del Antiguo Testamento), hacían todo lo posible por evitar la carne que hubiera sido contaminada en ceremonias idolátricas.[7]

De las dos cartas de Pablo a los corintios se desprende claramente que un número significativo de cristianos de Corinto procedían de ambientes paganos (1 Co. 6:9-11; 8:7; 12:2). La mayoría de estos nuevos conversos gentiles probablemente habían participado en ceremonias paganas idolátricas, así como en numerosas funciones sociales en los templos paganos. Aunque la persona promedio en la antigua Corinto comía muy poca carne (la dieta antigua era bastante frugal),[8] la carne que se consumía generalmente había sido sacrificada en un templo pagano.[9]

Cuando los corintios paganos llegaron a la fe en Cristo y rompieron con su pasado idólatra, tuvieron que tomar una serie de decisiones éticas importantes. Aunque era obviamente malo adorar a un dios falso, ¿era malo asistir a una función social o civil en los templos paganos? Si tu vecino se iba a casar, ¿había algo malo en asistir a la ceremonia en el templo pagano y luego comer los aperitivos (que casualmente habían sido sacrificados a un ídolo)? O, en otro orden de cosas, ¿es malo comprar carne a un carnicero que la ha sacrificado en el recinto de un templo pagano? ¿Y si a ti personalmente no te importaba comer carne de ídolo, pero esa práctica ofendía a un hermano cristiano o le tentaba a participar en una actividad que él consideraba prohibida?[10] Fueron preguntas

---

[7] Tácito, *Historias* 5.5 (LCL 249:183); Josefo, *Contra Apión* 2.258 (LCL 186:397). Véase Gooch, 131-133.

[8] H. D. F. Kitto informa de que la dieta media consistía en «harina de cebada, aceitunas, un poco de vino, pescado como condimento y carne solo en días festivos [...]. Como ha dicho Zimmern, la cena ática habitual consistía en dos platos, el primero una especie de avena, y el segundo, una especie de avena» (H. D. F. Kitto, *The Greeks* [Londres: Penguin, 1951] 33, citado en C. K. Barrett, «Things Sacrificed to Idols», *New Testament Studies* 11 [1964-65], 145).

[9] Véase Plinio, *Letters* 10.96, donde Plinio señala que «[la] carne de las víctimas de sacrificios está a la venta en todas partes» (LCL 59:291).

[10] Los cristianos judíos, que ya no estaban sujetos a las leyes alimentarias del Antiguo Testamento, se enfrentaban no solo al dilema de comer o no carne de ídolo, sino también a qué hacer con todos los alimentos que antes eran impuros.

como estas las que impulsaron a los corintios a escribir al apóstol Pablo para pedirle consejo.

El contexto epistolar

Primera de Corintios parece ser la segunda carta que Pablo escribió a los cristianos de Corinto (1 Co. 5:9). La primera carta se ha perdido, y tanto 1 Corintios como la «carta perdida» fueron precedidas por la visita del apóstol (1 Co. 3:6; 4:15; 9:1-2; 2 Co. 3:2-3; comp. Hch. 18:1-18). Al parecer, la carta de 1 Corintios fue suscitada tanto por los informes sobre los problemas en Corinto que Pablo había oído de gente de «la casa de Cloé» (1 Co. 1:11) como por la carta que los corintios habían escrito a Pablo para preguntarle sobre ciertos temas: el matrimonio, los dones espirituales, la ofrenda, y el tema que estamos examinando en este artículo: la carne de ídolo.[11]

Dado que los comentarios de Pablo sobre la carne de ídolo son una respuesta directa a una de las preguntas de los corintios, es fácil marcar su respuesta como una unidad discernible en el texto. Aunque otras partes de la correspondencia con los corintios profundizan nuestra comprensión de la enseñanza de Pablo en 1 Corintios 8:1–11:1, trataremos esta amplia porción del texto como una unidad autónoma.

Antes de examinar en detalle este texto, debemos observar que 1 Corintios es una «carta ocasional». Aunque este punto es algo obvio, es importante señalarlo. Pablo respondió y escribió a una «ocasión» particular. Su carta fue «motivada» por la situación en Corinto. Sin embargo, el valor perdurable del texto no disminuye por el mero hecho de que Pablo responda a una situación concreta del siglo I que ya no existe.

En ocasiones, el canon cristiano ha sido denigrado por personas ajenas a él debido al carácter ocasional de muchos de los documentos que contiene. Tal crítica de la Escritura cristiana no reconoce la sabiduría de

---

[11] Parece ser que esta carta de los corintios fue entregada a Pablo por Estéfanas, Fortunato y Acaico (1 Co. 16:17).

Dios al revelar Su verdad a través de la personalidad y las situaciones de personas concretas. A veces, la particularidad y la naturaleza personal de la revelación divina añaden una intensidad y viveza a la enseñanza que no pueden reflejarse en mandatos éticos o teológicos abstractos.[12] Por supuesto, en el Nuevo Testamento no solo leemos situaciones particulares a través de autores específicos, sino que leemos palabras de verdad inspiradas por Dios. Como Palabra de Dios, las cartas de Pablo llegan al corazón, dividen el alma y el espíritu, las articulaciones y los tuétanos, y juzgan los pensamientos y las actitudes de nuestros corazones (He. 4:12).

Una visión general del argumento de Pablo en 1 Corintios 8:1-11:1

Antes de centrarnos en los principios clave que Pablo enseña en su discusión sobre la carne de ídolo, es importante tener una visión general de todo el argumento del apóstol. Después de trazar brevemente el argumento de Pablo a través de 1 Corintios 8:1–11:1, volveremos a discutir cinco principios destacados del texto y cómo deberían aplicarse en nuestro contexto moderno.[13] Pablo comienza en 8:1 señalando abruptamente

---

[12] Puede que un ejemplo anecdótico ayude a ilustrar este punto. Hace unos meses leí unas cartas que mi abuelo escribió a mi abuela en los años cuarenta. En ellas mostraba una ternura y una preocupación por mi abuela que me inspiraron a tratar a mi mujer con más ternura. Creo que ningún mandato ético abstracto habría tenido la misma cualidad motivadora.

[13] L. T. Johnson escribe: «Los corintios se enfrentaron primero a los problemas que han demostrado ser perennes para todas las comunidades cristianas: cómo vivir en santidad y libertad dentro de las estructuras reales de un mundo social determinado. Se enfrentaron a estas cuestiones en casos condicionados culturalmente: ¿Podían comer carne ofrecida a los ídolos? ¿Podían sus mujeres llevar velo mientras profetizaban? Sin embargo, estos antiguos dilemas culturales ofrecen analogías estructurales con situaciones a las que se enfrentan las iglesias de todas las generaciones. En esta correspondencia, descubrimos la dificultad de definir una identidad en un contexto pluralista. Más que las conclusiones específicas ofrecidas por Pablo, es su forma de pensar sobre estas cuestiones y los principios que invoca lo que sigue siendo de interés contemporáneo» (Luke

la siguiente pregunta de los corintios que pretende abordar:[14] «En cuanto a lo sacrificado a los ídolos».[15] A través de la lectura del siguiente texto, rápidamente se hace evidente que ciertos miembros «fuertes»[16] o «conocedores» de la comunidad en Corinto están comiendo carne sacrificada a los ídolos (8:1-9) y asistiendo a banquetes «no religiosos» que se reúnen en templos paganos (8:10-11). Los miembros «débiles» de la comunidad, sin embargo, consideran que tales actividades tienen un significado religioso y se les incita a participar ellos mismos en tales comidas. Desde el punto de vista de los miembros débiles, cuando «ceden» y participan en comidas cuestionables, se involucran en un sincretismo idólatra. Así, los débiles están siendo inducidos a pecar contra su propia conciencia al participar en lo que ellos consideran idolatría, y si persisten, serán «destruidos» (*apóllutai*; 1 Co. 8:11-13).

Aunque en teoría Pablo está de acuerdo con los corintios fuertes en su valoración de la carne sacrificada a los ídolos (es decir, que no tiene un significado espiritual último), sostiene que el principio de la abnegación por el bien del otro tiene prioridad. Pablo afirma: «Por tanto, si la comida hace caer a mi hermano, yo no comeré carne jamás, para no hacer caer a mi hermano» (1 Co. 8:13, traducción mía).[17] Del mismo modo que Pablo renuncia a su derecho a recibir ayuda económica o a llevar consigo

---

T. Johnson, *The Writings of the New Testament: An Interpretation* [Filadelfia: Fortress, 1986], 272).

[14] El lenguaje de los tres párrafos siguientes depende de mi artículo en *JETS*, usado con permiso. Véase Robert L. Plummer, «Imitation of Paul and the Church's Missionary Role in 1 Corinthians», *Journal of the Evangelical Theological Society* 44 (2001) 219-235.

[15] Las citas de las Escrituras están tomadas de la Nueva Versión Internacional (NVI), a menos que se indique lo contrario.

[16] Aunque Pablo no utiliza el término «fuerte» en 1 Corintios, adoptaremos esta designación para los creyentes que estaban a favor de comer carne de ídolo (comp. Ro. 15:1).

[17] Para Pablo, el término «hermanos» incluye, obviamente, tanto a los hombres como a las mujeres de la congregación, y para facilidad de expresión usaré él término de la misma manera.

a una esposa creyente para que no se interponga ningún obstáculo en su ministerio evangelizador (1 Co. 9:1-27), los corintios fuertes deberían renunciar a su derecho a comer carne sacrificada a los ídolos, si esa acción resulta espiritualmente perjudicial para sus hermanos débiles.

En el capítulo 10, Pablo pasa de discutir el principio de la abnegación a denunciar la idolatría como infidelidad. Pablo cita ejemplos del Antiguo Testamento de cómo Dios trata a los infieles. De hecho, la destrucción de los israelitas por parte del Señor, incluso después de haberlos rescatado de Egipto, constituye una advertencia contra la presunción y la infidelidad (10:1-13). Un ejemplo de presunción similar en la época de Pablo sería participar en una ceremonia religiosa idolátrica (10:14-22).[18] Incluso en los casos en los que no hay idolatría de por medio (por ej., comer carne del mercado o comer carne de ídolo en casa de un no creyente), si la conciencia de otra persona está en peligro, hay que abstenerse de comer (10:23-30).[19]

Principios e importancia actual

Ahora discutiremos cinco principios duraderos de las instrucciones de Pablo sobre la carne de ídolo. Bajo cada principio enumerado

---

[18] Véase Hans Conzelmann, *1 Corinthians* (Hermeneia; Filadelfia: Fortress, 1975) 177; John C. Brunt, «Rejected, Ignored, or Misunderstood? The Fate of Paul's Approach to the Problem of Food Offered to Idols in Early Christianity», *New Testament Studies* 31 (1985), 114.

[19] Nótese la estructura del argumento: (A) cuestión de la carne de ídolo, (B) paradigma apostólico y ejemplo del Antiguo Testamento, (A1) cuestión de la carne de ídolo. Hopper afirma que Pablo emplea el discurso epidíctico en 1 Corintios, mediante el cual introduce un tema, hace una digresión y luego vuelve al tema principal (Mark Edward Hopper, «The Pauline Concept of Imitation», [tesis doctoral, The Southern Baptist Theological Seminary, 1983], 128). Este patrón ABA de argumentación ha sido señalado por otros (por ej.: Fee, 16; John J. Collins, «Chiasmus, the "ABA" Pattern, and the Text of Paul», en *Studiorum Paulinorum Congressus Internationalis Catholicus 1961* (Analecta biblica 17-18; 2 vols.; Roma: Biblical Institute, 1963), 2:575-583.

a continuación, primero ofreceré evidencia textual de que estos principios son de hecho un resumen adecuado del pensamiento de Pablo. En segundo lugar, ofreceré algunas sugerencias sobre cómo podrían aplicarse estas normas en un contexto ministerial moderno.

Doctrina de Dios

En primer lugar, las respuestas de Pablo a las cuestiones éticas pragmáticas surgen directamente de su comprensión de la persona y la naturaleza de Dios. La carta de Pablo, aunque ocasional, no se compone de respuestas irreflexivas o *ad hominem* a la situación de Corinto. La reflexión teológica de Pablo es coherente y se nutre de la rica fuente de la Escritura del Antiguo Testamento, así como de la revelación adicional dada por Cristo resucitado y el Espíritu Santo.

Es digno de mención que Pablo comience su respuesta a la cuestión de la carne de ídolo con una alusión al *Shemá*.[20] El *Shemá*, una confesión en modo de oración de Deuteronomio 6:4-5, era recitada como oración judía diaria por judíos devotos en la época de Pablo.[21] El conocido texto dice: «Escucha, Israel: El SEÑOR nuestro Dios es el único SEÑOR. Ama al SEÑOR tu Dios con todo tu corazón, con toda tu alma y con todas tus fuerzas» (Dt. 6:4-5).

En 1 Corintios 8:3-6, Pablo escribe:

> Pero el que *ama* a Dios es conocido por él. De modo que, en cuanto a comer lo sacrificado a los ídolos, sabemos que un ídolo no tiene ningún valor en este mundo y que hay un solo Dios. Aunque haya los así llamados dioses, en el cielo o en la tierra (y por cierto que hay muchos «dioses» y muchos «señores»), *para nosotros no hay más que un solo Dios, el Padre, de quien todo procede y para el cual vivimos; y no hay más que un solo Señor,*

---

[20] Estoy en deuda con el Dr. Peter Gentry por estimular mi reflexión sobre este pasaje.

[21] *m. Ber*. 1-3.

> *Jesucristo, por quien todo existe y por medio del cual vivimos.* (Énfasis del autor).

N. T. Wright ha argumentado persuasivamente que aquí Pablo está adaptando la clásica afirmación judía del monoteísmo e infundiéndole un vocabulario cristocéntrico.[22] Pablo identifica al «Dios» mencionado en Deuteronomio como «Dios, el Padre», mientras que el «Señor» de Deuteronomio se identifica con nuestro «único Señor, Jesucristo». Las delimitaciones más finas y precisas de la teología trinitaria sistémica tendrían que esperar a la síntesis de numerosos textos bíblicos. Sin embargo, aquí, en 1 Corintios 8:6, Pablo presenta una afirmación monoteísta que incluye tanto al Padre como al Hijo como plenamente divinos. Este pasaje, entre otras afirmaciones bíblicas tanto de la deidad como del carácter distintivo del Padre, el Hijo y el Espíritu, proporcionó la materia prima a partir de la cual se forjó posteriormente una confesión trinitaria ortodoxa. Sin embargo, esta controversia trinitaria posterior no era el problema al que se enfrentaba Pablo en la Corinto del siglo I. La confesión monoteísta de Pablo de Dios Padre y del Señor Jesucristo proporciona una base para evaluar a los ídolos y la carne que se les ofrecía.

Pablo se esfuerza por afirmar que en realidad solo hay un Dios; un Dios conocido sobre todo en la revelación de Sí mismo como Padre amoroso que envió a su Hijo único para ser crucificado por los pecados de la humanidad. ¿Cómo se desprenden de esta afirmación monoteísta los principios éticos que Pablo recomienda? En primer lugar, como solo hay un Dios, los ídolos no son nada en realidad, por lo que Pablo puede estar de acuerdo con la verdad objetiva de los cristianos «fuertes» o «entendidos». El apóstol afirma con toda claridad: «Sabemos que un ídolo no tiene ningún valor en este mundo y que hay más que un Dios» (1 Co. 8:4). Aunque algunas personas puedan pensar que los ídolos o la carne de ídolo tienen algún poder espiritual inherente, Pablo dice que tal percepción se

[22] Wright, 120-136. Wright argumenta: «Pablo ha redefinido [el *Shemá*] cristológicamente, produciendo lo que solo podemos llamar una especie de monoteísmo cristológico» (129).

basa en un pensamiento incorrecto (8:7). De hecho, la verdad del asunto es que «lo que comemos [es decir, incluso la carne sacrificada a los ídolos] no nos acerca a Dios; no somos peores por no comer ni mejores por comer» (8:8)

Sin embargo, Pablo no nos deja simplemente con una afirmación que concuerda con la verdad objetiva de los cristianos «fuertes». Hacerlo sería descuidar la segunda mitad de su lectura del *Shemá* centrada en Cristo. El Dios al que adoramos es uno; pero es uno que se ha mostrado preeminentemente en la entrega sacrificial de Su Hijo. Es este amor sacrificial el que los cristianos deben expresar en la Iglesia. Los cristianos «fuertes» o más conocedores deben estar dispuestos a sacrificar el comportamiento «permitido» a cambio de la superintendencia espiritual de sus hermanos «débiles». Como dice sucintamente L. T. Johnson: «Renunciar voluntariamente a una posición de fuerza por una de debilidad es el modelo de intercambio que se convierte en la clave del evangelio del Mesías crucificado (véase 1:17-25), un modelo que el propio Pablo ejemplifica (8:13)».[23]

La instrucción ética de Pablo es una extensión natural de su comprensión de la persona de Dios. Del mismo modo, la enseñanza ética de nuestras iglesias de hoy debe basarse en una cuidadosa reflexión bíblica. Esta tarea es más urgente que nunca, ya que la Iglesia se enfrenta tanto a una miríada de dilemas éticos como a la confusión interna sobre la naturaleza de Dios y la autoridad de las Escrituras.

Muchos de los desafíos éticos a los que se enfrenta la Iglesia no tienen un precedente explícito en las Escrituras (o tienen un precedente limitado). Los cristianos deben responder de manera convincente a una serie de procedimientos médicos (clonación, eutanasia, investigación de tejidos fetales, aborto, terapias genéticas, etc.), cuestiones de género y sexuales, y a cuestiones de política internacional, disparidad económica y pluralismo religioso. Cuando la Iglesia aborda estas cuestiones, es esencial que nos aferremos a la verdad bíblica de quién es Dios. Si perdemos

---

[23] Johnson, 282.

nuestras bases teológicas, nuestra práctica ética también se desviará. Esta relación entre teología y ética es una de las razones por las que el debate actual sobre la naturaleza de la presciencia y la soberanía de Dios es tan importante. Si se pierde el principio fundamental de la omnisciencia y omnipotencia de Dios, se producirá una confusión moral.[24]

Asuntos intrascendentes

En segundo lugar, la comprensión ética de Pablo incluía no solo la categoría de «correcto» e «incorrecto», sino también la de «adiáfora» o «intrascendente». Sin duda, Pablo pensaba que muchas acciones y pensamientos humanos podían bifurcarse en las dos categorías básicas de moralmente incorrecto o moralmente correcto. Amar al prójimo era correcto y bueno (Ro. 12:9-21), mientras que cometer adulterio, tener una conducta homosexual o emborracharse era moralmente incorrecto (Ro. 1:18-32; Ef. 5:18).[25]

Para Pablo, sin embargo, había una tercera categoría ética además de «lo correcto» y «lo incorrecto»: la categoría de *adiáfora* o asuntos intrascendentes. Por ejemplo, Pablo consideraba que la limpieza judía o las preocupaciones ceremoniales pertenecían al ámbito de la adiáfora, ahora que había amanecido la Era Venidera. La circuncisión no era ni mala ni buena, a menos que se dependiera de ella para la salvación, y entonces funcionaba más bien como una maldición (Gá. 5:2). Sin embargo, la actividad o el estado de la circuncisión en sí estaba en la categoría de *adiáfora*, es decir, moralmente intrascendente. En 1 Corintios 7:19, Pablo observa: «Para nada cuenta estar o no estar circuncidado, lo que importa

[24] Este vínculo entre teología y moral puede verse claramente en la carta de Pablo a los Gálatas, donde el apóstol no solo defiende la evangelización (Gá. 1:1-5:12), sino que corrige la confusión moral resultante del abandono de la verdad por parte de la Iglesia (5:13–6:10).

[25] Además, el apóstol reconoció que, incluso haciendo lo moralmente correcto, los humanos caídos siempre están influidos por la naturaleza pecaminosa heredada de Adán (Ro. 7:7-25).

es cumplir los mandatos de Dios». El apóstol desarrolla esta perspectiva teológica en Gálatas 5:2-6:

> Escuchen bien: yo, Pablo, les digo que, si se hacen circuncidar, Cristo no les servirá de nada. De nuevo declaro que todo el que se hace circuncidar está obligado a practicar toda la Ley. Aquellos de entre ustedes que tratan de ser justificados por la Ley han roto con Cristo; han caído de la gracia. Nosotros, en cambio, por obra del Espíritu y mediante la fe, aguardamos con ansias la justicia que es nuestra esperanza. En Cristo Jesús de nada sirve estar o no estar circuncidados; lo que vale es la fe que actúa mediante el amor.

Del mismo modo, Pablo veía las preocupaciones dietéticas como una cuestión de *adiáfora* moral. Si uno deseaba continuar comiendo carne *kosher* debido a su herencia cultural judía, esto era de poca preocupación para Pablo. Pero, si el hermano que comía dicha carne sentía que de alguna manera su justificación ante Dios se basaba en su abstinencia o consumo de ciertos alimentos, se estaba extraviando. Y, si uno abandonaba las prácticas *kosher* y luego volvía a ellas porque le preocupaba la aprobación de los demás (o la tentación de justificarse por sus obras a los ojos de los demás), entonces se autocondenaba (Gá. 2:11-21).

Pablo se enfrentaba a un enigma ético con la carne de ídolo que se complicaba aún más por el complejo contexto cultural y social explicado al principio de este artículo. Aunque era posible tener una función social o civil en el complejo de un templo, la experiencia de comer en los templos antiguos se describía a veces como «cenar en la mesa de [nombre de la deidad]».[26] Una asociación tan estrecha con la idolatría era coquetear con el desastre espiritual. Comprender esta delgada línea entre cenar

---

[26] Una invitación del siglo II (d. C.) encontrada en los papiros de Oxirrinco reza así: «Chaeremon solicita tu compañía para cenar en la mesa del señor Sarapis (*deipnésai eis kleinen tou kúriou Sarapidos*) en el Sarapeum [templo de Sarapis] mañana...» (*P. Oxy.* 110). Para invitaciones casi idénticas, véanse *P. Oxy.* 523, 1484, 1755, 2791, 4339, 4540. Véanse también estos papiros citados por

«socialmente» en un templo y comer «a la mesa» de una deidad pagana es probablemente la razón por la que Pablo no se pronuncia inicialmente sobre la conveniencia moral de que un cristiano «fuerte» coma en un templo (1 Co. 8:10), y luego habla del peligro de compartir la «copa» o «mesa» de los demonios (1 Co. 10:21). No solo por el bien de los no creyentes, sino también porque se está coqueteando con la idolatría demoníaca, los cristianos deben mantenerse alejados del recinto del templo, incluso para actividades no religiosas. Pablo al menos no vuelve a mencionar explícitamente la posibilidad de una comida aceptable en un templo pagano después del ejemplo hipotético dado en 8:10.[27] Al final de su argumento, Pablo parece acceder a solo dos expresiones permitidas de comer carne de ídolo: (1) comprar carne de ídolo en el mercado para consumo personal sin preguntar si fue sacrificada a un ídolo, y (2) comer carne de ídolo en la casa de un amigo o vecino pagano, cuando un cristiano «débil» no estuviera presente como para ser ofendido.

Comer carne de ídolo de las dos maneras permitidas por Pablo anteriormente se consideraba en el ámbito de las intrascendencias morales. Para Pablo estaba al mismo nivel moral que elegir el color del manto que llevaba. Sin embargo, la conciencia de los cristianos «débiles» hacía que esta cuestión fuera mucho más importante que el color del vestido de alguien. En lugar de exhortar al cristiano inmaduro a madurar y ver la verdad objetiva de que este asunto pertenecía al ámbito de la *adiáfora*, Pablo consideró que sus conciencias excesivamente sensibles eran el asunto más importante que había que preservar. Si el hecho de que un

---

Thiselton: *Papyrus Osloensis* 157, *Papyrus Yale* 85, *Papyrus Fouad* 76 y *Papyrus Colon* 2555 (Thiselton, 619).

[27] La cláusula condicional de 1 Corintios 8:10 (*ean gár tis jide se ton éjonta gnosin en eidoleío katakeímenon*) es una condición de tercera clase, que presenta el acontecimiento en la prótasis como una acción para consideración hipotética. Para una discusión de las oraciones condicionales de tercera clase, véase Stanley E. Porter, *Idioms of the Greek New Testament* (Biblical Languages: Greek Series, vol. 2; Sheffield: JSOT Press, 1992) 261-263; James L. Boyer, «Third (and Fourth) Class Conditions», *Grace Theological Journal* 3 (1982), 163-175.

cristiano «fuerte» comiera carne de ídolo podía incitar de algún modo a su hermano «débil» a hacer algo que este considerara moralmente incorrecto, entonces tanto el cristiano «fuerte» como el «débil» habían pecado. (E, hipotéticamente, ninguno de los dos habría pecado si el hermano «fuerte» hubiera restringido su libertad al preocuparse por el «débil»).

Dar instrucciones morales claras al tiempo que se permite una auténtica categoría de *adiáfora* moral es todo un reto. Hay una tendencia humana a excluir y juzgar a los demás, y así tener solo categorías de «correcto» e «incorrecto». La iglesia posapostólica primitiva se enfrentó a esta proclividad humana. La *Didajé* (un manual cristiano de instrucciones del siglo I) declara que comer carne de ídolo es una cuestión moralmente incorrecta en todos los casos.[28] El texto dice: «En cuanto a la comida, llevad lo que podáis, pero en cualquier caso manteneos estrictamente alejados de la carne sacrificada a los ídolos, porque implica la adoración de dioses muertos».[29] El matizado panorama ético del apóstol Pablo fue aplastado por sus sucesores.

Mientras que muchas personas califican erróneamente de inmoral el comportamiento «intrascendente» de los demás, existe una tendencia humana opuesta (e igualmente virulenta) a justificar o excusar el propio comportamiento pecaminoso. Por lo tanto, como humanos caídos, también debemos tener cuidado con nuestra inclinación a incluir nuestro propio comportamiento inmoral en el ámbito de lo «intrascendente».

Los cristianos modernos pueden reconocer fácilmente que el color de los calcetines o de las medias que elegimos llevar hoy es una cuestión

---

[28] Este punto de vista es defendido por varios de los primeros escritores cristianos, por ej.: Justino Mártir, *Diálogo con Trifón* 34 (ANF 1:212) e Ireneo, *Contra las herejías* 1.6.3 (ANF 1:324). Clemente de Alejandría señala que está permitido consumir carne de ídolo comprada en el mercado (Stromata 4.15) [ANF 2:426-427].

[29] *Didajé* 6:3. La traducción que usamos en inglés es de Michael W. Holmes, ed. y rev., *The Apostolic Fathers: Greek Texts and English Translations* (Grand Rapids: Baker, 1999), 257. El griego dice: *«perí de tes broseos jo dúnasai bastason apó de tou eidolodsutou lian proséje latreia gar estín dseón nekrón».*

de *adiáfora* moral. Los cristianos modernos también deben reconocer que algunos asuntos que hemos mantenido en la categoría de objetivamente «correctos» o «incorrectos» pueden ser realmente «intrascendentes». Al hacer esta admisión, no nos unimos a las filas de los relativistas posmodernos. Los relativistas piensan que todas las decisiones morales son relativas, que no hay un bien o un mal absolutos. Los cristianos bíblicos reconocen tres categorías morales: lo correcto, lo incorrecto y la *adiáfora*. Debemos tener una garantía bíblica antes de empezar a denunciar ciertos comportamientos como malos o incorrectos, especialmente en el ámbito de la expresión cultural cristiana.

Un ejemplo ayudará a ilustrar este punto. Hace poco tuve una conversación con un cristiano muy devoto que estaba plenamente convencido de que el golpe de un tambor musical era maligno y despertaba pasiones pecaminosas en quienes lo oían. También regresé hace poco de África, donde el único instrumento en algunos cultos era un tambor. No encuentro ninguna justificación bíblica para considerar satánico el toque de un tambor. Me parece que los estilos de expresión musical están condicionados culturalmente y pertenecen al ámbito de la *adiáfora*. Sin embargo, es posible que ciertas culturas tengan asociaciones negativas y pecaminosas con estilos de música, y en ese caso, aunque la música en sí sea moralmente neutra, los cristianos «fuertes» que reconocen ese hecho deberían renunciar voluntariamente a usar ese estilo de música por consideración hacia los cristianos «débiles» que lo asocian con expresiones inmorales o pecaminosas.

En este punto, al leer un borrador de mi artículo, un pastor amigo mío planteó una serie de cuestiones significativas. De su correo electrónico, cito a continuación:

> Estoy de acuerdo con el principio subyacente [de que los fuertes renuncien a libertades permitidas por el bien de los débiles]. Creo que es bíblico. Sin embargo, me parece que, en la práctica, a veces es difícil discernir cómo debe vivirse este principio en la Iglesia. ¿Dirías realmente que si un cristiano con las convicciones

> del hombre de tu ilustración se une a una iglesia en la que se usan tambores en el culto, entonces la iglesia debería dejar de usar tambores? ¿Qué debería hacer un pastor si muchos en su iglesia quieren usar cantos de alabanza en el culto, pero hay uno que afirma que no puede trabajar usando tales cantos «porque no son lo suficientemente reverentes»? ¿Qué le decimos al hermano o hermana cristiano que dice que los hombres deben ir a la iglesia con corbata, porque no hacerlo es no darle a Dios el debido respeto? Supongo que el punto crucial de mi problema es que los débiles pueden acabar siendo tiranos legalistas que se empeñan en obligar a los demás a vivir de acuerdo con su visión de lo que está bien y lo que está mal.[30]

Se pueden decir varias cosas en respuesta a estas preguntas relevantes. En primer lugar, si vamos a encontrar paralelismos estrictos con la situación de Corinto, tenemos que hablar de un comportamiento (1) que en sí mismo es moralmente intrascendente, (2) que algunas personas consideran moralmente incorrecto, y (3) que por el hecho de que algunas personas participen en este comportamiento, otras se verán tentadas a «unirse» y hacer algo que consideran incorrecto. Cuando se trata de cuestiones actuales de expresión cultural cristiana en Estados Unidos, rara vez se cumplen estas tres condiciones. Más a menudo, hay un grupo de cristianos que desaprueba o no le gusta la actividad de otro grupo, pero ellos mismos no están siendo tentados a hacer algo que consideran incorrecto. Si hay una tentación que enfrentan, es la de ver la paja de aserrín en el ojo de su hermano, mientras descuidan la viga en el suyo. En este caso, las instrucciones de Jesús de quitar primero la viga para que vean más claramente la paja en el ojo de su hermano parece lo más apropiado (Mt. 7:3-5). (En otras palabras, los llamados cristianos «débiles» no están

---

[30] Van Ingram, en un correo electrónico privado que recibí, 26 de junio de 2002.

luchando contra el pecado y una conciencia «débil». En realidad, su problema es un espíritu condenador).

En segundo lugar, permítanme abordar el escenario hipotético de mi amigo: ¿qué pasaría si el cristiano contrario a los tambores viniera a mi iglesia e insistiera en que cerráramos la banda de alabanza? En primer lugar, reconocería amablemente al hombre que puede tener razón sobre los tambores y le pediría que explicara detalladamente su postura y las pruebas de la misma. Si siguiera sin estar convencido, le preguntaría: «Usted dice que los tambores conducen a la tentación satánica. ¿Qué es, en realidad, lo que le tienta cuando oye los tambores?». Si dijera: «Bueno, cuando oigo los tambores, siento un impulso casi irresistible de arrancarme la ropa y empezar a asaltar a la gente con libros de himnos», estaría de acuerdo en cancelar los tambores para el servicio.[31] Sin embargo, si su objeción se redujera realmente a una cuestión de gusto estético, o incluso a una tentación imaginaria que otros experimentarían, no vería una justificación bíblica para permitir que su preferencia personal dictara el estilo de culto de la iglesia. También podría señalar a este hombre que los cristianos no deben poner obstáculos en el camino del evangelio para los no creyentes (1 Co. 9:12). Y, si bien el uso exclusivo del órgano puede resultar musicalmente atractivo para algunas personas, para otras, el anticuado estilo de música supondría una barrera cultural innecesaria para escuchar el evangelio.

Pero no nos equivoquemos. Hay situaciones graves en las que la expresión cultural cristiana puede dar lugar a la tentación del pecado. Los comentarios de C. S. Lewis son útiles en este sentido. En *Cartas del diablo a su sobrino*, el demonio Escrutopo nos recuerda cómo el infierno se deleita en la confusión cristiana sobre la categoría moral de *adiáfora*. Escrutopo escribe a su sobrino, Orugario:

[31] Especialmente en algunas culturas no occidentales, la asociación de ciertas músicas con prácticas paganas puede llevar a la Iglesia a evitar el uso de estilos de música que podrían resultar tentadores para los miembros de la iglesia.

> Hemos hecho que los hombres olviden por completo lo que aquel individuo apestoso, Pablo, solía enseñar acerca de las comidas y otras cosas sin importancia: es decir, que el humano sin escrúpulos debiera ceder siempre ante el humano escrupuloso. Uno creería que no podrían dejar de percatarse de su aplicación a estas cuestiones: uno esperaría ver al «bajo» eclesiástico arrodillándose y santiguándose, no fuese que la conciencia débil de su hermano «alto» se viese empujada a la irreverencia, y al «alto» absteniéndose de tales ejercicios, no fuese a empujar a la idolatría a su hermano «bajo». Y así habría sido, de no ser por nuestra incesante labor; sin ella, la variedad de usos dentro de la Iglesia de Inglaterra podría haberse convertido en un semillero de caridad y de humildad.[32]

Como ministros, debemos volver constantemente a la Biblia para evaluar las cuestiones que debatimos. Debemos ser conscientes de que nuestra sofisticación a la hora de exponer nuestros puntos de vista no es un sustituto adecuado de la evidencia bíblica. Los comentarios de Roland Frye (originalmente referidos a la crítica evangélica) parecen apropiados en este caso: «El bárbaro afirma ciegamente la primacía de su propio provincianismo temporal o cultural a la hora de juzgar, comprender e interpretar todo lo que ocurre, y el bárbaro erudito hace exactamente lo mismo, pero añade notas a pie de página».[33]

Los cristianos en lo individual y las iglesias deben preguntarse: «¿Comprendemos la categoría de *adiáfora* ética y cómo se relacionan estas cuestiones con la vida y la expresión cristianas?». ¿Estamos cegados en cuanto a la mayor inconsecuencia de ciertos asuntos que apreciamos? Si

---

[32] C. S. Lewis, *Cartas del diablo a su sobrino* (Nueva York: Rayo, 2006), 78-79.

[33] Roland Mushat Frye, «A Literary Perspective for the Criticism of the Gospels», en *Jesus and Man's Hope*, vol. 2, Perspective Series 2, ed. Donald G. Miller y Dikran Y. Hadidian (Pittsburgh: Pittsburgh Theological Seminary, 1971), 199.

el Señor retrasa su regreso, ¿qué verá una futura generación de cristianos como nuestras distorsiones de la enseñanza bíblica? Que Dios tenga misericordia de nosotros y nos dé la fuerza y la sabiduría para ver y corregir esas deficiencias en nuestros días.

Pecar contra la conciencia de aquellos

En tercer lugar, Pablo creía que, aunque ciertas acciones podían clasificarse como *adiáforas* morales, para las personas que las consideraban malas eran, de hecho, pecado. Junto con la afirmación de Pablo de la categoría de *adiáfora*, es igualmente importante señalar que Pablo creía que una persona podía cometer un pecado al participar en un comportamiento moralmente neutro si, de hecho, creía que ese comportamiento moralmente neutro en particular era malo. Pablo dice claramente que «un ídolo no tiene ningún valor en este mundo» (1 Co. 8:4) y que «lo que comemos no nos acerca a Dios; no somos peores por no comer [carne de ídolo] ni mejores por comer [carne de ídolo]» (8:8). Sin embargo, para aquellos cristianos «débiles» que piensan que comer carne sacrificada a los ídolos de alguna manera los «contamina» espiritualmente o es una expresión de devoción religiosa pagana, sería un error comer carne de ídolos. Hacerlo sería que «su conciencia se contamin[e]» (8:7), encontrar un «motivo de tropiezo» (8:9), sentirse «animado a comer» algo que no deberían (8:10), perderse por el «conocimiento» de los cristianos (8:11), tener la conciencia herida (8:12) y caer en pecado (8:13).

Hay que tener en cuenta que todas estas terribles consecuencias espirituales que Pablo presenta no se producen por hacer algo que en última instancia es moralmente incorrecto, sino por participar voluntariamente en una actividad que uno *piensa* que es incorrecta.[34] Para que no haya

[34] Pablo también puede estar pensando en el endurecimiento de la conciencia que con el tiempo resultaría en un comportamiento que es objetiva y moralmente incorrecto, pero que la conciencia herida ya no podrá detectar. Carson escribe: «Pablo juzga peligroso que los cristianos desafíen sus conciencias, porque si adquieren el hábito de ignorar la voz de la conciencia, pueden ignorar esa voz

ninguna confusión sobre este asunto, Pablo *no* está proporcionando una base para el relativismo moral. El apóstol no está animando a la gente a definir la moralidad según sus predilecciones. Cada acción o pensamiento se puede clasificar *al final* en tres ámbitos: correcto, incorrecto o *adiáfora*.[35] Sin embargo, aunque una acción se encuentre en el ámbito de la *adiáfora*, si una persona piensa que esa acción es incorrecta y aun así la realiza, entonces esa persona está pecando contra lo que cree que es la voluntad revelada de Dios.

La enseñanza ética de Pablo se extiende naturalmente a cuestiones que van más allá de la carne de ídolo. La mayoría de los lectores de esta revista probablemente están de acuerdo con la discusión ética abstracta anterior, pero cuando uno comienza a ofrecer ejemplos modernos particulares, entonces el desacuerdo comienza a crecer. Aunque los ejemplos que elijo causarán desacuerdo, en aras de la claridad, no puedo dejar de ofrecer ejemplos modernos de comportamiento que son análogos a las controversias sobre la «carne de ídolo».

Entonces, ¿cuál es un ejemplo moderno de un comportamiento que, en *última instancia*, es moralmente incoherente, pero si alguien lo realiza pensando que es incorrecto, podría decirse que está pecando? Un ejemplo de tal comportamiento es bailar. Aunque todos los cristianos reconocerían que abundan los ejemplos pecaminosos de baile, también se podrían poner ejemplos de bailes sanos (por ejemplo, un vals de salón). Personalmente, no creo que haya nada de pecaminoso en que un marido baile el vals vienés con su mujer. Sin embargo, si algunos cristianos (posiblemente debido a su pasado precristiano) asocian todas las formas de baile con el pecado y la lujuria, sería desconsiderado por mi parte organizar un vals vienés y animar a los cristianos «débiles» a venir. Si esos cristianos «débiles» vinieran a mi vals, aunque en privado

---

incluso cuando la conciencia está bien informada y les está advirtiendo de algo que es positivamente malo» (123).

[35] El relativismo moral solo mantiene una categoría última: la *adiáfora*. En consecuencia, todo es intrascendente desde el punto de vista moral y solo los individuos o las comunidades le otorgan un significado ético.

siguieran considerando el baile como un comportamiento prohibido o pecaminoso, entonces estarían pecando contra su conciencia al participar del baile. Yo también estaría pecando contra Cristo al no considerar la conciencia de los cristianos débiles más importante que mi libertad.

Preocupación por los débiles

En cuarto lugar, Pablo mostró una asombrosa preocupación por la «débil» hermandad cristiana. El apóstol esperaba tal preocupación de todos los cristianos «fuertes» o «entendidos». En teoría, Pablo estaba totalmente de acuerdo con los cristianos «conocedores» o «fuertes» de Corinto. Los ídolos no eran más que objetos inanimados, y los alimentos ofrecidos a los ídolos no manchaban a los cristianos que los consumían (8:4,8). Sin embargo, como señalamos anteriormente, si los cristianos «débiles» consideraban pecado el consumo de carne de ídolo, de hecho, era pecado para ellos.

En la situación de Corinto, habría sido desastroso para un cristiano «fuerte» hacer algo que animara a un cristiano «débil» a actuar en contra de su conciencia, aunque fuera una conciencia demasiado sensible. Pablo, de hecho, dice que si comer carne de cualquier tipo hiciera pecar a otro cristiano, él abandonaría por completo el consumo de carne (8:13). Pablo impone una preocupación similar a los hermanos cristianos «fuertes». Deben «imitarlo» en su comportamiento abnegado y en poner el bien espiritual de los demás por encima de la propia libertad (11:1).

Dudo que haya muchos cristianos en la América moderna que puedan decir honestamente: «Si comer carne hace pecar a mi hermano cristiano, con gusto me haré vegetariano por el resto de mi vida». Nuestra sociedad valora el individualismo. Hacemos lo que queremos siempre que no lo consideremos «perjudicial» para los demás. Somos nosotros los que definimos lo que es «perjudicial», y mientras no consideremos que nuestro comportamiento es perjudicial para los demás, nos sentimos con total libertad para actuar como queramos. Combinado con este individualismo destructivo, cristianos conservadores (me incluyo) hemos estado con frecuencia en batallas por lo que es «correcto», pues tenemos en nuestras mentes únicamente categorías para lo «correcto» y lo «incorrecto». Difícilmente sabemos qué hacer con una acción que es «permisible» pero que no debería hacerse por una preocupación misericordiosa por el prójimo. Los cristianos modernos tienen que demostrar que están dispuestos a renunciar a cosas permitidas cuando está en juego la salud espiritual de otros creyentes. El crecimiento espiritual debe tener siempre prioridad sobre nuestra comodidad personal. Las cartas de Pablo nos obligan a cuestionarnos a nosotros mismos: «¿Tenemos tanto celo como Pablo para alejar a otros cristianos del pecado? ¿Estamos dispuestos a renunciar a nuestra libertad o comodidad por el bien espiritual de otro?».

En los Evangelios, Jesús imparte una enseñanza similar:

> Pero si alguien hace pecar a uno de estos pequeños que creen en mí, más le valdría que le colgaran al cuello una gran piedra de molino y lo hundieran en lo profundo del mar. ¡Ay del mundo por los tropiezos! Los tropiezos son inevitables, pero ¡ay de aquel que los ocasiona! Si tu mano o tu pie te hace pecar, córtatelo y arrójalo. Más te vale entrar en la vida manco o cojo que ser arrojado al fuego eterno con tus dos manos y tus dos pies. Y si tu ojo te hace pecar, sácatelo y arrójalo. Más te vale entrar tuerto en la vida que con dos ojos ser arrojado al fuego del infierno. (Mt. 18:6-9)

Tanto Jesús como Pablo enseñaron que las personas deben llegar a extremos para evitar el pecado personal o tentar a otros a pecar. El pecado es una afrenta grave a Dios. La Iglesia moderna ha perdido de vista este hecho con demasiada frecuencia.

Entonces, ¿qué ejemplo moderno podría ilustrar una preocupación abnegada por el cristiano más débil según el modelo paulino? Permítanme que me refiera a los trajes de baño. La enseñanza sobre la modestia es relativamente rara en nuestra cultura individualista, pero si lo que Pablo y Jesús enseñaron es cierto, entonces deberíamos preocuparnos no solo por lo «correcto» o «incorrecto» de un comportamiento, sino por cómo afecta a la vida espiritual de otra persona.

Consideremos este caso hipotético: una adolescente de origen *amish* va a un retiro con un grupo de jóvenes bautistas del sur. Esta chica *amish* considera que el traje de baño «normal» que llevan las otras chicas es impúdicamente revelador. Sin embargo, las otras chicas del viaje no solo siguen llevando esos trajes, sino que incluso se ofrecen a comprarle uno a la chica *amish* en la tienda local. (Estas chicas sienten pena por esta «prudentísima» hermana). La chica amish debe admitir que se siente mal vestida usando su propio traje, por lo que finalmente se somete a la aparentemente generosa oferta de las otras chicas. Al final, la chica *amish* lleva un bañador que considera indecente y peca contra su propia conciencia.

¿Qué enfoque deberían haber adoptado las chicas bautistas del Sur? Me parece que el enfoque bíblico habría sido «cubrirse» más, para salvaguardar la conciencia «débil» de la muchacha amish. Así, las chicas bautistas del sur podrían haber llevado pantalones cortos de nailon y camisetas sobre sus trajes de baño. Uno podría protestar: «¡Pero su bronceado sería desparejo!» o «En realidad, sus trajes de baño eran aceptablemente modestos para el consenso cultural moderno». Entonces, yo pregunto: ¿qué es más importante, el bronceado o la conciencia de otro cristiano?

Cuando vivía en Asia como misionero, me gustaba hacer senderismo por una zona montañosa que los budistas locales consideraban sagrada. Supongamos hipotéticamente que un budista converso consideraba que esas bellas montañas estaban contaminadas por el pecado. En su opinión, que una persona disfrutara haciendo senderismo por las montañas talladas con las imágenes de Buda era idolátrico, y que yo continuara haciendo senderismo por allí era tentarlo a participar en una actividad que él asociaba con la idolatría. Si tal fuera el caso, las instrucciones del apóstol Pablo no me dejaban otra opción: debía ir de excursión a otro lugar; o no ir en absoluto: debía caminar por cualquier otra parte, o no hacerlo. Parafraseando sus palabras: «Si ir de excursión a la montaña hace pecar a mi hermano, no volveré a ir de excursión a la montaña». Me temo que ese comportamiento nos suena tan radicalmente autonegador porque conocemos tan poco el amor genuinamente sacrificado.

Aunque Pablo creía firmemente en la perseverancia de los santos (Ro. 8:29-39), no adoptaba una actitud lánguida respecto al «una vez salvo, siempre salvo». Pablo creía que los cristianos serían recompensados y castigados por su obediencia y desobediencia temporales (1 Co. 3:12-15). Más aún, Pablo veía las advertencias, exhortaciones y oraciones de los cristianos como el medio por el cual Dios preserva a Sus santos.[36] Así como Pablo combatió un triunfalismo sin amor en la iglesia de Corinto, nosotros también necesitamos combatir un individualismo americano que muestra poca preocupación por las conciencias o estados espirituales de nuestros compañeros cristianos.

También debemos señalar que Pablo no se contentaba con dejar a otros cristianos en un estado de discipulado inmaduro o de comprensión incompleta.[37] Los cristianos débiles deben ser fortalecidos y los cristianos ignorantes deben ser informados. Sin embargo, este crecimiento en madurez espiritual y comprensión requiere tiempo. Mientras tanto, las delicadas conciencias de los jóvenes cristianos tienen prioridad sobre las libertades de los cristianos maduros.

Edificación de la Iglesia

En quinto lugar, Pablo tenía una gran pasión por «edificar» la Iglesia. Exigió esta prioridad a todos los cristianos. Pablo comienza su discusión sobre la carne de ídolo señalando que el énfasis de los corintios en el conocimiento ha conducido a un orgullo pecaminoso, mientras que el énfasis correcto en el amor cristiano debería, más bien, conducir a la «edificación» (8:1). ¿Qué quería decir Pablo con «edificar»?

---

[36] Véase Thomas R. Schreiner y ArdelB. Caneday, *The Race Set Before Us: A Biblical Theology of Perseverance and Assurance* (Downers Grove: Inter-Varsity Press, 2001).

[37] Véase Carson, 123.

El verbo griego traducido al español como «edificar» es *oikodomeō*. Aparece seis veces en la primera carta de Pablo a los Corintios (1 Co. 8:1,10; 10:23; 14:4 [2x],17). La palabra se utiliza para referirse tanto a la maduración de los miembros actuales de la congregación (8:1) como a la inclusión de nuevos conversos (14:4 [doble uso]). En referencia al verbo *oikodomeō* (y sus cognados) en 1 Corintios 14, Otto Michel señala acertadamente: «El término edificación [*oikodoméo*] comprende dos aspectos, por un lado el fortalecimiento interior en poder y conocimiento, y por otro el ganar y convencer exteriormente».[38] Este doble significado de «edificar» encaja de forma natural con la discusión de Pablo sobre la carne de ídolo y su explicación del comportamiento abnegado. Aunque la *principal* referencia de Pablo en 1 Corintios es a los miembros actuales de la congregación que están siendo tentados a pecar comiendo carne de ídolos, su enseñanza tiene claras implicaciones más allá de esta situación. De hecho, los ejemplos que Pablo enumera de su propio ministerio apostólico dejan en claro que Pablo desea que los corintios practiquen la moderación conductual no solo dentro de su comunidad, sino en las relaciones evangelizadoras con los forasteros. Los corintios deben «imitar» a Pablo en su comportamiento sacrificial orientado a la salvación.[39]

Pablo dice que su comportamiento ético personal en el ámbito de la *adiáfora* está condicionado por su preocupación por el bien espiritual de todas las personas, tanto creyentes como no creyentes. Es completamente flexible en el ámbito de las inconsecuencias morales. Para los judíos, se hace como un judío (9:20). Para los gentiles, se hace como un gentil (9:21). Para los débiles, se hace débil (9:22). ¿Por qué? Pablo explica: «Me hice todo para todos, a fin de salvar a algunos por todos los medios

---

[38] Michel, «*oikodoméo*» *en Theological Dictionary of the New Testament*, ed. Gerhard Kittel y Gerhard Friedrich (Grand Rapids: Eerdman, 1967), 5:142.

[39] He escrito extensamente en otro lugar sobre las implicaciones evangelizadoras de las órdenes de Pablo de imitarlo en 1 Corintios. Véase Plummer, «Imitation of Paul and the Church's Missionary Role in 1 Corinthians» y «The Church's Missionary Nature: The Apostle Paul and His Churches» (tesis doctoral, The Southern Baptist Theological Seminary, 2001).

posibles» (9:22). El objetivo de Pablo era preservar a los creyentes actuales y llevar a otros a la salvación inicial. Su pasión que lo movía era la maduración y expansión de la comunidad elegida por Dios: la edificación de la Iglesia. En sus propios asuntos, la Iglesia debería estar constreñida por las mismas preocupaciones, dijo Pablo (11:1). Más adelante en la misma carta, el apóstol reafirma el mismo principio: «Todo esto debe hacerse para la edificación de la iglesia» (1 Co. 14:26).

En una expresión relacionada con sus mandatos orientados a la salvación, Pablo señala que su comportamiento se ve constreñido por su preocupación por «no poner obstáculo al evangelio de Cristo» (9:12).[40] Varios elementos importantes de la teología paulina están presentes en esta expresión compacta.

En primer lugar, la difusión del evangelio era una prioridad absoluta para Pablo. De hecho, esta preocupación fue uno de los principales factores que influyeron en su comportamiento en el ámbito de la *adiáfora*. En segundo lugar, cuando Pablo habla del progreso del evangelio, a menudo opta por no destacarse a sí mismo ni el papel de otros mensajeros, sino el evangelio mismo (por ej.: 1 Co. 14:36; Col. 1:5-6; 3:16-17; 1 Ts. 1:5-8; 2:13-16; 2 Ts. 3:1; 2 Ti. 2:8-9). La reticencia de Pablo a citar agentes humanos al hablar del avance del evangelio pone el énfasis en Dios y Su Palabra. En tercer lugar, la teología subyacente a las declaraciones de Pablo en 1 Corintios 9:12 y en otros lugares es la comprensión de la «Palabra de Dios» (es decir, el «evangelio») como una entidad dinámica y eficaz (Ro. 1:16; 1 Co. 1:17-25). En otras palabras, el evangelio no es simplemente un resumen verbal de lo que Dios ha hecho para salvar a la humanidad en Cristo; el evangelio realmente «hace algo»; cumple la voluntad de Dios de salvar a la humanidad perdida. Existe un amplio precedente en el Antiguo Testamento para entender la Palabra de Dios como una entidad poderosa que realmente efectúa, o lleva a cabo, la voluntad de Dios.[41] Esta com-

---

[40] Mi traducción.

[41] Véase, por ejemplo, Gn. 15:1,4; Ex. 9:20-21; Nm. 3:16,51; 11:23; 15:31; 24:13; 36:5; Dt. 5:5; 9:5; 18:22; 34:5; Jos. 8:27; Is. 55:10-11; Jer. 20:7-9; 23:29.

prensión dinámica del evangelio es probablemente una de las principales razones por las que no encontramos más imperativos explícitos para evangelizar en las cartas de Pablo.[42] Cuando el evangelio dinámico llegó

Cranfield escribe: «La idea de Pablo de que el mensaje es poder efectivo (comp. 1 Co 1:18) debe entenderse a la luz de pasajes veterotestamentarios relativos a la palabra divina como Gn. 1:3,6, etc.; Sal. 147:15; Is. 40:8b; 55:10s; Jer. 23:29 (comp. también Sab. 18:14-16)» (C. E. B. Cranfield, *A Critical and Exegetical Commentary on the Epistle to the Romans* [International Critical Commentary; Edimburgo: T & T Clark, 1975], 1:87-88). McKenzie escribe: «La palabra de Yahvé puede llamarse sacramental en el sentido de que efectúa lo que significa. Cuando Yahvé postula la palabra-cosa, nada puede impedir su aparición» (John L. McKenzie, «The Word of God in the Old Testament», *Theological Studies* 21 [1960] 196). Véase también Oskar Grether, *Name und Wort Gottes im Alten Testament*, (Beihefte zur Zeitschrift für die alttestamentliche Wissenschaft 64; Giessen: Töpelmann, 1934), esp. 59-185; Becker, «Gospel...», «*euangelion*», en *New International Dictionary of New Testament Theology*, ed. Colin Brown y otros (Grand Rapids: Zondervan, 1986), 2:108-109; Frank Ritchel Ames, «*dbr*», en *New International Dictionary of Old Testament Theology and Exegesis*, ed. Willem VanGemeren y otros (Grand Rapids: Zondervan, 1997), 1:913-914; W. H. Schmidt, «*dbr*», en *Theological Dictionary of the Old Testament*, ed. G. Johannes Botterweck y Helmer Ringgren (Grand Rapids: Eerdmans, 1978) 3:111-125; Anthony C. Thiselton, «The Supposed Power of Words in the Biblical Writings», *Journal of Theological Studies* 25 (1974), 283-299; Kevin Vanhoozer, «God's Mighty Speech-Acts: The Doctrine of Scripture Today», en *A Pathway into the Holy Scripture*, ed. Philip E. Satterthwaite y David F. Wright (Grand Rapids: Eerdmans, 1994) 143-181.

[42] Véase mi artículo publicado en el *Westminster Theological Journal*, «A Theological Basis for the Church's Mission in Paul». Otros estudiosos que han señalado la importancia teológica del evangelio dinámico para entender lo que motivaba a la Iglesia a participar en la misión (en el pensamiento de Pablo) son: Andreas J. Köstenberger y Peter T. O'Brien, *Salvation to the Ends of the Earth: A Biblical Theology of Mission*, New Studies in Biblical Theology 11 (Leicester: Apollos; Downers Grove: Inter-Varsity Press, 2001), 192-193; Peter T. O'Brien, *Gospel and Mission in the Writings of Paul: An Exegetical and Theological Analysis* (Grand Rapids: Baker; Carlisle: Paternoster, 1995), 96-97, 113-114; 127-128, 138; ídem, «Thanksgiving and the Gospel in Paul», *New Testament Studies* 21 (1974-75), 153-155; J. Ware, «The Thessalonians as a Missionary Congregation: 1 Tesalonicenses 1:5-8», *Zeitschrift für die neutestamentliche Wissenschaft und die Kunde der älteren* Kirche 83 (1992), 128; J. Lambrecht, «A Call to Witness by All: Evangelisation in 1 Thessalonians», en *Teologie in Konteks*, ed. J. H. Roberts

a morar en una de las congregaciones de Pablo, su propagación estaba garantizada por la propia naturaleza de lo que era el evangelio.

Cuando observamos nuestras iglesias modernas, debemos preguntarnos si se caracterizan por su preocupación por «edificar» la iglesia, por preservar y madurar a los creyentes actuales, así como por incluir a nuevos conversos. Pablo imaginó que todas las iglesias en las que habitaba el evangelio dinámico eran inevitablemente «arrebatadas» por esa Palabra y se convertían en agentes de Dios para su propagación. ¿Se caracterizan nuestras iglesias por esta espontánea expresión evangelizadora?

Conclusión

A primera vista, no es inmediatamente obvio cómo las instrucciones de Pablo sobre la carne de ídolo se aplican a la Iglesia de hoy. Sin embargo, a través de una cuidadosa consideración de la enseñanza del apóstol, observamos cinco principios significativos para el comportamiento y la creencia cristianos. Brevemente, estos principios pueden ser reformulados de la siguiente manera:

1. La reflexión ética debe enraizarse en la verdad teológica.
2. Desde una perspectiva bíblica, existen tres categorías morales: lo correcto, lo incorrecto y lo intrascendente (o *adiáfora*).

---

y otros, J. H. Roberts y otros (Johannesburgo: Orion, 1991), 324-325; comp. John Howard Schütz, *Paul and the Anatomy of Apostolic Authority*, Society for New Testament Studies Monograph Series 26 (Cambridge: Cambridge University Press, 1975), 51-53; Morna D. Hooker, «A Partner in the Gospel: Paul's Understanding of His Ministry», en *Theology and Ethics in Paul and His Interpreters: Essays in Honor of Victor Paul Furnish*, ed., Eugene H. Lovering, ed., Madrid. Eugene H. Lovering, Jr. y Jerry L. Sumney (Abingdon: Nashville, 1996) 88-89; Judith M. Gundry Volf, *Paul and Perseverance: Staying in and Falling Away* (Tübingen: Mohr; Louisville: Westminster, 1990) 247-254; Einar Molland, *Das Paulinische Euangelion: Das Wort und die Sache* (Oslo: Jacob Dybwad, 1934), 53-54.

3. Aunque un comportamiento no sea moralmente incorrecto desde un punto de vista objetivo, si una persona piensa que es incorrecto y luego comete ese comportamiento, peca.
4. Un cristiano debe mostrar amor sacrificial al proteger a otros cristianos de la tentación y el pecado, incluso cuando esos otros cristianos son de alguna manera «débiles» o «inmaduros» en su juicio moral.
5. El comportamiento de un cristiano no debe regirse simplemente por las categorías últimas de lo «correcto» y lo «incorrecto». En el ámbito de la *adiáfora*, el comportamiento de un cristiano debe estar determinado por una doble preocupación: (a) la salud espiritual de otros cristianos y (b) la conversión de los no creyentes.

Capítulo 13

¿Qué significa «ídolos» en 1 Juan 5:21?[1]

por Benjamin L. Merkle

El final de 1 Juan ha sido durante mucho tiempo fuente de confusión y debate. Juan termina su primera epístola diciendo: «Hijitos, guardaos de los ídolos» (Τεκνία, φυλάξατε ἑαυτὰ ἀπὸ τῶν εἰδώλων, 1 Jn. 5:21, RVR 1960). Para algunos, el final es tan inesperado que la frase se juzga «lingüísticamente no juanina».[2] Otros simplemente señalan que el versículo se «introduce bruscamente» y forma «el final abrupto de la carta».[3] Hay varias razones por las que el último versículo de Juan es

[1] Este artículo fue publicado en *Bibliotheca Sacra* 169 (julio–sept, 2012), 328-40.

[2] Por ej., véase W. G. Kümmel, *Introduction to the New Testament*, rev. ed., trad. ing. Howard Clark Kee (Nashville: Abingdon, 1975), 440.

[3] I. Howard Marshall, *The Epistles of John*, New International Commentary on the New Testament (Grand Rapids: Eerdmans, 1978), 255. Robert W. Yarbrough afirma de forma similar: «La mención de "ídolos" es abrupta» (*1–3 John*, Baker Exegetical Commentary on the New Testament [Grand Rapids: Baker, 2008], 322). Wilhelm Thüsing comenta: «Esta frase conclusiva en

algo inesperado: (1) no hay partícula o conjunción de conexión; (2) hay un cambio del modo indicativo al imperativo (φυλάξατε);[4] (3) los términos φυλάσσω y εἴδωλον no se usan en ninguna otra parte de 1 Juan, y (4) no hay doxología formal ni despedida final. Pero de estas cuatro razones, el uso del término «ídolos» (εἰδώλων) es quizás la más difícil de explicar.

¿Por qué Juan termina su carta de esta manera? ¿Eran sus lectores propensos a la idolatría? Si este tema es tan importante, ¿por qué espera hasta el final de la carta para mencionarlo? La tesis de este artículo es que el final de la carta de Juan reitera y enfatiza el punto principal de su carta y no debe leerse como la introducción de un nuevo pensamiento. Para demostrar esta tesis, consideraremos (1) el propósito de la carta de Juan, (2) el significado del término «ídolos», y (3) cómo la comprensión de Juan sobre los ídolos se relaciona con toda la carta.

El propósito de 1 Juan

Primera de Juan se escribió para dar seguridad a los verdaderos creyentes: «Estas cosas les he escrito a ustedes que creen en el nombre del Hijo de Dios, para que sepan que tienen vida eterna» (5:13, NBLA). Pero la seguridad que ofrece Juan es como una espada de doble filo. Al explicar la diferencia entre los verdaderos creyentes y los que no lo son, da seguridad a los primeros y desenmascara a los segundos. Kruse comenta: «El propósito del autor era reforzar la seguridad de sus lectores mediante la doble estrategia de mostrar que las afirmaciones de los secesionistas son

---

particular es sin duda casi totalmente inesperada» (*The Three Epistles of St. John* [Nueva York, Herder & Herder, 1971], 102). D. Moody Smith afirma: «La última palabra (v. 21) es breve y desconcertante. Nada en la carta nos prepara para la advertencia final sobre los ídolos», excepto el v. 20 (*First, Second, and Third John* [Louisville: John Knox, 1991], 137).

[4] No es poco frecuente terminar una carta con un imperativo. Para observar ej., véase Terry Griffith, *Keep Yourselves from Idols: A New Look at 1 John*, JSNT Supplement Series 233 (Londres: Sheffield Academic Press, 2002), 58.

falsas y mostrar a sus lectores que están en la verdad».[5] Así pues, el propósito de Juan es tanto pastoral como polémico.[6] Escribe para animar a los verdaderos creyentes y advertirles de los peligros de seguir las enseñanzas de quienes han abandonado su comunidad (2:19).

Muchos comentaristas afirman que, aunque la estructura de 1 Juan es a veces difícil de esbozar,[7] existen tres pruebas principales que recorren la carta. Por ejemplo, aunque señalan que «la estructura de 1 Juan es discutida», Carson y Moo también afirman: «Prácticamente todas las partes están de acuerdo en que Juan establece tres pruebas: (1) los verdaderos creyentes deben creer que Jesús es realmente el Cristo venido en carne, y esta creencia debe manifestarse en (2) justicia y (3) amor».[8] Esta estructura básica puede rastrearse al menos desde el comentario de Robert Law titulado *The Tests of Life: A Study of the First Epistle of St. John* [Las Pruebas de la vida: Un estudio de la Primera epístola de San Juan]. Law esbozó tres ciclos que incluyen cada uno tres pruebas: las pruebas de (1) justicia, (2) amor y (3) creencia.[9] Stott tiene un esquema similar,

---

[5] Colin G. Kruse, *The Letters of John,* Pillar New Testament Commentary (Grand Rapids: Eerdmans; Leicester: Apollos, 2000), 27. Carson y Moo también señalan: «Juan se da cuenta de que debe tranquilizar a los fieles y explicarles en términos sencillos las diferencias entre los dos grupos, dándoles así motivos para su propia seguridad y confianza ante Dios (1 Jn. 5:13) en un momento en que se les hacía sentir inferiores y espiritualmente amenazados» (D. A. Carson y Douglas J. Moo, *Una introducción al Nuevo Testamento,* 2.ª ed. [Grand Rapids: Zondervan, 2005], 678).

[6] Algunos estudiosos sostienen que, dado que 1 Juan es una carta meramente pastoral y no polémica, no hay necesidad de identificar a un grupo de herejes y sus creencias (así Judith M. Lieu, «"Authority to Become Children of God": A Study of 1 John», *Novum Testamentum* 23 [1981], 210-28).

[7] Yarbrough declara: «No hay acuerdo sobre la organización de 1 Juan» (*1–3 John,* 21).

[8] Carson y Moo, *Una introducción al Nuevo Testamento,* 699, 670.

[9] Robert Law, *The Tests of Life: A Study of the First Epistle of St. John* (Edimburgo: T&T Clark, 1909), 1-24. Escribe que estos tres temas «son los temas de conexión que unen toda la estructura de la epístola» (6).

señalando las pruebas de (1) obediencia (o la prueba moral), (2) amor (o la prueba social), y (3) creencia (o la prueba doctrinal). [10]

Llegados a este punto, puede ser útil ofrecer un ejemplo de estas pruebas examinando la estructura del primer ciclo de pruebas (1:5–2:28).[11] La primera prueba se refiere a la justicia: un verdadero cristiano debe llevar una vida piadosa (1:5–2:6).

> Si decimos que tenemos comunión con Él, *pero* andamos en tinieblas, mentimos y no practicamos la verdad. Pero si andamos en la Luz, como Él está en la Luz, tenemos comunión los unos con los otros, y la sangre de Jesús Su Hijo nos limpia de todo pecado. (1:6-7, NBLA)

> Y en esto sabemos que lo hemos llegado a conocer: si guardamos Sus mandamientos. Él que dice: «Yo lo he llegado a conocer», y no guarda Sus mandamientos, es un mentiroso y la verdad no está en él. Pero el que guarda Su palabra, en él verdaderamente se ha perfeccionado el amor de Dios. En esto sabemos que estamos en Él. El que dice que permanece en Él, debe andar como Él anduvo. (2:3-6, NBLA)

La segunda prueba es la del amor: un verdadero cristiano debe amar a los demás (2:7-17).

> El que dice que está en la Luz *y* aborrece a su hermano, está aún en tinieblas. El que ama a su hermano, permanece en la Luz y no hay causa de tropiezo en él. Pero el que aborrece a su hermano, está en tinieblas y anda en tinieblas, y no sabe adónde va, porque las tinieblas han cegado sus ojos. (2:9-11, NBLA)

> No amen al mundo ni las cosas que están en el mundo. Si alguien ama al mundo, el amor del Padre no está en él. Porque todo lo

---

[10] John R. W. Stott, *The Letters of John*, rev. ed., Tyndale New Testament Commentaries 19 (Leicester: InterVarsity; Grand Rapids: Eerdmans, 1988), 61.

[11] Los otros ciclos son 2:29–4:6 y 4:7–5:21.

> que hay en el mundo, la pasión de la carne, la pasión de los ojos, y la arrogancia de la vida, no proviene del Padre, sino del mundo. El mundo pasa, y *también* sus pasiones, pero el que hace la voluntad de Dios permanece para siempre. (2:15-17, NBLA)

La tercera prueba implica la creencia: un verdadero cristiano debe creer que Jesús ha venido en carne (2:18-28).

> ¿Quién es el mentiroso, sino el que niega que Jesús es el Cristo? Este es el anticristo, el que niega al Padre y al Hijo. Todo aquel que niega al Hijo tampoco tiene al Padre; el que confiesa al Hijo tiene también al Padre. (2:22-23, NBLA)

Estas tres pruebas constituyen el mensaje principal de la primera epístola de Juan. En un esfuerzo por asegurar a los verdaderos creyentes, Juan proporciona pruebas mediante las cuales sus lectores pueden saber que tienen vida eterna (5:13).

Sostengo que el último versículo está relacionado con el propósito principal de esta carta y no es un mero imperativo final sin relación alguna. Las cartas del Nuevo Testamento no están escritas al azar, sino que demuestran unidad de pensamiento y cohesión de estructura.[12]

---

[12] Aunque no hay consenso sobre la estructura organizativa de 1 Juan, Kruse exagera la cuestión cuando comenta que su análisis de 1 Juan «no pretende rastrear ningún argumento en desarrollo a través de la carta porque no lo hay» (*Letters of John,* 32; comp. Marshall, que sostiene que 1 Juan no puede «dividirse en grandes secciones sobre una base lógica» [*Epistles of John*, 26]). Rudolf Schnackenburg tiene razón cuando dice que el autor «no se limita a navegar sin ningún plan particular» (*The Johannine Epistles: Introduction and Commentary*, trad. ing. Reginald e Ilse Fuller [Nueva York: Crossroad, 1992], 12-13). Del mismo modo, Köstenberger, Kellum y Quarles señalan que «dada la clara estructura del Evangelio y el Apocalipsis de Juan, así como los cuidadosos matices que se muestran en los distintos párrafos, parece poco probable que el autor no tuviera ningún plan en mente al escribir la carta» (Andreas J. Köstenberger, L. Scott Kellum y Charles Quarles, *The Cradle, the Cross, and the Crown: An Introduction to the New Testament* [Nashville: B&H, 2009], 798). En cuanto a la estructura de 1 Juan, véase L. Scott Kellum, «On the Semantic

Por tanto, la mejor interpretación de las palabras finales de la carta de Juan es la que vincula este versículo con el propósito y la estructura del cuerpo de la carta. Griffith señala acertadamente: «El problema de otros enfoques para entender 1 Juan es que tratan 5:21 prácticamente como si fuera una idea tardía».[13] También afirma que el último versículo ocurre «posiblemente en el punto más significativo de la carta».[14] No es probable que Juan concluyera esta importante carta con una admonición sin relación con el resto de la carta. Así, «la conclusión trata en realidad de cuestiones importantes que han surgido previamente en la carta».[15]

El significado de «ídolos»

Ahora debemos discutir el significado de 5:21, en particular el significado del término «ídolos» (*eídolon*). Raymond Brown enumera diez posibles interpretaciones:[16] (1) la designación de Platón de los objetos «irreales» de los sentidos; (2) las imágenes de las deidades paganas; (3) una descripción abreviada de la comida ofrecida a los ídolos (εἰδωλόθυτα); (4) un compromiso con el paganismo; (5) las religiones mistéricas y sus prácticas; (6) las ideologías o filosofías gnósticas; (7) el culto judío en el templo de Jerusalén; (8) diversos pecados; (9) cualquier cosa que ocupe el lugar de Dios; (10) la secesión de la comunidad o apostasía. El problema con esta lista, sin embargo, es que muchos de los puntos de vista no son

Structure of 1 John: A Modest Proposal», *Faith and Mission* 23 (2008), 34-82; R. Longacre, «Towards an Exegesis of 1 John Based on the Discourse Analysis of the Greek Text», en *Linguistics and New Testament Interpretation: Essays on Discourse Analysis*, ed. D. A. Black (Nashville: B&H, 1992), 271-86.

[13] Griffith, *Keep Yourselves from Idols*, 89.

[14] *Ibid.*

[15] *Ibid.*

[16] Raymond Brown, *The Epistles of John*, Anchor Bible 30 (Nueva York: Doubleday, 1982), 627-29. Brown señala que estos puntos de vista «no son necesariamente excluyentes entre sí, y algunos comentaristas defienden varios» (627). El propio Brown favorece el punto de vista #10.

defendidos por los estudiosos de hoy. Por ejemplo, los puntos de vista (1), (3), (5), (6) y (7) no parecen ser defendidos en la erudición moderna.

Más útil es el tratamiento de Griffith, donde resume las diversas opiniones en cuatro categorías principales:[17]

1. *Interpretaciones conceptuales.* Se refiere a las opiniones que consideran que *los ídolos son* principalmente una construcción mental, que solo existe en la mente (por ejemplo, falsas enseñanzas, falsas creencias o falsos dioses). Esta es la interpretación mayoritaria de los eruditos modernos.[18]
2. *Interpretaciones sociohistóricas.* Se refiere a las imágenes literales que se encontraban en los templos o santuarios paganos del mundo grecorromano. Hay dos subcategorías bajo este título principal: (a) confesión ante las autoridades (es decir, renunciar públicamente a Cristo adorando o haciendo una ofrenda a un ídolo).[19] Por ejemplo, Edwards interpreta toda la epístola en el

---

[17] Griffith, *Keep Yourselves from Idols,* 14-27. Para un resumen de la postura de Griffith, véase *Ibid.*: «"Hijitos, guardaos de los ídolos" (1 Jn. 5:21)», *Tyndale Bulletin* 48.1 (1997), 187-90.

[18] Así A. E. Brooke, *The Johannine Epistles,* International Critical Commentary (Edimburgo: T&T Clark, 1912), 154; Rudolf Bultmann, *The Johannine Epistles*, trad. R. Philip O'Hara con Lane C. McGaughy y Robert W. Funk, Hermeneia (Filadelfia: Fortress, 1973), 90; J. L. Houlden, *The Johannine Epistles*, Baker New Testament Commentary (Londres: A. & C. Black, 1973), 138; Marshall, *Epistles of John*, 255-56; Stephen S. Smalley, *1, 2, 3 John*, Word Biblical Commentary 51 (Waco, TX: Word, 1984), 309-10; Kenneth Grayston, *The Johannine Epistles,* New Bible Commentary (Londres: Marshall, Morgan & Scott; Grand Rapids: Eerdmans, 1984), 148; Stott, *Letters of John*, 198-99; Smith, *First, Second, and Third John*, 137; M. M. Thompson, *1–3 John*, IVP New Testament Commentary (Downers Grove, IL: InterVarsity, 1992), 148; Georg Strecker, *The Johannine Letters*, trad. Linda M. Maloney, Hermeneia (Mineápolis: Fortress, 1996), 214; Kruse, *Letters of John,* 202; Daniel L. Akin, *1, 2, 3 John*, New American Commentary 38 (Nashville: B&H, 2001), 215-16.

[19] Así, Klaus Wengst, *Der erste, zweite und dritte Brief des Johannes*, Ökumenischer Taschenbuchkommentar zum Neuen Testament 16 (Gütersloher: Mohn; Würzberg: Echter, 1978), 224-26; M. J. Edwards, «Martyrdom and the *First Epistle* of John», *Novum Testamentum* 31.2 (1989), 164-71.

contexto del martirio. Sugiere que a veces se obligaba a los cristianos a adorar ídolos, renunciando o abandonando así su fe. Por tanto, Juan escribe para animar a sus lectores a estar dispuestos a morir (como mártires) por la fe. Los que no confiesan que Jesús es el Cristo son los «que habían fracasado en la prueba del martirio».[20] (b) Retorno o acomodación al paganismo. A diferencia del punto de vista anterior, este punto de vista aboga por un abrazo voluntario del paganismo.[21]

3. *Interpretaciones metafóricas.* Este punto de vista engloba a quienes interpretan los *ídolos* como (a) pecado[22] o (b) apostasía.[23]
4. *Una interpretación literaria.* Por ejemplo, Hills sostiene que el final de 1 Juan es un recurso literario que vincula el final de la carta con el principio (es decir, 1 Juan 1:1-3). Por tanto, sostiene que 1:1-3 y 5:20-21 forman una inclusión temática. En concreto, sostiene que el comienzo de 1 Juan comparte vocabulario con ciertos pasajes del Antiguo Testamento, como Isaías 40–48, que presentan una fuerte polémica idolátrica. Así, Juan está utilizando el lenguaje de la Septuaginta para instar a sus lectores a mantener su identidad y permanecer fieles a su

---

[20] Edwards, «Martyrdom», 166.

[21] Así A. Plummer, *The Epistles of S. John* (Cambridge: Cambridge University Press, 1894), 129; C. H. Dodd, *The Johannine Epistles,* Moffatt New Testament Commentary (Londres: Hodder & Stoughton, 1946), 141; Adolf Schlatter, *Die Briefe und die Offenbarung des Johannes,* Erläuterungen zum New Testament 10 (Stuttgart: Calwer, 1950), 111-12. Dodd también señala: «por ídolos entiende no solo las imágenes de los dioses, sino todas las nociones falsas o falsificadas de Dios que conducen a la perversión de la religión contra la que ha escrito» (*Johannine Epistles,* 141).

[22] Así Wolfgang Nauck, *Die Tradition und der Charakter des ersten Johannesbriefes,* Wissenschaftliche Veröffentlichungen der deutschen Orientgesellschaft 3 (Tubinga: Mohr Siebeck, 1957), 136-38; Schnackenburg, *Johannine Epistles,* 263-64; J. C. O'Neill, *The Puzzle of 1 John: A New Examination of its Origins* (Londres: SPCK, 1966), 63-64; Thüsing, *Three Epistles of St. John,* 102.

[23] Así Brown, *Epistles of John,* 628-29, 633.

> confesión.[24] Griffith califica su propia interpretación de «interpretación *retórica*»,[25] porque el autor de 1 Juan «se inspira en la polémica sobre los ídolos de los LXX».[26] Sostiene que 1 Juan no debe leerse en el contexto del pensamiento griego que influye en los creyentes para negar que Jesús tuviera un cuerpo físico. Más bien, argumenta que representa un «debate continuo entre judíos y cristianos judíos sobre si Jesús era el Mesías».[27] Así pues, Juan está utilizando la conocida polémica sobre los ídolos de la Septuaginta (de forma un tanto paradójica) para reforzar la identidad y la cohesión judías. Esencialmente, el autor de 1 Juan está diciendo: «El pueblo judío debe rechazar a los ídolos. Jesucristo es el único Dios verdadero. Por lo tanto, volver al judaísmo y con ello renunciar a Jesús es esencialmente idolatría».

Aunque parezca imposible identificar la interpretación correcta, al menos debemos intentarlo. En lugar de examinar cada punto de vista individualmente, podemos considerar todos los puntos de vista bajo dos encabezados principales: (1) un significado literal y (2) un significado figurado, metafórico o conceptual.

El significado literal, que «ídolos» se refiere a una imagen física de una deidad pagana, es la opinión minoritaria, pero ha ido ganando popularidad al menos por dos razones. En primer lugar, el término εἴδωλον se refiere normalmente a un ídolo físico en la Septuaginta y en el Nuevo Testamento. En la Septuaginta, εἴδωλον aparece 93 veces, traduciendo quince términos hebreos diferentes. En todos los casos, denota imágenes paganas y las deidades que representan (incluidos Ex. 20:4 y Dt. 5:8, que aparecen en el contexto del segundo mandamiento). Del mismo modo, en el Nuevo Testamento, las otras diez apariciones del término se refieren

---

[24] Julian Hills, «"Little children, keep yourselves from idols": 1 John 5:21 Reconsidered», *Catholic Biblical Quarterly* 51 (1989), 285-310.

[25] Griffith, *Keep Yourselves from Idols*, 206.

[26] *Ibid.*, 208.

[27] *Ibid.*, 1.

a un ídolo físico.[28] Por lo tanto, es natural suponer que εἴδωλον se utiliza en su sentido normal, refiriéndose a un ídolo físico en 1 Juan 5:21.

Una segunda razón por la que muchos consideran que εἴδωλον se refiere a una imagen física es que el culto a los ídolos era muy común en el Imperio romano durante el siglo I. Según la tradición eclesiástica, el apóstol Juan escribió su Evangelio desde Éfeso y probablemente también murió allí.[29] Esta evidencia sugiere que Juan también escribió sus epístolas desde Éfeso. Esta ubicación es significativa porque sabemos por el libro de los Hechos que Éfeso era el hogar del templo de Artemisa (Diana). En Hechos 19, Lucas nos informa de que los plateros hicieron santuarios de plata a Artemisa que trajeron una gran cantidad de riqueza (vv. 24-25). Uno de los plateros, Demetrio, también dice que Artemisa era adorada por «toda Asia y el mundo» (v. 27). En semejante contexto, no debe sorprendernos que Juan termine su carta con una exhortación a no adorar ídolos. Sabiendo que esta era siempre una tentación para los que procedían de ese entorno o para los que podían verse obligados a adorar ídolos, tal advertencia encaja en el contexto histórico. [30]

---

[28] Hch. 7:41; 15:20; Ro. 2:22; 1 Co. 8:4,7; 10:19; 12:2; 2 Co. 6:16; 1 Ts. 1:9; Ap. 9:20.

[29] Ireneo escribió: «Juan, el discípulo del Señor, que también se apoyaba en su pecho, publicó él mismo un Evangelio durante su residencia en Éfeso de Asia» (*Contra las herejías*, 3.1.1). También afirma que Juan estuvo en Éfeso «permaneciendo entre ellos permanentemente hasta el tiempo de Trajano» (*Contra las herejías,* 3.3.4; véase también *Contra las herejías*, 2.22.5; Eusebio, *Historia eclesiástica* 3.23.1–4). Véase también Smalley, *1, 2, 3 John,* xxxii, 309; Kruse, *Letters of John,* 27–28; Akin, *1, 2, 3 John*, 27; Yarbrough, *1–3 John*, 17; Donald Guthrie, *New Testament Introduction*, ed. rev. (Leicester: Apollos; Downers Grove, IL: InterVarsity, 1990), 896; Carson y Moo, *Una introducción al Nuevo Testamento,* 675-676; Köstenberger, Kellum, Quarles, *The Cradle, the Cross, and the Crown*, 791.

[30] Plummer señala: «No hay necesidad de buscar explicaciones figurativas rebuscadas de "los ídolos" cuando el significado literal está a mano, lo sugiere el contexto y está en armonía con las circunstancias conocidas de la época». Se pregunta si es razonable buscar un sentido figurado «cuando cada calle por la que paseaban sus lectores, y cada casa pagana que visitaban, estaba plagada de ídolos en sentido literal: sobre todo cuando eran sus magníficos templos y arboledas

Aunque una interpretación literal es posible, no parece ser la mejor opción. Hay varias razones para preferir un significado metafórico o figurado. En primer lugar, el término εἴδωλον tiene un rango semántico más amplio que un ídolo físico en el uso griego más extenso. El término puede significar «sombra», «imagen», «fantasma» o «copia».[31] Aunque aparece con el significado de «ídolo»,[32] este uso es poco frecuente en el contexto griego. En segundo lugar, aunque εἴδωλον no se usa normalmente para referirse a un ídolo metafórico en el Nuevo Testamento, es necesario investigar no solo el término, sino también los términos similares (o incluso el concepto).[33] Por ejemplo, el término εἰδωλολάτρης se utiliza al menos una vez en sentido metafórico. En Efesios 5:5, Pablo afirma: «Porque con certeza ustedes saben esto: que ningún inmoral, impuro o avaro, que es idólatra (εἰδωλολάτρης), tiene herencia en el reino de Cristo y de Dios». En este versículo, Pablo amplía el concepto de idolatría para incluir algo más que adorar una imagen física. Ahora, un idólatra es alguien que es codicioso o avaro. Otro ejemplo se encuentra en Colosenses 3:5, donde Pablo usa la palabra relacionada εἰδωλολατρία: «Por tanto, consideren los miembros de su cuerpo terrenal como muertos a la fornicación, la impureza, las pasiones, los malos deseos y la avaricia, que es idolatría

---

y sus seductores ritos idolátricos los que constituían algunas de las principales atracciones de Éfeso» (*Epistles of S. John*, 129).

[31] F. Büchsel, «εἴδωλον» en *Theological Dictionary of the New Testament*, ed., Gerhard Kittel, trad. Geoffrey W. Bromiley (Grand Rapids: Zondervan, 1964), 2:375-80. J. N. Suggit interpreta incluso εἰδώλων como «fantasma» o «espectro» en el contexto de 1 Juan («1 John 5:21: TEKNÍA, FULÁXATE JEAUTA APÓ TON EIDÓLON», *Journal of Theological Studies* 36 [1985], 386-90).

[32] Véase Polibio, *Historias* 30.25.13-15.

[33] Law explica: «Es cierto [...] que en otras partes del N.T. εἴδωλον se usa invariablemente en sentido literal. Esto, sin embargo, no es razón para que no exprese aquí una idea más amplia, siempre que esta sea inteligible para los destinatarios de la Epístola» (*Tests of Life*, 414).

(εἰδωλολατρία)».[34] En este caso, el sustantivo «avaricia» se equipara al sustantivo «idolatría».[35] Hay que señalar que estos ejemplos son excepciones al uso normal de los términos. Εἰδωλολάτρης se usa otras seis veces en el Nuevo Testamento, todas referidas a alguien que es adorador de un ídolo físico.[36] Εἰδωλολατρία se usa otras tres veces en el Nuevo Testamento, todas referidas al pecado de idolatría física.[37] Aunque el término εἴδωλον se refiere normalmente a un ídolo físico, es totalmente posible que se utilice en un sentido figurado o metafórico similar a los usos de εἰδωλολάτρης y εἰδωλολατρία. Así, «a diferencia de los LXX, el Nuevo Testamento trabaja con un concepto de idolatría (*eidololatría*), que abre el camino a aplicaciones metafóricas».[38] Es mi opinión que

---

[34] Véase también Ez. 14:4, que habla de quien erige «ídolos en su corazón». Además, en la literatura de Qumrán, «idolatría» y «pecado» se usan indistintamente (comp. 1QS 2:11, 17; 4:5; 1QH 4:15; 4QFlor 1:17; CD 20:9). Por último, véanse también Mt. 6:24/Lc. 16:13; Ro. 16:18; y Fil. 3:19 para ideas similares sin el uso de la palabra «ídolos».

[35] Para un excelente tratamiento de la relación entre codicia o avaricia e idolatría, véase Brian S. Rosner, *Greed as Idolatry: The Origin and Meaning of a Pauline Metaphor* (Grand Rapids: Eerdmans, 2007). El autor parafrasea «la codicia es idolatría» en el sentido de que *«tener un fuerte deseo de adquirir y conservar para uno mismo más y más dinero y cosas materiales es un ataque a los derechos exclusivos de Dios sobre el amor y la devoción, la confianza, el servicio y la obediencia humanos»* (173). Identifica estas palabras como una metáfora judía y demuestra cómo ambos conceptos están estrechamente relacionados. Escribe: «Equiparar la codicia con la idolatría es un poderoso medio de condenar la codicia, ya que la idolatría era el más grave de los pecados, siendo la marca distintiva de los que no conocen a Dios (los gentiles), que suscitaba la polémica más desdeñosa, provocaba las medidas más extremas de evitación y evocaba la expectativa de un juicio aterrador de Dios que exige un culto exclusivo y no tolera rivales. Es, en efecto, acusar a los codiciosos de no pertenecer a la Iglesia» (172).

[36] 1 Co. 5:10,11; 6:9; 10:7; Ap. 21:8; 22:15.

[37] 1 Co. 10:14; Gá. 5:20; 1 P. 4:3.

[38] Griffith, *Keep Yourselves from Idols*, 54, sostiene, sin embargo, que el uso literal es tan común que *«a menos que haya un calificativo específico»* la palabra se refiere «a los ídolos y su culto» (52). Así, «[c]on respecto a 1 Jn 5.21, no hay ningún indicador en el contexto que sugiera que *eidola* se refiera a otra cosa que no sean simplemente los ídolos» (56).

esta ampliación del concepto de idolatría se habría entendido en la época en que se escribió 1 Juan.

Una tercera razón, y quizá la más significativa, es que el significado literal de εἴδωλον no encaja en el contexto de la carta de Juan.[39] En ninguna parte de esta carta Juan ha hablado literalmente de ídolos o idolatría.[40] Parecería extraño que Juan se pasara toda su carta hablando de temas cruciales que su audiencia necesitaba oír desesperadamente, y luego sus últimas palabras fueran una advertencia no relacionada sobre caer en la idolatría. Esta es la razón por la que muchos comentaristas, si no la mayoría, optan por el significado metafórico.[41] Por ejemplo, Smalley afirma: «Representaría un cambio brusco de pensamiento si Juan hubiera introducido la palabra [en sentido literal] al final mismo de su carta».[42] Asimismo, Marshall escribe: «En ninguna parte de la carta ha hablado Juan del peligro de la adoración de las imágenes materiales y los falsos dioses cuyos cultos florecían en el mundo de sus lectores».[43] Y concluye: «Sería sorprendente que Juan introdujera este tema tan repentinamente al final de su epístola».[44]

La referencia a los ídolos al final de la epístola de Juan no es totalmente inesperada. En el versículo anterior, Juan identifica a Jesucristo como el Dios verdadero:[45] «Y sabemos que el Hijo de Dios ha venido

---

[39] Por ejemplo, Bultmann opta por el sentido figurado de ídolos como «falsa enseñanza» porque «esta advertencia recorre toda la carta» (*Johannine Epistles*, 90). Lo que Bultmann no ve, sin embargo, es que no hay solo una advertencia (prueba) que rige la carta (es decir, la prueba de la creencia), sino tres advertencias o pruebas.

[40] Judith M. Lieu sostiene que «nada en la carta nos prepara para preocuparnos por la tentación de volver al paganismo» (*The Theology of the Johannine Epistles* [Cambridge: Cambridge University Press, 1991], 57).

[41] Véanse los estudiosos citados en las notas 17, 21 y 22.

[42] Smalley, *1, 2, 3 John*, 309.

[43] Marshall, *Epistles of John*, 255.

[44] *Ibid.*

[45] La mayoría de los comentaristas afirman que Jesucristo es el antecedente de «Dios verdadero». Por ejemplo, véase Akin, *1, 2, 3 John*, 214-15; Brown, *Epistles of John*, 625-26; Bultmann, Johannine *Epistles*, 90; Marshall, *Epistles*

y nos ha dado entendimiento a fin de que conozcamos a Aquel que es verdadero; y nosotros estamos en Aquel que es verdadero, en Su Hijo Jesucristo. Este es el verdadero Dios y la vida eterna» (5:20). El v. 21, entonces, forma una antítesis a este versículo.[46] Puesto que Jesucristo es el Dios verdadero, debemos evitar adorar a cualquier cosa o persona que sea un dios falso. Griffith comenta: «1 Juan 5:21 no es una mera ocurrencia tardía. Aporta una nota antitética, característica de la forma de pensar de toda la epístola, al tiempo que amplía las ideas introducidas en 5:20».[47]

«Ídolos» en 1 Juan

Hasta ahora he argumentado que la admonición final de Juan no está desvinculada del tema principal y del propósito de toda la carta. Su advertencia contra la idolatría no debe interpretarse como una conclusión inesperada, sino como una conclusión adecuada al núcleo de su carta. En este caso, «ídolos» debe tener una interpretación metafórica, refiriéndose a elementos que han sido enfatizados a lo largo de sus instrucciones. ¿Qué ha estado subrayando Juan? Como ya se ha dicho, la estructura y el tema principales de 1 Juan se encuentran en las tres pruebas de la fe, la justicia y el amor. El significado que Juan da a la idolatría, por tanto, se relaciona directamente con no superar estas tres pruebas.

La prueba que quizá más se enfatiza en 1 Juan es la prueba de la creencia (la prueba doctrinal). Es decir, un verdadero cristiano debe creer que Jesús ha venido en carne y hueso. Al parecer, había algunos que afirmaban

---

of John, 254-55; Schnackenburg, *Johannine Epistles*, 263; Strecker, *Johannine Letters*, 212; Thompson, *1-3 John*, 147. Algunos comentaristas interpretan el antecedente como referido al Padre (así Brooke, *Johannine Epistles*, 152-53; Law, *Tests of Life*, 412-13; Stott, *Letters of John*, 197-98). Otros son más evasivos (Kruse, *Letters of John*, 199-200; Plummer, *Epistles of S. John*, 128; Smalley, *1, 2, 3 John*, 308; Yarbrough, *1–3 John*, 319-20).

[46] Así Akin, *1, 2, 3 John*, 214; Kruse, *Letters of John*, 200; Smalley, *1, 2, 3 John*, 309.

[47] Griffith, *Keep Yourselves from Idols*, 61.

que Jesús no poseía un cuerpo físico o que Jesús no era realmente el Mesías: negaban que «Jesucristo haya venido en carne» (4:2; comp. 2 Jn. 1:7). Por eso, Juan comienza su carta destacando la humanidad de Jesús, señalando que los apóstoles lo oyeron, lo vieron e incluso lo tocaron con sus propias manos (1:1-3). El que niegue que Jesús es el Mesías es un mentiroso y un anticristo (2:22). Al destacar la humanidad de Jesús, Juan también afirma que Jesús «vino mediante agua y sangre [...] no solo con agua, sino con agua y con sangre» (5:6). Muchos comentaristas coinciden en que lo más probable es que este difícil versículo sea una apología contra las enseñanzas de los falsos maestros.[48] Jesús fue el Mesías no solo en su bautismo (el «agua»), sino también en su muerte (la «sangre»).[49] Jesús tenía un cuerpo físico que realmente experimentó la muerte en la cruz. Por último, al final de su carta, Juan vuelve a insistir en la verdadera naturaleza de Jesús: «Este es el verdadero Dios y la vida eterna» (5:20). Al no abrazar la enseñanza apostólica sobre Jesús y abrazar a otro Jesús, se corre el peligro de adorar a un ídolo. Si alguien dice que es cristiano (discípulo de Jesús) y, sin embargo, no afirma la enseñanza apostólica sobre la persona de Jesús (en el contexto de Juan, que Jesús ha venido en carne), es culpable de adorar a un ídolo. Es un ídolo porque es un dios falso, un Jesús hecho por el hombre. Akin señala acertadamente que Juan «tendría en mente los "ídolos" de los maestros heréticos que hablan de un Jesús que es menos que Dios». A Juan le molesta mucho que los falsos maestros digan que el dios que proclaman no es meramente menos que perfecto o cercano a lo que él sostiene, sino que es totalmente un ídolo. Es decir, su dios no es real,

---

[48] Dodd escribe: «Esto implica que alguien enseñó que Cristo vino por agua pero no por sangre» (*Johannine Epistles*, 130). Véase también Smith, *First, Second, and Third John*, 123.

[49] Así Akin, *1, 2, 3 John*, 196-97; Brooke, *Johannine Epistles*, 133-24; Bultmann, *Johannine Epistles*, 79-80; Dodd, *Johannine Epistles*, 130; Marshall, *Epistles of John*, 231-35; Plummer, *Epistles of S. John*, 113-14; Schnackenburg, *Johannine Epistles*, 232-33; Smith, *First, Second, and Third John*, 123-24; Stott, *Letters of John*, 180-81; Strecker, *Johannine Letters*, 182-83; Yarbrough, *1-3 John*, 282-83.

sino el dios de la imaginación de los hombres».[50] En este sentido, pues, cuando Juan dice: «Guardaos de los ídolos» (RVR 1960), está diciendo: «Guardaos de adorar a un Jesús distinto del Jesús que habéis aprendido de la tradición apostólica. Cualquier otro Jesús no es más que un ídolo».

Una segunda prueba que Juan da es la prueba de la justicia (la prueba moral). Es decir, un verdadero cristiano debe vivir una vida piadosa. Juan es muy claro al respecto: «Si decimos que tenemos comunión con Él, *pero* andamos en tinieblas, mentimos y no practicamos la verdad» (1:6, NBLA). Afirmar ser cristiano y vivir como el resto del mundo es ser un mentiroso. Tal persona sigue una religión falsa. Juan escribe de nuevo: «El que dice: "Yo lo he llegado a conocer", y no guarda Sus mandamientos, es un mentiroso y la verdad no está en él» (2:4). Un verdadero cristiano no puede limitarse a afirmar que conoce a Dios y no seguir Su Palabra. Otros versículos relacionados con este tema son:

- Todo el que permanece en Él, no peca. Todo el que peca, ni lo ha visto ni lo ha conocido. (3:6)
- El que practica el pecado es del diablo. (3:8)
- Ninguno que es nacido de Dios practica el pecado. (3:9)
- Todo aquel que no practica la justicia, no es de Dios. (3:10)

En este sentido, cuando Juan dice: «Guardaos de los ídolos», está diciendo: «Guardaos de adorar a un dios falso que les permite afirmar que son verdaderos adoradores pero siguen viviendo en pecado. Es idolatría pretender adorar a Dios y sin embargo caminar en la injusticia».

Una tercera prueba que ofrece Juan es la prueba del amor (la prueba social). Es decir, un verdadero cristiano debe amar a los demás. Según Juan: «El que afirma que está en la luz, *pero* odia a su hermano, todavía está en la oscuridad» (2:9, NVI). Una mera profesión de fe sin la virtud del amor que la acompaña es una afirmación vacía y, por tanto, un dios falso. Más adelante, Juan afirma que quien «no ama a su hermano» no es de Dios (3:10). Amar a los demás, especialmente a los creyentes, es un

---

[50] Akin, *1, 2, 3 John,* 216.

elemento esencial de la fe salvadora y de la verdadera religión. De nuevo, este tema se encuentra en toda la epístola de Juan:

- Todo el que aborrece a su hermano es un asesino, y ustedes saben que ningún asesino tiene vida eterna permanente en él. (3:15, NBLA)
- Pero el que tiene bienes de este mundo, y ve a su hermano en necesidad y cierra su corazón contra él, ¿cómo puede morar el amor de Dios en él? Hijos, no amemos de palabra ni de lengua, sino de hecho y en verdad. (3:17-18, NBLA)
- Si alguien dice: «Yo amo a Dios», pero aborrece a su hermano, es un mentiroso. Porque el que no ama a su hermano, a quien ha visto, no puede amar a Dios a quien no ha visto. Y este mandamiento tenemos de Él: que el que ama a Dios, ame también a su hermano. (4:20-21)

En este sentido, cuando Juan dice: «Guardaos de los ídolos», está diciendo: «Guárdense de adorar a un dios falso que les permite afirmar que son verdaderos adoradores pero no aman a los demás. Es idolatría pretender amar o adorar a Dios y no demostrar amor a otros creyentes».[51]

Conclusión

Las cartas del Nuevo Testamento se escriben con una finalidad concreta y para un público determinado, y poseen cohesión y unidad. Por tanto,

[51] Se podría objetar por qué Juan utiliza el plural «ídolos» en lugar del singular, ya que en esencia está advirtiendo a sus lectores que no eviten adorar a una plétora de ídolos literales, sino adorar una falsa concepción del Dios verdadero. Se pueden ofrecer tres respuestas: (1) cada persona puede ser culpable de crear su propia versión del Dios verdadero. En este caso el plural se refiere no a una persona adorando varios ídolos, sino a cada persona creando su propio ídolo personal. (2) Juan utiliza formas plurales para dirigirse a sus lectores (Τεκνία, φυλάξατε ἑαυτὰ). Así, el plural «ídolos» tiene sentido con un sujeto plural. (3) εἴδωλον se encuentra normalmente en plural, por lo que es posible que se trate de una cuestión de estilo.

cuando Juan termina su primera epístola con una exhortación a evitar los ídolos, debe interpretarse en el contexto de toda la epístola y no simplemente como la introducción de un nuevo pensamiento. Si tal es el caso, entonces debemos mirar al resto de la carta para ver qué clasificaría como idolatría. En su carta, Juan intenta dar seguridad a los verdaderos creyentes y, al mismo tiempo, desenmascarar a los falsos creyentes. Lo logra ofreciendo tres ciclos de tres pruebas: las pruebas de la creencia, la justicia y el amor. Así, lo que Juan está enfatizando al final de su carta es que aquellos que dicen ser cristianos, pero (1) no creen la verdad concerniente a Jesús, (2) no viven una vida justa obedeciendo los mandamientos de Dios, y (3) no aman a los demás están en peligro de adorar a un ídolo. Es un ídolo porque han creado una religión que es falsa. Es una religión que el hombre ha creado y no la de la fe apostólica. Es nada menos que idolatría. Abrazar una forma de cristianismo que le permite a uno negar la verdad acerca de Jesús, no vivir una vida piadosa o no amar a los demás es crear un ídolo, y eso es algo de lo que todos los cristianos deben protegerse constantemente.

Resumen: El final de 1 Juan ha sido durante mucho tiempo fuente de confusión y debate. Juan termina su primera epístola diciendo: «Hijitos, guardaos de los ídolos» (RVR1960). Para algunos, el final es tan inesperado que la frase se juzga «lingüísticamente no juanina». Otros señalan que el versículo se «introduce bruscamente» y forma «el final abrupto de la carta». ¿Por qué Juan termina su carta de esta manera? ¿Eran sus lectores propensos a la idolatría? Si este tema es tan importante, ¿por qué espera hasta el final para mencionarlo? La tesis de este artículo es que el final de la carta de Juan reitera y enfatiza el punto principal de su carta y no debe leerse como la introducción de un nuevo pensamiento. Es decir, Juan está afirmando que los que no superan las tres pruebas mencionadas a lo largo de la carta (las pruebas de la fe, la justicia y el amor) son, en esencia, culpables de idolatría. Abrazar una forma de cristianismo que le permita a uno negar la verdad sobre Jesús, no vivir una vida piadosa o no amar a los demás es crear un ídolo, y eso es algo contra lo que todos los cristianos deben protegerse constantemente.

BIBLIOGRAFÍA

Adeyemo, Tokunboh (editor). *Africa Bible Commentary*. Grand Rapids; Zondervan, 2010.

Adler, Mortimer J., y Charles van Doren. *How to Read a Book: The Classic Guide to Intelligent Reading*. Nueva York: Simon & Schuster, 1972.

Babajide Cole, Victor. «Mark». *Africa Bible Commentary*. Ed. Por Tokunboh Adeyemo. Grand Rapids: Zondervan, 2010.

Barr, James. *Old and New in Interpretation: A Study of the Two Testaments*. Nueva York: Harper & Row, 1966.

Barreto, Juan, y Juan Mateos. *El Evangelio de Juan: análisis lingüístico y comentario*, 2.ª ed. Madrid: Ediciones Cristiandad, 2019.

Bauer, Walter, y F. Wilbur Gingrich. *A Greek-English Lexicon of the New Testament and Other Early Christian Literature, Second Edition*, editado por William F. Arndt, F. Wilbur Gingrich, y Frederick W. Danker. 2.ª ed., The University Of Chicago Press, 1979.

Beasley-Murray, George R. *John*. Vol. 36. Word Biblical Commentary. Waco, Texas: Word Books, 1987.

Baugh, S. M. *«The Meaning of Foreknowledge», en The Grace of God, the Bondage of the Will: Biblical and Practical Perspectives on Calvinism, Volume One*, ed. Thomas R. Schreiner y Bruce A. Ware. Grand Rapids: Baker, 1995.

Bell, James Scott. *Plot & Structure: Techniques and Exercises for Crafting a Plot That Grips Readers from Start to Finish*. Cincinnati: Writer's Digest Books, 2004.

Berkouwe, G. C. *Faith and Perseverance, trad. R. D. Knudsen*. Grand Rapids: Eerdmans, 1958.

Best, Ernest. *1 Peter, NCB*. Grand Rapids: Eerdmans, 1971.

Blaising, Craig A. y Bock, Darrell L. *Dispensacionalismo progresivo*. Grand Rapids: Baker, 1993.

Block, D. I. *«The Foundations of National Identity: A Study in Ancient Northwest Semitic Perceptions»*. Tesis doctoral, University of Liverpool, 1981.

Borchert, Gerald L. *John 1-11*. Vol. 25A. The New American Commentary. Nashville: Broadman & Holman Publishers, 1996.

Borchert, Gerald L. *Assurance and Warning*. Nashville: Broadman, 1987.

Boyer, James L. *«Third (and Fourth) Class Conditions»*. Grace Theological Journal 3, 1982.

Brooks, James A. *Mark, New American Commentary*. Nashville: Broadman, 1991.

Brown, Raymond E. *The Gospel According to John: i-xii*. Garden City, NY: Doubleday & Company, Inc., 1966.

Bultman, Rudolf. *The Gospel of John*. Filadelfia: Westminster Press, 1971.

Byrne, Brendan. *A Costly Freedom: A Theological Reading of Mark's Gospel*. Collegeville, MN: Liturgical Press, 2008.

Caldwell, Larry W. *«Third Horizon Ethnohermeneutics: Re-Evaluating New Testament Hermeneutical Methods for Intercultural Bible Interpreters Today»*. Asian Journal of Theology 1, 1987.

Calvino, Juan. *Commentary on a Harmony of the Evangelists, Matthew, Mark, and Luke, vol. 3, trad. por William Pringle*. Repr. Grand Rapids: Baker Book House, 1996.

Calvino, Juan. *Ioannis Calvini, Opera Quae Supersunt Omnia*. Editado por Guilielmus Baum, Eduardus Cunitz, y Eduardus Reuss. Vol. 75. Corpus Reformatorum. Brunswick, Germany, 1882.

Carson, D. A. *The Gospel According to John*. The Pillar New Testament Commentary. Grand Rapids: Eerdmans, 1991.

Carson, D. A. y Moo, Douglas J. *Una introducción al Nuevo Testamento, 2.ª ed.* Grand Rapids: Zondervan, 2005.

Carson, D. A. *New Dictionary of Biblical Theology*. Downers Grove, IL: InterVarsity, 2000.

Carter, Craig A. *Interpreting Scripture with the Great Tradition: Recovering the Genius of Premodern Exegesis*. Grand Rapids: Baker, 2018.

Copeland, Rita y Struck, Peter T. *«Introduction», en Cambridge Companion to Allegory*. Cambridge: Cambridge University Press, 2010.

Cunningham, William. *Historical Theology: A Review of the Principal Doctrinal Discussions in the Christian Church Since the Apostolic Age, Volume Two*. Carlisle, PA: Banner of Truth Trust, 1994.

Darby, John Nelson. *The Collected Writings, ed. William Kelly*. Oak Park, IL: Bible Truth Publishers, 1962.

Davies, Colin. *Thinking About Architecture: An Introduction to Architectural Theory*. Londres: Laurence King Publishing, 2011.

De Mopsuestia, Teodoro y Greer, Rowan A. *The Commentaries on the Minor Epistles of Paul, WGRW 26*. Atlanta: Society of Biblical Literature, 2010.

Dodd, C. H. *Las parábolas del Reino*, Rev. ed. Nueva York: Scribner, 1961.

Dorsey, David A. *The Literary Structure of the Old Testament: A Commentary on Genesis-Malachi*. Grand Rapids: Baker Academic, 1999.

Dumbrell, W. J. *Covenant and Creation: A Theology of Old Testament Covenants*. Nashville: Thomas Nelson, 1984.

Dwigh, J. *Pentecost, Eventos del porvenir: Un estudio de la escatología bíblica*. Grand Rapids: Zondervan, 1964.

Eaton, Michael. *Sin condenación: Una nueva teología de la seguridad*. Downers Grove: InterVarsity, 1995.

Edwards, M. J. *«Martyrdom and the First Epistle of John»*. Novum Testamentum 31.2, 1989.

Fish, Stan, *Is There a Text in This Class? The Authority of Interpretative Communities.* Cambridge; Harvard University Press, 1980.

Fokkelman, J. P. *Reading Biblical Narrative: An Introductory Guide.* Westminster John Knox Press, 1999.

Garrard-Burnett, Virginia y Stoll, David. *Rethinking Protestantism in Latin America.* Filadelfia: Temple University Press, 1993.

Gill, Everett. *A. T. Robertson: A Biography. Nueva York: Macmillan*, 1943.

Grudem, Wayne. «*Perseverance of the Saints: A Case Study of Hebrews 6:4-6 and the Other Warning Passages in Hebrews*», *en The Grace of God, The Bondage of the Will: Biblical and Practical Perspectives on Calvinism, Volume One, ed. Thomas R. Schreiner y Bruce A. Ware.* Grand Rapids: Baker, 1995.

Guelich, R. A. «*Mark, Gospel of*», *Dictionary of Jesus and the Gospels.* Downers Grove, IL: IVP, 1992.

Hanson, P. D. «The Responsibility of the Biblical Theology to the Community of Faith»,. Theology Today 37, 1980

Hanson, R. P. C. *Allegory and Event: A Study of the Sources and Significance of Origen's Interpretation of Scripture.* Londres: SCM Press, 1959.

Harris, Murray J. *John.* Exegetical Guide to the Greek New Testament. Nashville: B&H Academic, 2015.

Helm, David. *Expository Preaching: How We Speak God's Word Today.* Wheaton, IL: Crossway, 2014.

Hernández, Dominick S. *Engaging the Old Testament: How to Read Biblical Narrative, Poetry, and Prophecy Well.* Grand Rapids: Baker Academic.

Hernández, Dominick S. *Illustrated Job in Hebrew.* Wilmore, KY: GlossaHouse, 2020.

Hernández, Dominick S. Proverbs: Pathways to Wisdom. Nashville: Abingdon, 2020.

Hewitt, Thomas. *The Epistle to the Hebrews: An Introduction and Commentary, TNTC.* Grand Rapids: Eerdmans, 1960.

Hills, Julian. «*"Little children, keep yourselves from idols": 1 John 5:21 Reconsidered*». Catholic Biblical Quarterly 51, 1989.

Hodges, Zane C. *El evangelio bajo asedio: Un estudio sobre la fe y las obras.* Dallas: Redención Viva, 1981.

Jackson, Howard M. «*Why the Youth Shed His Cloak and Fled Naked: the Meaning and Purpose of Mark 14:51-52*». Journal of Biblical Literature 116, 1997.

Jeffers, James S. *The Greco-Roman World of the New Testament Era.* Downers Grove, IL: InterVarsity, 1999.

Johnson, S. Lewis, Jr. «*Studies in the Epistle to the Colossians: IV. From Enmity to Amity*». Bibliotheca Sacra 119, 1962.

Keener, Craig S. *The Gospel of John.* 2 vols. Grand Rapids: Baker Academic, 2003.

———. *The IVP Bible Background Commentary: New Testament.* 2.ª ed. Downers Grove, IL: IVP Academic, 2014.

Keener, Craig S. *The IVP Bible Background Commentary: New Testament, 2.a ed.* Downers Grove, IL: IVP Academic, 2014.

Kendall, R. T. *Una vez salvo, siempre salvo.* Chicago: Moody Press, 1983.

Kidner, D. *Ezra & Nehemiah.* Tyndale Old Testament Commentaries 11; Downers Grove: InterVarsity, 1979.

Köstenberger, Andreas J., y Richard Patterson. *Invitation to Biblical Interpretation: Exploring the Hermeneutical Triad of History, Literature, and Theology*. Grand Rapids: Kregel, 2011.

Kruse, Colin G. *The Letters of John, Pillar New Testament Commentary*. Grand Rapids: Eerdmans; Leicester: Apollos, 2000.

Kümmel, W. G. *Introduction to the New Testament, rev. ed., trad. ing. Howard Clark Kee*. Nashville: Abingdon, 1975.

Kuruvilla, Abraham. *«The Naked Runaway and the Enrobed Reporter of Mark 14 and 16: What Is the Author Doing with What He Is Saying?»*. Journal of the Evangelical Theological Society 54, 2011.

Kyomya, Michael. *A Guide to Interpreting Scripture*. Grand Rapids: HippoBooks, 2010.

Lane, William L. *The Gospel According to Mark, New International Commentary on the New Testament*. Grand Rapids: Eerdmans, 1974.

LaRondelle, Hans K. *The Israel of God in Prophecy: Principles of Prophetic Interpretation*. Berrien Springs, MI: Andrews University Press, 1983.

Law, Robert. *The Tests of Life: A Study of the First Epistle of St. John*. Edimburgo: T&T Clark, 1909.

Lewis, C. S. *Cartas del diablo a su sobrino*. Nueva York: Rayo, 2006.

Marshall, I. Howard. *The Epistles of John, New International Commentary on the New Testament*. Grand Rapids: Eerdmans, 1978.

Marshall, I. Howard. *Kept by the Power of God: A Study of Perseverance and Falling* Away. Mineápolis: Bethany Fellowship, 1969.

McKnight, Scot. *«The Warning Passages of Hebrews: A Formal Analysis and Theological Conclusions»*. Trinity Journal 13, 1992.

McRay, John R. *«Corinth», en Dictionary of New Testament Backgrounds, ed., Craig A. Evans y Stanley E. Porter*. Downers Grove: InterVars Press, 2000.

Merrill, E. *Kingdom of Priests*. Grand Rapids: Baker, 1987.

Moo, Douglas J. *The Epistle to the Romans*. Grand Rapids: Eerdmans, 1996.

Moody, Dale. *The Word of Truth: A Summary of Christian Doctrine Based on Biblical*. Grand Rapids: Eerdmans, 1981.

Moral, Rafael del. *Retórica: Introducción a las artes literarias*. Madrid: Editorial Verbum, 2014.

Morris, Leon. *The Gospel According to John*. Grand Rapids: W. B. Eerdmans Pub. Co., 1995.

Mushat Frye, Roland. *«A Literary Perspective for the Criticism of the Gospels», en Jesus and Man's Hope, vol. 2, Perspective Series 2, ed.* Donald G. Miller y Dikran Y. Hadidian. Pittsburgh: Pittsburgh Theological Seminary, 1971 199.

Nicene and Post-Nicene Fathers, serie 2.a, vol. 4, 212. Sección 60 de Vita S. Antoni.

Nicole, Roger, *«Some Comments on Hebrews 6:4-6 and the Doctrine of the Perseverance of God with the Saints», en Current Issues in Biblical and Patristic Interpretation: Studies in Honor of Merrill C. Tenney Presented by His Former Students, ed. Gerald F. Hawthorne. Gerald F. Hawthorne*. Grand Rapids: Eerdmans, 1975.

Núñez, Miguel. *«Todo lo que les he mandado – La inerrancia y la gran comisión», en El pastor y la inerrancia bíblica, editado por John MacArthur*. Wheaton: Crossway, 2016.

Okure, Teresa. *«Children in Mark: A Lens for Reading Mark's Gospel»*, en Mark. Mineápolis: Fortress, 2011.

Owen, John. *Hebrews: The Epistle of Warning*. Grand Rapids: Kregel, 1953.

Piper, John. *«What is Arcing and Why is Important?»*, Desiring God Online, consultado el 23 de diciembre de 2023, https://www.desiringgod.org/interviews/what-is-arcing-and-why-is-it -important.

Piper, John. *«Why Expositional Preaching is Particularly Glorifying to God»*, sermón pronunciado en Together for the Gospel 2006, consultado en Internet el 29 de diciembre de 2023, https://www.desiringgod.org/messages/why-expositional-preaching-is-particularly-glorifying-to-god.

Piper, John. *La lectura sobrenatural de la Biblia: Ver y saborear la gloria de Dios en las Escrituras*. Wheaton: Crossway, 2017.

Plummer, A. *The Epistles of S. John*. Cambridge: Cambridge University Press, 1894.

Plummer, Robert L. *40 preguntas sobre cómo interpretar la Biblia*. Editado por Benjamin Merkle. 2.ª ed. Grand Rapids: Editorial Portavoz, 2022.

Plummer, Robert. *«Imitation of Paul and the Church's Missionary Role in 1 Corinthians» y «The Church's Missionary Nature: The Apostle Paul and His Churches»* . Tesis doctoral, The Southern Baptist Theological Seminary, 2001.

Porter, Stanley E. *Idioms of the Greek New Testament*. Biblical Languages: Greek Series, vol. 2; Sheffield: JSOT Press, 1992.

Roberts, Vaughan. *God's Big Picture: Tracing the Story-Line of the Bible*. Downers Grove, IL: InterVarsity, 2002.

Robertson, O. Palmer. *The Israel of God: Yesterday, Today, and Tomorrow*. Phillipsburg, NJ: P&R, 2000.

Ryrie, Charles C. *Dispensacionalismo hoy*, ed. rev. y ampl. Chicago: Moody, 2007.

Sandys-Wunsch, J. y Eldredge, L. *«J. P. Gabler and the Distinction between Biblical and Dogmatic Theology: Translation, Commentary and Discussion of His Originality»*. Scottish Journal of Theology 33, 1980.

Saucy, Robert L. *The Case for Progressive Dispensationalism: The Interface Between Dispensational and Non-Dispensational Theology*. Grand Rapids: Zondervan, 1993.

Schneider, Carl. «Κάθημαι, Καθίζω, Καθέζομαι», en *Theological Dictionary of the New Testament*, editado por Gerhard Kittel, Geoffrey W. Bromiley y Gerhard Friedrich. Grand Rapids: Eerdmans, 1964.

Schreiner, Thomas R. y Caneda, ArdelB. *The Race Set Before Us: A Biblical Theology of Perseverance and Assurance*. Downers Grove: Inter-Varsity Press, 2001

Schreiner, Thomas R., *Interpreting the Pauline Epistles, 2.ª ed.* Grand Rapids, MI: Baker Academic, 2011.

Schreiner,Thomas R. *Romans, 2.ª ed.* Grand Rapids: Baker, 2018.

Scott Bell, James, *Plot & Structure: Techniques and Exercises for Crafting a Plot That Grips Readers from Start to Finish*. Cincinnati: Writer's Digest Books, 2004.

Seifrid, Mark A. *«Story-Lines of Scripture and Footsteps in the Sea»*. Southern Baptist Journal of Theology, 2008.

Speiser, E. A. *Genesis: A New Translation with Introduction and Commentary*. The Anchor Bible 1. Garden City, NY: Doubleday, 1964.

Spurgeon, Charles. *«Lecture 1: Illustrations in Preaching», en Discurso a mis estudiantes, vol 3. Edición Kindle*. Londres, Inglaterra, Passmore y Alabaster, Paternoster Buildings, 1894.

Stanley, Charles. *Seguridad eterna: Puedes estar seguro?*. Nashville: Thomas Nelson, 1990.

Stein, Robert H., Mark, *BECNT*. Grand Rapids: Baker, 2008.

Stott, John R. W. *The Letters of John, rev. ed., Tyndale New Testament Commentaries 19*. Leicester: InterVarsity; Grand Rapids: Eerdmans, 1988.

Stott, John, *La predicación, puente entre dos mundos*. Grand Rapids: Wm. B. Eerdmans Publishing Co.; edición actualizada, 2015, edición Kindle.

Toussaint, Stanley D. *«Israel and the Church of a Traditional Dispensationalist», en Three Central Issues in Contemporary Dispensationalism, ed. Herbert W. Bateman IV*. Grand Rapids: Kregel, 1999.

Vines, Jerry y Shaddix, Jim. *Power in the Pulpit*. Chicago: Moody Press, 2017.

Walsh, John E. *«The Two Linen Cloths»*. Homiletic and Pastoral Review, 1996.

Walvoord, John F. *«A Review of Crucial Questions about the Kingdom of God by George Eldon Ladd»*. BSac 110, 1953.

Watson, Wilfred G.E. *Classical Hebrew Poetry: A Guide to its Techniques*. T & T Clark Biblical Languages. Nueva York, NY: Bloomsbury T&T Clark, 2005.

Welch, John W., ed. *Chiasmus in Antiquity*. Hildesheim, Germany: Gerstenberg Verlag, 1981.

Wellhausen, Julius. *Prolegomena to the History of Ancient Israel*. Nueva York: Meridian Books, 1957.

Wengst, Klaus. *Der erste, zweite und dritte Brief des Johannes, Ökumenischer Taschenbuchkommentar zum Neuen Testament 16*. Gütersloher: Mohn; Würzberg: Echter, 1978.

Wesley, John. *Explanatory Notes Upon the New Testament*. Londres: The Epworth Press, 1952.

Wessel, Waster W., *Mark, Expositor's Bible Commentary*. Editado por Frank E. Gaebelein. Grand Rapids: Zondervan, 1984.

Westcot, B. F. *The Epistle to the Hebrews: The Greek Text with Notes and Essays*. Londres: Macmillan; Grand Rapids: Eerdmans, 1977.

Williamson, H. G. M. *Ezra, Nehemiah. Word Biblical Commentary 16*; Waco, TX: Word, 1985.

Wright, N. T. *The Climax of the Covenant: Christ and the Law in Pauline Theology*. Edimburgo: T & T Clark, 1991.

Yamauchi, E. M., *Persia and the Bible*. Grand Rapids: Baker, 1990.

Yarbrough, Robert W. *«La mención de "ídolos" es abrupta» 1–3 John, Baker Exegetical Commentary on the New Testament*. Grand Rapids: Baker, 2008.

Yarbrough, Robert W. *«The Practice and Promise of Biblical Theology: A Response to Hamilton and Goldsworthy»*. Southern Baptist Journal of Theology, 2008.

Young, Frances M. *«Alexandrian and Antiochene Exegesis», en A History of Biblical Interpretation*. Ed. Alan J. Hauser y Duane Watson, vol. 1, 2.